이카루스 에피소드

ICARUS EPISODE

저자약력

곽병선

1955. 1.15일 서울 출생
1973. 1 동북고등학교 졸업
1980. 12 동서증권 인수공모부
1981. 2 건국대학교 경제학과 졸업
1991. 1 Lehigh University, MBA
1991. 2 Eagle National Bank
1998. 4 주식회사 뉴로테크 대표이사
2006. 3 주식회사 코스트 회장
2021. 9 한남대학교 대학원 겸임교수
2022. 3 사단법인 한국소액주주 연구회 수석부회장
2024. 3 주식회사 케이이에스21 회장

이카루스 에피소드

ICARUS EPISODE

곽병선 지음

» 머리말

오늘날처럼 극변하는 기업환경과 소비자 기호에 적응하지 못한다면 아무리 건실한 기업도 버티기 어렵습니다. 성공을 경험한 기업은 현상에 안주하려는 경향이 있습니다. 변화를 수용하려고 하지 않습니다. 지속 성장을 위해서는 창업 초기에 가졌던 혁신과 도전의 개척정신을 잊지 말아야 합니다. 위징은 당 태종에게 **"창업은 쉽고 수성이 어렵다(創業易守成難)"**는 충고를 합니다. 기업은 유기적인 구조를 갖춘 생명체와 같습니다. 매일 새로운 기업들이 생겨 나는 반면, 생명을 다한 기업들은 흔적도 없이 사라집니다. 국내 신설 기업의 절반 이상이 10년도 버티지 못합니다. 미국의 상장기업의 반감기는 불과 10.5년이며 100년 이상 존속하는 기업은 100만 개의 기업 중 45개 정도입니다.

'끓는 물 속 개구리 증후군(Boiled Frog Syndrome)'은 외부 환경에 능동적으로 대처하지 못한 채 안주하다 서서히 죽어가는 것을 뜻합니다. 환경 변화에 인지하지 못하고 결국은 최악의 결말을 맞게 되는 현상입니다. 위험을 감지하지 못하거나 변화에 제대로 적응하지 못하는 사람과 조직을 비판할 때 비유되며, 기업경영에서도 과거의 성공에 매몰돼 외부 변화에 둔감해 지는 것을 경고하는 경구입니다.

2013년 맥킨지글로벌연구소 (MGI)는 **'한국 스타일을 넘어: 새로운 성장 공식 만들기'**라는 보고서에서 한국 경제를 **'서서히 가열되는 냄비 속 개구리'**에 비교했습니다. MGI는 보고서에서 국가의 경쟁력을 높이기 위해서는 생산성, 인구 증가율, 저축률 등 세 박자가 맞아야 하나 한국은 이 모두에서 엇박자를 내고 있지만 한국은 이를 심각하게 인식하지 않는다고 경고한 것입니다.

그리스 로마 신화에 나오는 다이달로스는 왕의 노여움을 사 아들 이카루스와 함께 자신이 만든 크레테 섬의 미로 속에 갇히게 됩니다.

그는 새의 깃털과 밀랍으로 두 쌍의 날개를 만들어 아들과 함께 섬을 탈출합니다.

머리말

그는 아들에게 날개를 달아 주면서 너무 낮게 날거나 높게 날지 말라고 당부합니다. 너무 낮으면 바다의 습기 때문에 날개가 무거워지고 너무 높으면 태양의 열기에 밀랍이 녹기 때문입니다. 하지만 탈출에 성공한 순간 이카루스의 마음 한편에는 오만함이 생겨납니다. 탈옥이라는 당초의 목적을 잊고 높이 날아오르는 데만 열중한 나머지 아버지의 경고를 무시한 채 하늘 높이 날아오르다 밀랍이 녹아내려 바다에 떨어져 죽고 맙니다.

과거의 성공이 미래를 보장하지 않습니다. 기술과 환경은 급격하게 변하고 있습니다. 기업이 변화를 받아들이지 못하면 점차로 도태됩니다.

캐나다의 대니 밀러 교수는 이카루스의 역설(Icarus Paradox)로 기업이 성공 요인에만 안주하다가 그것이 실패 요인으로 반전되는 상황을 설명합니다. 성공한 기업은 성공했다는 자만심에 빠져 과거의 성공한 낡은 방식을 고집하다가 환경 변화에 적응하지 못하고 실패하고 만다는 것입니다.

한 때 잘 나갔던 기업들이 자신들의 신념이나 경영방식이 더 이상 작동하지 않는 순간이 오면 쉽게 받아들이지 못합니다. 이것이 반복되면서 결국은 추락하게 됩니다. 이 책을 통해 성공이 결국 파멸을 낳고, 가장 소중한 것으로 여겼던 것이 결국엔 자신을 망칠 수 있다는 대니 밀러 교수의 경고를 공유할 수 있기 바랍니다.

이 책을 펴내면서 늘 버팀목이 되주신 어머니, 비판적인 조언을 서슴치 않던 아내, 열성적인 성원을 해준 딸 소영이와 사위 우형, 아들 의영과 며느리 승현, 그리고 어려서부터 투닥거리지만 늘 마음으로 한편이었던 병근, 병주, 병준에게 고마움을 전합니다.

2024년 7월

곽 병 선

목 차

contents

목 차

이카루스 에피소드

Icarus Episode

I·C·A·R·U·S•E·P·I·S·O·D·E

귀인 오류의 함정

노키아는 기술과 시장의 변화로 인한 위기가 오고 있음에도 경영진이나 임직원 누구도 이를 인정하려고 하지 않았다.

1865년 설립된 노키아는 원래 제지회사로 성장했다. 그러다 1984년 휴대폰 사업에 뛰어들어 1992년 유럽형 2세대(2G) 이동통신 휴대폰 개발에 성공하며 고속 성장 궤도에 오른다.

당시만 해도 휴대전화는 유럽에서만 생산하고 있었다. 점차 휴대전화가 확산되면서 국가마다 독자적인 휴대전화 규격을 개발하게 되면 다른 국가에서는 휴대전화 사용이 불가능하므로 이러한 장벽을 극복하기 위해 1991년 4월 GSM(Global System for Mobile Commnincation)이 도입되었다. GSM은 유럽과 미국으로 확대되었고 한국 등 일부 국가는 CDMA라는 별도의 규격을 채택했다.

노키아는 GSM 규격 덕분에 유럽 이외의 제조업체에 대해 경쟁 우위를 점하게 된다. 잘 깨지지 않는 본체와 사용시간이 긴 배터리로 더욱 유명해진 노키아는 모바일폰에 패션을 가미한 마케팅으로 소비자들의 인기를 얻어 시장을 선점해 나갔다.

한때 핀란드 수출 물량의 20%, 핀란드 국내총생산(GDP)의 약 25%에 해당될 정도로 거대한 공룡기업으로 성장했다. 이후 핸드폰에 앱, 터치스크린, 그리고 카메라가 선보이기 이전까지는 노키아가 모바일폰 산업에서 압도적인 선두주자였다. 1998년 10월 노키아는 모토로라를 제치고 세계에서 가장 많이 팔리는 모바일폰으로 등극하게 된다. 영업이익은 1995년 10억 불에서 1999년 40억 불로 급증한다. 2003년 출시한 **'Nokia 1100'**은 세계에서 가장 많이 팔린 모델이 된다. 2007년 말 기준으로 전 세계적으로 팔리는 스마트폰의 절반이 노키아의 제품이며 당시 애플이 출시한 아이폰은 5% 정도로 세계 시장의 5%를 점유하는데 그친다.

그러나 노키아의 영화는 여기가 끝이었다. 2010년 출시한 이 회사의 **"iPhone killer"**는 경쟁에서 뒤진 실패작이 된다. 노키아의 최고급 모바일폰의 품질이 지속적으로 하락하여 경쟁력을 상실하게 된다. 이로부터 6년 만에 노키아의 시가총액은 90% 하락한다. 노키아의 매출은 2011에도 큰 폭의 하락이 지속된다.

결국 2013년 노키아의 핸드폰 사업 부문은 마이크로소프트에게 양도된다. 세계에서 가장 많이 팔리는 모바일폰 제조회사였던 노키아의 급격한 추락에 대해서 많은 학자들은 애플에 뒤처진 기술력, 경영진의 자만과 비전의 결여를 언급한다.

그러나 2015년 게재된 **"혁신 과정에서의 주의력 분산과 정서 공유 : 노키아는 스마트폰 전쟁에서 어떻게 실패했는가(Distributed Attention and Shared Emotions in Innovation Process : How Nokia Lost the Smartphone Battle)"**라는 논문에서 핀란드 Aalto 대학의

Tim O. Vuori 교수와 싱가포르 INSEAD의 Qui Huy 교수는 76명의 Nokia 고위경영진과 중간급 관리자와 엔지니어 등과의 인터뷰를 통해 새로운 각도에서 Nokia의 몰락을 조명했다.

그 결과 그들은 다음과 같은 사실을 파악할 수 있었다.

(1) 일관성이 결여된 경영진과 소극적이고 수동적인 중간관리자 층으로 형성된 비정상적인 조직문화로 인해 조직 내에서 공포 분위기가 만연되어 있었다.

(2) 중간관리자는 회사에서 무엇이 잘못되고 있는지 알고 있었지만 신분상의 불이익을 두려워하여 경영진에게 진실을 말하려고 하지 않았다.

(3) 경영진은 외부 환경과 분기별 목표 달성 여부에만 집중했다.

(4) 경영진은 노키아의 운영체계인 Symbian이 경쟁사인 애플사의 iOS에 비해 기술적으로 뒤처져 있었으며, 이를 만회하려면 최소한 몇 년 걸린다는 사실을 알고 있었음에도 대외적으로 이러한 사실이 알려지는 것을 염려했다.

(5) 경영진은 애플사에 비해 기술적인 면에서 뒤처져 있다는 사실을 투자자, 공급사, 그리고 고객들이 아는 것을 싫어했다.

(6) 경영진은 중간관리자들이 목표를 달성하기 위해서 의욕을 보이지 않는다고 비난하면서 수시로 윽박지르기만 할 뿐 대안을 강구하지 않았다.

(7) 중간급 관리자들은 진실을 말하는 것이 의미가 없다고 판단하여 경영진에게 진실을 말하지 않았고, 경영진은 사태의 본질을 파악하는데 실패했다.

(8) 애플의 경영진의 대부분은 엔지니어 출신인데 반하여 노키아 경영진은 목표를 달성하기 위한 기술적인 한계를 극복할 능력이 결여되어 있었다.

(9) 새로운 운용체계를 어떻게 개발할지에 관한 장기적인 목표에 중점을 두지 않고, 오히려 단기적인 시장수요를 충족하기 위한 새로운 부품 개발에 치중했다.

노키아의 추락은 몇 가지 요인으로부터 기인한다. 회사가 통제할 수 있었느냐는 여부와는 상관없이 경영진은 실책을 범한 것이다. 그중 가장 보편적으로 지적되는 요인으로 다음과 같은 4가지 큰 실책을 들 수 있다.

첫째 요인은 하드웨어에 너무 집착했다는 점이다.

모바일폰과 같이 튼튼한 본체를 선보인 것은 큰 업적이지만 내부에 좋은 소프트웨어를 구축하지 못한다면 그 효과가 반감될 수밖에 없다. 노키아가 그것을 깨닫게 될 때쯤, 이미 앱을 기반으로 한 iOS나 안드로이드 같은 소프트웨어는 이미 산업 전반으로 퍼져 있었다. 반면 노키아의 운영체계인 Symbian은 디바이스 기반으로 잘못된 방향으로 가고 있었다. 2007년 애플의 아이폰이 출시되면서 가져온 혁신은 휴대폰 시장을 강타했고, 스마트폰으로 무엇을 할 수 있는지 소비자 기대를 바꾸어 놓았다. 또한 애플 앱스토어의 성공은 소비자들을 iOS 세계에서 계속 머물게 하는데 큰 역할을 했다.

애플 앱스토어에서는 많은 사업기회가 창출되어 수많은 개발자들이 앱스토어 아이폰을 위한 앱 개발에 뛰어 들었고 이는 아이폰 생태계를 더욱 강력하게 만들어 주었다. 반면 노키아의 엔지니어들은 아이폰의 생산원가가 너무 높아 가격이 비쌀 수밖에 없고, 2G 네트워크를 기반으로 하기 때문에 속도가 느리며, 터치스크린이 충격에 약해 튼튼하지 못하다는 점을 들어 부정적인 의견을 내놓았다.

실제로 아이폰이 공개되었을 때 2년 약정으로 500달러에 달해 마이크로소프트의 스티브 발머도 너무 비싸다고 비웃었다. 그러나 시장은 그들의 예상과는 정 반대의 길을 갔다.

두 번째 요인은 운영체계를 적시에 변환하지 못했다는 점이다.

노키아는 모토로라처럼 안드로이드를 도입하는 방안과 Symbian을 발전시키는 방안을 두고 검토한 결과 Symbian을 발전시키는 전략을 채택했다. 그러나 노키아 내부에서는 고유 운영체계인 Symbian 자체를 개선하려는 팀과 MeeGo라는 Symbian에서 발전시킨 새로운 운영체계를 개발하려는 팀으로 나누어져 제대로 된 개발을 할 수 없었다.

구글이 개발한 안드로이드 운영체계에 삼성, 모토로라, 화웨이 등 많은 기업들이 승선하였지만 노키아는 2011년 2월 마이크로소프트와 손을 잡고 Windows Phone을 선택했다. 그러나 발표 시기를 잘못 선택하는 실수를 범한다. 윈도폰이 나오기까지 10개월이 소요된다는 점을 간과하여 소비자들이 사라질 운영체계를 가진 노키아폰을 철저히 외면하는 결과를 자청했던 것이다.

2013년 노키아는 시장 선도 지위를 내어주게 된다.

안드로이드가 이제는 스마트폰 운영체계의 80% 이상을 점유하는 반면 Windows Phone은 시장에서 사라졌다.

2014년이 되어서야 노키아는 안드로이드로 바꿨지만 이미 너무 늦은 조치였다.

세 번째 요인은 제대로 작동되지 않는 조직을 들 수 있다.

노키아는 2000년대 초까지 계층구조를 유지했다.

그러나 최고경영진은 개혁의 속도를 촉진하기 위한 목적으로 2004년에 매트릭스구조로 조직운영 체계의 변화를 주었다. 이러한 조직개편은 구조적인 모순을 갖고 있었다. 즉, 여러 명의 매니저가 동등한 권한을 갖게 됨에 따라 이들 간의 알력이 발생하였으며 그 결과 핵심적인 인력이 회사를 떠나게 되었다. 노키아가 내부적인 문제로 골머리를 앓는 동안 경쟁사인 애플은 스티브 잡스의 지휘 아래 재빨리 시장 점유율을 늘려 갔다. 노키아가 몰락하게 된 가장 큰 요인의 하나로 꼽히는 것은 조직 내에서 생산적이고 솔직한 대화의 통로가 단절되어 있었다는 것이다. 이는 결국 경영전략의 실패로 귀결된다. 노키아 구성원의 결집력을 약화시킨 것은 노키아 구성원 자신이었으며, 이는 결과적으로 노키아의 경쟁력을 약화시키는 요인이 되었다. 최고경영진과 중간관리자들 모두가 회사에 닥치게 될 위기와 공포를 감지하고 있었다. 그러나 최고경영진은 이를 제대로 분석하고 대응할 수 있는 역량이 부족했다.

그것은 중간관리자들에게는 극도의 부담으로 작용했다. 두려움이 회사 전반적으로 확산되면서 낮은 직급의 구성원들은 자신의 경력에 해가 되는 것을 걱정하여 자신을 보호하는 데만 급급하였다.

특히 고위급 경영진은 중간급 관리자들에게 강압적인 방식으로 동기를 부여하고자 했으나 실패했다. 이렇듯 노키아의 조직문화는 회사 전반적으로 퍼진 두려움으로 변질되었다. 경제적 요소, 구조적 요소 외에 인적 요소가 어우러져 노키아의 혁신을 저해하는 상황이 지속되었다. 노키아 구성원들은 경영진이 회사의 핵심가치인 존경, 도전, 쟁취, 혁신 등을 벗어나고 있었다고 말한다.

마지막으로 스마트폰으로의 전환되는 소비자 트렌드를 인지하지 못한 점이다.

2000년대 중반 스마트폰이 나오는 중에도 노키아는 여전히 인기를 차지하고 있고 수익을 창출하는 피처폰의 성공에 취해 있었다. 자만에 빠진 노키아는 스마트폰의 첫 번째 주자로서의 이점을 살릴 수 있는 기회를 잃게 된다. 이 당시 노키아가 의지를 가지고 있었다면 스마트폰 시장에서의 선두를 유지할 수 있었을 것으로 평가된다.

대신 노키아는 내구성이 뛰어나고, 저렴한 전통적인 셀룰러폰을 생산하는데 주력했다. 피처폰 시장에서 가장 높은 점유율을 가지고 있었지만 삼성과 모토로라 등이 새로운 디자인과 타입을 혁신하는 동안 노키아는 전통적인 디자인, 즉 캔디바라고 불리는 피처폰에 집중했다. 소비자는 새로운 타입에 열광하고 구매하는데 노키아는 소비자들이 기대한 것과는 반대로 움직였다. 프리미엄 시장에서 점차 낙오하게 되자 노키아는 자신들의 전매특허 같은 플랫폼 전략을 활용해 극한 가격 경쟁력을 내세워 신흥국 시장을 겨냥한 저가 전략을 결정했지만 오히려 화웨이나 ZTE와 같은 중국 제조업체와의 경쟁에도 밀려 막대한 손실을 기록하게 되었다.

산업으로의 전환기에서 낡은 사고방식으로는 소비자 기호 및 행동의 변화와 점차로 다양화되고 집요해지는 새로운 경쟁자의 출현에 대비할 수 없다는 점을 명심해야 한다.

끊임없이 도전하려는 자세를 유지해야만 변화에 대응하는 문화를 정착시킬 수 있다. 혁신의 과정에서는 전체 구성원들의 자발적, 적극적인 참여가 필수적이며, 이를 위해 경영자는 고객, 제휴처, 그리고 구성원에 이르기까지 모든 관계자들의 말을 경청해야 한다.

내부의 독버섯

리스크 관리의 중요성을 인지하지 못한 경영진의 무관심이 닉 리슨이라는 독버섯을 키워 베어링스 은행의 파산을 초래했다.

베어링스은행은 1762년 설립된 영국의 최고 상업은행이었다. 양모 무역에 종사하던 세 형제에 의해 '베어링 브라더스'로 출범하여 초기에는 모직물 무역을 주로 하였으나 이후 자산관리, 재정자문 등으로 사업을 확장하면서 상업은행 업무에 주력하게 된다.

미국이 프랑스로부터 루이지애나를 사들일 때 대출해 주기도 하였고, 쥘 베른의 소설 **'80일간의 세계일주'**에서 주인공 필리어스 포그가 내기 돈으로 2만 파운드를 맡겼던 은행으로 등장하고, **'몽테크리스토 백작'**에서 에드몽 당테스가 자주 애용하던 은행으로 이름을 올렸다. 19세기에는 나폴레옹을 상대로 한 전쟁자금을 대기도 하는 등 귀족은행으로도 불렸다.

특히 엘리자베스 2세를 비롯하여 영국 왕실을 고객으로 두어

'The Queen's Bank'로 불리며 영국을 대표하는 은행으로 성장했다.

1989년, 고등학교만 졸업한 닉 리슨은 베어링스은행에 입사한다. 이전에는 모건스탠리에서 결제 업무를 담당했으나 트레이더가 되고 싶어 부서를 옮겨줄 것을 요청했으나 거절당하자 베어링스 은행으로 옮기게 된 것이다. 처음에는 결재 업무만 담당하였지만 점차 선물거래에도 관여하게 되었고, 여기서 큰 수익을 올리게 되자 인정을 받아 신흥 금융도시로 발돋움하고 있던 싱가포르로 파견되었다.

지점 개설 초기이므로 주변 상황도 열악하고 인력도 부족하여 리슨은 결재 업무뿐만 아니라 선물거래의 지휘와 기록업무 등도 겸임하게 되었다. 모든 것이 그의 의도대로 진행되어 큰 수익을 올리게 되자 리슨은 젊은 나이에 이사로 승진한다.

계속해서 그는 비상한 능력과 재주를 발휘하여 1993년 당시 26세였던 그가 은행을 위해 벌어들인 돈이 은행의 총수익의 10%인 1,000만 파운드에 달했다.

당시 싱가포르 증권거래소에서는 전산매매가 아닌 수신호를 이용한 공개호가 매매가 이루어졌다. 종종 직원들의 실수로 매수할 계약을 매도하는 등의 에러가 종종 발생했다. 이런 에러로 발생한 손실은 회사가 손실을 부담했으며, 딜러들은 회사가 관리하는 에러 계좌로 손실을 처리했다. 베어링스은행은 리슨에게 **'88888 에러 계좌'** 라는 별도의 에러 계좌를 운영하도록 하였다.

이후 런던 본사가 이를 사용하지 말고 본래 사용해 왔던 **'99905 에러 계좌'**로 통일해 사용하라는 지시를 내리지만 리슨은 이를 어기고 몰래 사용한다. 1992년 7월 부하직원이 니케이지수 선물 매입이라는 고객의 요구를 매도로 입력해 발생한 손실은 **'88888 에러 계좌'** 를 이용해 감추고, 1993년 1월 또 다른 부하직원의 실수로 800만 파운드의 손실이 발생하자 이에 대한 책임을 우려해 다시 **'88888 에러 계좌'**에 숨기는 등 손실이 발생할 때마다 이 계좌를 이용했다.

이렇게 늘어난 손실은 1994년에 이르러는 5억 1,200만 파운드로 불어났다. 에러 계좌에 대해서는 손실이 발생 시 수시로 마진콜(증거금 추가납부)이 요구된다.

리슨은 증거금을 충당하기 위해 니케이225 지수 옵션에 대해 스트래들 매도를 하게 된다. 통상적으로 시장의 변동성이 작은 경우 스트래들 매도를 취하게 되는데 당시 니케이225 지수의 변동성이 작지 않았다. 이로 인해 추가로 2,000만 파운드의 손실이 추가로 발생한다. 1월 16일 그는 익일 도쿄 증시가 그다지 변동이 없을 것으로 보고, 수익이 나는 방향에 투자를 걸었다.

불행하게도 1월 17일 새벽 5시 46분, 일본 고베에서 진도 6.9의 대지진이 발생했다. 1923년 관동대지진 이후 최대의 지진이 발생하며 6,000여 명의 인명 피해가 나고 도쿄 주가는 급락했다.

리슨은 5,000만 파운드의 큰 손실을 보게 된다. 여기서라도 멈추었으면 베어링스은행의 파산은 모면할 수 있었을 텐데 리슨은 니케이지수가 원상 회복할 것이라고 판단하여 선물 매수포지션과 함께 20,000계약이나 추가 매도를 하고 일본 국채선물까지 매도했다.

그러나 지수는 반등하지 않았고 일본 국채마저 급등하게 된다. 그는 이날 8억 2,700만 파운드의 거대한 손실을 내게 된다.

베어링스은행 자기자본의 2배에 달하는 손실을 수습하기 위해 영란은행이 나섰으나 여의치 않게 되자 네덜란드의 ING그룹에 단돈 1파운드에 매각 당한다. 이때 리슨의 나이가 28세, 233년 전통의 은행은 그렇게 자취를 감추게 된다.

영국에서 가장 오랜 전통과 명성을 지닌 은행이 이렇듯 한순간에 무너진 이유를 단순히 리슨이라는 한 직원의 무모한 욕심만으로 설명할 수는 없다. 베어링스은행의 파산원인을 분석한 주디스 론슬리(Judith H. Rawnsley)의 'Total risk-Nick Leeson and the fall of Barings Bank'에서 리슨의 전직 직장동료였던 저자가 지적하는 베어링스은행의 몰락 원인은 경영진의 관리부실과 무능력이라고 지적한다. 베어링스은행은 철저히 내부적인 요인에 의해 파산했다. 베어링스은행의 파산과 관련하여 다음과 같은 실책과 과오가 이후의 조사 과정을 통하여 지적되고 있다.

첫 번째, 선물 및 옵션 거래에 대한 이해도가 부족했다.

베어링스 파산 사건은 헤지 없는 거래의 위험성에 대해 충분히 경종을 울린 사례였다. 리슨은 주가지수선물거래에서 차익거래(arbitrage)를 통해 수익을 내기 위한 목적으로 투기적 포지션을 취하면서 헤징을 하지 않고 공격적인 투자를 하였다. 또한 손실 규모가 늘면서 이를 단번에 만회하기 위해 포지션 규모를 늘려가면서도 여전히 헤징을 무시했다. 그는 수익은 적을 수 있으나 리스크를 줄이는 안정적인 투자로는 이미 축적된 손실을 감당할 수 없다는 판단하에 무모하리만큼 공격적인 투자를 감행하였다. 결국 베어링스은행의 파산은 높은 수익률을 달성하기 위해서는 높은 위험을 감수하는 것이 불가피하다는 기본 원리를 무시한 결과였다.

두 번째, 경영진의 파생상품에 대한 리스크 관리 인식이 결여되어 있었다.

1993년 주요 선진국의 금융계 인사로 구성된 'G-30'은 금융시장에서 잇따라 발생한 금융 사고에도 불구하고 파생금융상품의 활용을 긍정적으로 평가하면서, 시가 기준으로 포지션의 가치를 평가하고 적극적인 리스크 관리의 필요성을 강조했다.

이와 유사한 주장은 이미 Moody's, S&P 등 신용평가회사 및 ISDA(International Swap and Derivatives Association)에 의해서도 발표된 바 있다. 1994년 8월 파생금융상품 관련 공공정책을 다루는 DPG(Derivatives Policy Group)는 위험측정치를 활용한 내부통제제도의 필요성을 주장했다.

금융사고 경험을 통한 위험관리 중요성의 교훈은 1994년 10월 J.P. Morgan의 Riskmetrics 발표와 더불어 극대화되었다.

Riskmetrics는 처음에는 14개국 300개 금융상품의 분산 추정자료를 제공함으로써 이들에 대한 위험을 측정하도록 하였다. 그러나 이 같은 모든 조치와 레드 플래그가 베어링스은행에서는 간과되고, 무시되었던 것이다. 베어링스은행의 파산도 파생상품의 특성에서 기인한 것이 아니라 위험관리를 위한 내부 통제시스템의 실패가 초래한 극단적인 사례이다.

세 번째, 견제와 균형을 근간으로 한 역할 분리 시스템이 작동하지 않았다.

리슨은 파생상품 담당 트레이더이자 동시에 실적을 조작할 수 있는 계리 담당자를 겸하고 있었다. 통상적으로 매매가 이루어지는 거래 부서와 결제가 이루어지는 지원 부서는 분리하여 운영하지만 베어링스은행은 리슨에게 독자적으로 모두를 처리할 수 있는 권한을 주어 독버섯이 자라는 것을 인지하지 못했던 것이다.

리슨은 파생상품 담당 트레이더인 동시에 자신의 실적을 조작할 수 있는 계리 담당자 역할까지 겸임했다. 대부분의 은행들은 매매실행이 이루어지는 거래 부서(Front office)와 결제가 이루어지는 지원 부서(Back office)를 분리하여 운영하는 것이 관례였다.

그러나 베어링스은행은 거래 업무와 지원 업무를 분리하지 않고 리슨에게 독자적으로 모두를 처리할 수 있는 권한을 부여했다. 마땅히 분리되어 있어야 할 역할이 한 사람에 의해 통제되고 있었던 것이다. 1994년 8월에 진행된 내부감사에서 리슨이 거래와 청산의 책임자 지위를 유용할 수 있다는 위험성이 있다는 지적됐다.

그러나 이러한 지적에도 불구하고 이에 대한 어떠한 조치도 취해지지 않았으며 경영진들은 오히려 이 경고를 무시했다. 그들의 관심은 리슨이 보고하는 수익에만 국한되어 있었고 그가 어떻게 수익을 내는지에 대해서는 전혀 관심을 두지 않았다.

당시 베어링스은행은 수익의 주축이었던 워런트 부분의 수익이 감소하고 있어 대체적인 수익원이 필요했기 때문에 리슨을 전폭적으로 지원했던 것이다.

네 번째, 베어링스은행의 조직체계가 매트릭스(Matrix) 구조로 되어 있어 내부통제를 벗어날 수 있었다는 점이다.

당시 리슨은 지역본부장과 담당 금융거래팀장에게 교차 보고하고 있었지만 파생금융상품이라는 전문화된 거래에 대하여 리슨의 상사들은 서로 자신이 아닌 다른 조직에서 관리하고 있으리라는 안이한 자세를 취하였고 계속된 허술한 보고를 의심하지 않았다. 조직이 분권화되어 있었기 때문에 오히려 감독 기능이 제대로 발휘되지 못했고 리슨은 내부통제를 받지 않고 일을 벌일 수 있었다.

리슨은 수감 중 자신의 경험을 《Rogue Trader》라는 제목의 자서전으로 썼으며, 이는 2000년 이완 맥그리거 주연의 영화가 만들어졌다. 그의 자서전은 국내에서 《**금융가의 불한당**》으로 발간되었으며, 영화는 《**겜블**》이라는 제목으로 개봉된 바 있다.

리슨의 스트래들 포지션은 하락장에서의 선물 매수포지션 규모에 비하면 적은 셈이었으나, 코스피200 옵션 시장이 태동할 무렵 대한민국 언론들은 옵션 매도가 베어링스은행을 파산시켰다는 식으로 서술하며 옵션 매도에 대해 지나치게 부정적인 인식을 심어주었다.

아이러니하게도 개인들은 겁을 먹고 매수에만 나섰기 때문에, 초창기부터 수년 이상의 상당한 기간 동안 코스피 옵션 매도자에게는 황금어장이나 다름없었다. 리슨은 선물거래의 위험성과, 그 선물거래를 관리하고 규제하는 시스템에 대한 부족을 직접 시연하며 널리 알린 공로를 인정받아 1995년 이그노벨상 중 경제학 상을 수상했다.

위험의 싹은 내부에서 은밀히 자라나는 경우가 많다. 어떤 때에는 독버섯처럼 급속히 자라나서 조직 전체의 시스템을 마비시켜 버린다. 이러한 위험요인은 처음에는 잘 드러나지 않기 때문에 쉽게 발견되지 않지만, 이미 속은 곪아가고 있었다는 것을 나중에야 알게 된다. 그것이 표면에 드러났을 때에는 이미 늦으며 손 쓸 수 없는 상태가 되어 버린다.

베어링스은행의 파산은 리슨이라는 독버섯과 그것이 어떻게 배양되었는지를 보여준다. 어떤 조직이든 관리 감독을 소홀히 했을 때 위험요인은 서서히 커지며 끝내 걷잡을 수 없을 상태로 조직을 몰고 가는 것이다.

부도덕한 기업

사내 파벌 간의 암투는 음흉하고 더러운 회계 조작으로 이어져 투자자의 신뢰를 상실하면서 도시바는 최대의 위기에 봉착한다.

도시바의 창업자는 **'일본의 천재 발명가'**로 불리는 **다나카 히사시게**와 **'일본 전기의 아버지' 후지오카 이치스케**이다. 다나카는 증기선과 증기기관차, 대포 등을 만드는 **'다나카 제조소(1875년)'**를 설립했고, 후지오카는 백열전구를 주로 만드는 **'하쿠네츠샤(1890년)'**를 세웠다. 이 두 회사가 1939년 합병해 탄생한 게 **도시바**이다.

메이지 시대 초기 일본 최초의 전신 설비 업체로 설립된 도시바는 이후 원전, 철도, 반도체, 가전에 이르기까지 다양한 분야에서 사업을 확장하여 세계적인 종합 전기 메이커로 발전했다. 혁신의 상징과도 같은 도시바는 **'소니'** 창업자인 이부카 마사루(井深大)가 도시바 입사시험에 응시했다가 떨어진 일화로도 유명하다.

도시바는 일본 최초로 냉장고와 세탁기, 컬러 TV를 만들어 출시했고, 1985년 세계 최초로 노트북을 선보였으며 1987년 낸드 플래시 메모리를 발명했다. 2010년에는 안경 없이 3D영상을 시청할 수 있는 LCD TV를 세계 최초로 상품화하는 등 최근까지도 신기록을 경신해 왔다. 이러한 성장배경에 힘입어 도시바는 일본제철, 도요타자동차와 함께 전후 일본 산업계를 주도한 **'재계의 삼두마차'**로 불렸다.

2021년 11월 12일, 도시바는 회사를 3개 법인으로 분할 한다고 공식 발표했다. 마이니치신문은 **"3개 법인으로의 분할 계획이 주주총회에서 승인되면 146년 역사의 일본 대표기업이었던 도시바는 해체 수순에 들어가게 된다"**고 보도하면서 미래 생존을 보장받을 수 없다는 절박함이 이와 같은 극약 처방의 배경이 되었다고 덧붙였다.

이에 따라 도시바는 발전설비 분야의 **'인프라 서비스'**와 하드디스크드라이브 등 **'디바이스'** 회사를 분할하여 독립시켜 3개 법인 체제로 재편하며 기존의 도시바 법인은 반도체 기업 키옥시아홀딩스와 상장 자회사 도시바테크를 관리하게 된다.

도시바는 현재 해외 펀드들의 인수전에 휘말려 있다. 영국계 투자 펀드인 CVC 캐피털 파트너스는 도시바 주식 전량을 공개 매수해 비상장 기업으로 전환할 것으로 알려졌다. 그렇게 되면 도시바 주식은 비공개로 전환, 주식시장에서 사라지게 된다. 인수액은 2조 3000억 엔(약 23조 4370억 원)으로 추산되면서 헐값 매각이란 지적도 나왔다. CVC 이외에 미국의 대형사모펀드 KKR, 캐나다계 브룩필드자산운용 등이 도시바 인수를 검토 중인 것으로 전해졌다. 최종 인수자가 누가 됐든 도시바가 이들의 인수 제안을 수락하면, 일본 전자산업의 국가대표 브랜드였던 도시바는 일본기업이 아닌 외국기업의 손에 들어가게 된다.

도시바는 무분별한 문어발식 사업확장으로 성장해왔다.

그러나 2008년 금융위기 이후 우량 계열사의 수익이 부실 계열사의 지원에 들어가는 등 시간이 지날수록 그 규모가 확대되면서 그룹 경영에 큰 부담으로 작용했다. 이런 가운데 2015년 발생한 회계부정 사건은 도시바에게는 회복할 수 없는 치명타가 됐다.

도시바가 2009년부터 5년간 대규모 회계 조작을 감행했다는 사실이 드러난 것이다. 실적을 부풀리기 위해 2009년 회계연도부터 2014년 12월까지 총 1,562억 엔을 과대계상한 것으로 밝혀졌다.

제3자 위원회 조사 결과, 역대 3사장이 경영판단으로서 현장에 압력 넣어 회계조작을 지시하여 2008년부터 2014년까지 제3자 위원회 조사 결과 1,518억 엔, 도시바 자체 조사 결과 44억 엔 등 총 1,562억 엔의 영업이익이 과다 계상된 것으로 나타났다. 이에 따라 조직적인 회계조작을 지시한 다나카 히사오 사장, 사사키 노리오 부회장, 니시다 아츠토시 고문 등 3인이 사퇴하기에 이른다. 경영난이 지속되면서 2016년에는 생활가전 사업을 중국 기업에 매각했고, 2017년에는 해외 원전 건설사업에서도 철수했다. 그룹 전체 연결 매출액도 3조엔 수준으로 하락했다.

도시바의 몰락은 2006년 경영진들의 밀실 회의에서 시작됐다. 니시다 대표는 M&A 시장에 나온 미국의 핵발전소 건설업체 웨스팅하우스를 어떻게든 인수하고자 했다. 많은 이사진들이 인수에 대해 경고했으나 니시다 대표는 뜻을 꺾지 않았다. 그는 신흥국 원전 수요가 늘어날 것으로 전망, 핵발전 사업으로 제네럴 일렉트로닉 같은 거대 미국 기업을 따라잡고 20년 안에 시장에 되팔아 수익을 남기겠다는 청사진만 앞세웠다.

다른 한편에서는 도시바가 원전 사업에 발을 담근 계기가 불투명하다는 점을 지적한다.

정확한 시장분석 없이 **'원전 르네상스'**를 부르짖으며 해외 시장 진출을 독려한 일본 정부의 책임을 묻기도 한다. 제너럴일렉트릭(GE) 등 경쟁사가 미래가 불투명하다며 웨스팅하우스 인수를 포기할 때 정치권의 권유에 원전 사업에 뛰어들었다는 설명이다. 시가 시게노리 전 회장이 사내 반대에도 불구하고 정치권에 권유가 있어 원전 사업을 맡았다는 소문도 돌았다. 결국 도시바는 웨스팅하우스사를 54억 달러라는 터무니없는 금액으로 매수했다.

2005년 웨스팅하우스는 자신들의 몸값을 18억 달러로 책정한 뒤 미국 · 영국 · 일본 정부에 타진한 바 있었다. 이로부터 5년 뒤 발생한 후쿠시마 원전 사고로 인해 도시바가 웨스팅하우스 매수 후 5년 동안 사력을 기울여온 해외 원전 수주가 모두 중단되었다.

게다가 당시 웨스팅하우스는 미국의 사우스캐롤라이나와 조지아를 비롯해 중국 등 전 세계에 AP1000 원자력발전소 건설을 추진하고 있었는데 기술 결함으로 인한 공기 지연을 겪고 있었고 지체 보상금으로 인한 충당 부채가 눈덩이처럼 불어났다. 이런 가운데 회계 부정 사태가 터지면서 더 이상 감당하지 못한 상태가 된 것이다. 웨스팅하우스사는 미국 연방도산법 제11조에 따라 기업재생을 신청했고, 이로 인한 도시바의 손실액은 약 7,125억 엔으로 추산됐다.

도시바의 몰락이 어디서부터 잘못됐냐는 기자의 질문에 쓰나카와 사토시 도시바 사장은 2008년에 인수한 웨스팅하우스라고 대답했다. 하지만 일본 언론은 사업 결정과 경영이 철저하게 사내 파벌에 의해 운영된 점을 근본 원인으로 지적한다. 철저한 사업분석을 위해 전문성을 갖춘 경영인의 객관적인 의견이 반영될 여지가 없었다는 점이다.

'가전(PC)계'와 **'인프라(원자력)계'**로 나뉜 사내 주류 파벌 다툼으로 양 계파 간의 반목이 심했다. 1990년대 이후 도시바는 사업 성격이 다른 반도체 사업과 인프라 사업을 근간으로 성장을 모색했지만, 인프라 사업은 사업 기간이 긴 반면 반도체는 경기순환 주기가 짧아 양자 간 조화가 쉽지 않았다. 특히 PC 부문 출신의 니시다 아츠토시 고문(전 회장)과 원자력 부문 출신의 사사키 노리오 부회장의 갈등이 심했다. 사사키 노리오 부회장이 사장이던 시절(2011~2013년) 니시다 아쓰토시 전 사장 때 보다 나은 실적을 요구했고 이로 인한 중압감이 회계조작으로 이어졌단 것이다. 상대방으로부터 공격을 받지 않기 위해 자기 계파의 실적을 좋게 보이려다 이러한 사태가 발생한 것이다.

1970~1980년대 도시바는 초일류 기업이었다. 일본의 최고 명문 도쿄대 졸업생들이 가장 선망하는 직장이었다. 1990년대 들어서 매출 500조 원을 넘기는 글로벌 기업으로 성장했다. 이때부터 차츰 도시바는 자신들이 세계 최고라는 자만에 빠지게 된다. 자만은 기업의 조직문화와 의사결정 시스템을 폐쇄적으로 바꾸어 놓는다.

첨단기술의 상징이던 도시바가 관료화되면서 상명하복의 문화로 경직되어 갔다. 경영진이 내린 결정에 의문을 제기하거나 비판이 용납되지 않았다. 실현 불가능한 목표가 떨어져도 각종 편법을 동원하여 달성한 것처럼 왜곡하는 사례가 만연했다. 도시바 임원진은 각 사업 부문 책임자에게 과도한 수익 목표를 설정해 압박했다.

니혼게이자이신문은 도시바 부문장들은 목표 달성을 위해 비용 계상을 미루거나 이익을 과다 계상하는 회계 부정을 수시로 자행했다고 꼬집었다. 일반적으로 기업은 분식회계가 일어나지 않도록 내부통제 시스템을 마련한다.

도시바는 일본에서 거버넌스 혁명이 가장 빨랐던 회사 중 하나로서 2003년 일본 상법 개정 이후에는 집행부와 감독 부를 엄격하게 분리해 운영해 왔다는 평가를 받기도 했다. 그러나 도시바의 실적 지상주의는 **'챌린지'**라는 이름으로 암묵적으로 합리화되고 있었다. 제3자 위원회는 2011년 3월 동일본 대지진을 비롯해 태국에서 일어난 홍수, 엔고 현상 등 경영 환경이 불투명한 상황에서도 이익을 내야 한다는 경영진의 과욕과 상명하복의 문화가 문제를 일으켰다고 지적했다.

급변하는 환경 속에서도 도시바는 발 빠르게 대처하지 못했다.

특히 2000년대에 들어 한국 등의 가전업체가 급성장하면서 경쟁력을 점차 잃어가고 있었다. 일본 내의 경쟁업체 등은 가전 사업 부문을 축소하고 해외로 공장을 이전하는 등 활로를 모색했지만 도시바는 별다른 대책을 세우지 않았다. 변화에 대처하지 못한 파급효과는 곧바로 경영난 악화로 이어졌다.

결국 의료기기 사업 부문을 캐논에 매각해야 했고, 가전사업 부문은 중국의 메이디그룹에 매각했다. 도시바에 가장 큰 타격을 준 원전 사업에 대한 정리도 지연되어 2017년에야 원전 건설사업에서 철수하게 된다.

이렇듯 도시바가 변화에 적절하게 대처하지 못한 원인으로 일본 경제주간 다이아몬드는 일본 특유의 **'장로 경영'** 문화를 지적했다. 과거 경영진이 고문으로 남아 현직 경영진에게 영향력을 행사하여 상황을 악화시켰다는 것이다.

1996년부터 2000년까지 사장을 역임한 니시므로 타이조는 퇴임 후 5년간 회장을 맡았고 이후 상담역으로 물러났지만 도시바 최상층에 사무실을 두고 도시바 경영에 관여하여 도시바의 천황으로 불렸다. 회계 부정의 핵심 인물인 니시다 아쓰토시는 퇴임 후에도 권력을 휘둘렀다.

일본 언론은 도시바 임직원들이 도시바는 결코 무너지지 않는다는 자기최면에 빠져 회생과 개선의 기회마저 잃었다고 지적했다.

경영진의 부적절한 지시에 대해 그 부당성을 토로해야 함에도 불구하고 오히려 각종 행사나 언론 브리핑을 통해 경영전략과 상황을 합리화하기에 급급했다는 것이다.

도시바는 원전 사업 손실이 명확해진 2011년 이후에도 2017년이 되면 매출 1조 엔을 달성할 것이라고 떠들었다며 누가 들어도 시장 상황을 고려하지 않은 합리성이 결여된 주장인데도 폐쇄적 기업문화 속에 반복되다 보니 조직원들이 세뇌될 수밖에 없었다고 덧붙였다.

웨스팅하우스를 인수할 당시 당초 예상가의 3배가 되는 가격으로 비싸게 인수하게 된 것부터 동일본 대지진과 치명적인 기술 결함이라는 블랙스완의 덫에 빠진 원전 사업에서 헤쳐나오지 못한 원인은 임직원들의 자정능력이 결여되어 있었기 때문이다.

도시바의 몰락을 초래한 중요한 원인은 수직적 소통방식이다. 조직의 혈관이라고 할 수 있는 의사소통은 수평적이어야 한다.

그러나 일본 특유의 집단문화를 유지해온 도시바에서는 상명하복에 의한 수직적 소통이 조직문화였다. 이런 조직에서 아래로부터의 혁신은 결코 일어나지 않는다. 아래로부터의 혁신이 없는 조직은 미래를 잃어버린 것이다.

한때 가장 앞서 나갔으나 허망한 쇠퇴의 기로에서 절치부심 중인 일본의 존재는 중국의 맹추격을 받고 있는 한국에 백번 참고해도 좋을 반면교사이자 긴장을 늦추지 말아야 할 이유다.

혁신가의 딜레마

코닥의 본거지로 번창했던 뉴욕주의 로체스터는 코닥의 몰락과 함께 이제는 한가한 도시로 변모했다.

19세기 후반 초기 사진기의 크기와 무게는 CRT 모니터와 유사했다. 촬영 장비까지 운반하려면 두 세명이 들고 가야 했다. 로체스터 은행 직원이었던 조지 이스트만은 1881년 **'이스트만 드라이 플레이트'**를 설립하여 좀 더 간편하게 사진을 찍을 수 있는 방법을 찾으려고 무수한 시행착오를 걸쳐 1883년 감광필름을 만들어내고 이를 상용화하는데 성공한다. 1887년 휴대용 카메라를 개발하여 선보이면서 카메라 사업에도 뛰어들었다. 그러나 당시만 해도 카메라와 필름은 전문가들로부터는 관심을 끌었지만 대중적으로는 크게 호응을 얻지 못했다.

1892년 상호를 **'이스트만 코닥'**으로 변경하고 여성과 젊은 층을 대상으로 잠재 시장을 발굴하여 싸고 편리한 카메라를 판매함으로써 시장에서 두각을 나타내기 시작한다. 사용자는 카메라를 사서 사진을 찍고 필름은 코닥으로 보내 현상과 인화를 하는 방식이었다.

1950년대에 이르러 코닥이 지배하던 카메라 시장은 카메라 바디, 렌즈, 필름으로 세분화되었지만 코닥은 필름 사업에서 가장 많은 이익을 내고 있었고, 특허 부분에서 코닥은 독보적인 위치를 점하고 있어 두려울 게 없었다.

1990년대 들어서도 코닥은 1억대가 넘는 일회용 카메라를 판매하여 미국 내 필름 카메라 시장에서 90% 이상의 점유율을 차지하는 등 안정적이고 성공한 기업의 이미지를 이어 갔다. 미국 25대 기업으로 입지를 구축하였고, 지속적인 기술에 대한 투자와 사회 기부로 미국 공학도들이 가장 일하고 싶은 직장이었다.

카메라 필름 시장의 대명사로 불리던 코닥은 2012년 1월 파산 보호 신청을 하게 된다. 생존을 위해 각종 사업부는 물론 특허기술까지 내다 파는 등 온갖 자구책에도 불구하고 끝내 회생하지 못했다. 후지필름이라는 강력한 경쟁사의 등장으로 실적이 떨어지더니 디지털카메라의 보급이 확산되면서 급격히 쇠락의 내리막길로 들어섰고 결국은 이를 극복하지 못했기 때문이었다.

1932년 77세의 나이에 자살하면서 유서에 **"내가 할 일은 다했다(My work is done)"**고 썼던 코닥의 창업자 조지 이스트먼의 끝은 자신도, 기업도 좋지 못했다.

코닥의 성공은 R&D에 대한 지속적인 투자로 상품개발을 이루어냈기 때문이다. 그 결과 코닥은 단순한 카메라 필름 회사가 아닌 수많은 특허를 갖춘 견실한 기업으로 지난 1세기 동안 특허를 통해 가장 큰 이익을 남겼다. 잘 알려져 있다시피 1975년 세계 최초의 디지털카메라를 개발한 주역은 코닥의 엔지니어 스티븐 사슨이었다.

또한 유기발광다이오드(OLED)의 원천 기술을 가지고 있었으며 최근까지도 소니의 고급 디지털일안반사식(DSLR) 카메라 등 주요 디지털카메라가 코닥의 CCD 소자를 채용하는 등 디지털 시대에 걸맞은 기술력도 갖고 있었다. 사실 코닥은 그 누구보다 변화하는 기술 트렌드를 잘 이해하고 있었으며 무엇이 필요한지를 간파하고 있었다.

코닥을 몰락하게 한 직접적인 원인은 디지털카메라의 출현이었다. 코닥은 디지털카메라를 최초 개발했음에도 그것의 시장성을 확신하지 못했을 뿐 아니라 디지털카메라가 기존의 사업모델과는 상호보완성이 전혀 없었기 때문에 사업화에 소극적이었다.

코닥의 사업모델은 **'면도날 전략(razor-blade strategy)'**이었다. 카메라의 가격은 최대한 낮춰서 보급하여 마진이 높은 필름에 대한 수요를 증대시키는 전략이었다. 필름이 필요 없는 디지털카메라는 이러한 전략을 불가능하게 만들었다.

디지털카메라가 사진이라는 결과물을 만들기 위해서 새로이 도입한 것은 저장장치와 이를 바로 확인할 수 있는 인터페이스를 추가한 것이다. 초기의 디지털카메라는 인쇄하려면 디지털카메라의 메모리를 읽고 출력할 수 있는 기기를 지원해야 했으나 당시만 해도 디지털카메라를 쉽게 인쇄할 수 있는 상황은 아니었다.

코닥은 최초로 디지털카메라를 개발하였고, 관련 기술을 확보했음에도 경영진에서는 이미 필름 자체로도 막대한 수익을 내고 있는 상황에서 디지털카메라가 시장에 미칠 영향력을 과소평가한 것이다. 코닥 내부적으로도 의견이 엇갈렸던 부분은 향후 디지털 사진과 기존 필름 사진의 공존 구도였다. 일부에서는 디지털 사진 기술이 급속도로 발전, 필름 사진이 완전히 종언을 고할 것이라는 의견을 제시했지만, 많은 기술 전문가와 특히 필름사업부 쪽에서 디지털 사진이 중요하긴 하더라도 성장이 완만히 이뤄져 상당 기간 동안 두 기술이 공존할 것이라고 예측했다. 코닥의 경영진은 이러한 낙관적 시나리오에 입각해 디지털카메라 사업을 하나의 전략적 옵션으로 끌고 가는 과오를 범하게 된 것이다.

코닥이 필름 카메라 시장에서 성공한 요인은 카메라를 들고 오면 코닥 현상소에서 인화까지 책임지는 원스톱 서비스를 제공했기 때문이다.

그러나 예상과는 달리 디지털카메라가 시장을 잠식해오자, 코닥은 1995년 **'코닥 디지털 사이언스'**라는 브랜드를 만들어 'Easy Share'라는 새로운 사업모델을 선보인다. 코닥 디지털카메라로 사진을 찍고, 코닥 프린터로 코닥 현상소에서 인쇄를 해주는 사업 전략이었다. 기존의 코닥 현상소를 이용하면서 원스톱 서비스를 제공하므로 충분히 시도해 볼 만한 전략이었다. 그러나 코닥 디지털 사이언스는 다양한 편익을 고려한 제품임에도 불구하고 매출 실적은 그리 좋지 못했다. 코닥의 디지털카메라는 일찍부터 디지털 시대에 대비한 캐논, 니콘, 소니 등에 밀렸다. 예쁘고 깜찍한 다른 제품에 비해 디자인이 투박했고 얼굴 적목 현상 없애기, 얼굴 인식 등 다른 업체 디지털카메라에 있는 다양한 기능도 없었다. 1991년 190억 달러에 이르던 매출이 2010년에는 72억 달러로 추락했고 주식 가치도 급락했다.

코닥이라는 브랜드는 급변하는 시대적 흐름을 수용하기에는 과거 전통적 방식의 필름 사업에서 거둔 대성공으로 인해 너무 경직되어 있었다. 더욱이 디지털카메라를 출시한 다음 해 기존의 필름 카메라를 발전시킨 **'코닥 어드밴틱스'**라는 고급 필름 카메라와 필름 개발에 2억 달러를 투자하면서 기존 카메라 관련 사업도 강화했지만, 이 역시 브랜드 리뉴얼의 실패를 굳히는 결과를 가져왔다. 오히려 코닥의 몰락을 재촉하는 꼴이었다. 코닥이 간과한 것이 있다.

디지털카메라로 저장매체와 사용 인터페이스가 바뀌면서 사진에 대한 소비자 인식이 급격히 변했기 때문이다. 소비자는 디지털카메라로 사진 찍는 최종 목적이 인화하기 위한 것이 아니라 디지털로 사진을 보고 즐기고 공유하는 데서 즐거움을 찾게 된 것이다.

코닥은 이런 인터페이스의 변화 즉 필름에서 메모리로, 인화소에서 디지털 화면으로의 전환에 대해 미처 인식하지 못하고 있었다.

코닥은 이와 함께 디지털카메라 시장도 계속 문을 두드렸다. 코닥은 당대 최고의 이미지 센서 기술과 니콘 · 캐논 등 일본 일안반사식(SLR) 카메라 업체들의 보디를 결합해 수만 달러짜리 전문가용 DCS(Digital Camera System) 라인업을 전개하기 시작했다.

1994년 미국 월드컵을 전후해 일부 기자들이 찍어대는 코닥 DSLR는 그야말로 선망의 대상이었다. 그러나 이런 코닥의 대응은 머지않아 의도와 다르게 꼬여가기 시작했다. 디지털 사진 이용자들을 하나의 거대한 코닥 생태계 속에 가두려고 했던 회심의 그물, 포토CD 사업은 저렴하고 성능이 좋은 대체 기술, 즉 JPEG 이미지 압축 기술에 의해 무력화됐다. 오늘날에도 이 파일「.jpg」을 흔히 볼 수 있듯이 이 기술은 포토CD와 화질은 큰 차이가 없으면서도 파일을 훨씬 작게 만들 수 있었다.

반면 코닥이 주저하는 사이 후지필름은 1988년 디지털카메라를 출시했다. 디지털카메라가 기존의 카메라에 비해 수익성이 낮은 것은 후지필름에게도 마찬가지였다. 그러나 후지필름은 디지털카메라의 시대를 받아들이고 그 안에서 생존하기 위한 전략을 추구했다.

기존의 카메라용 필름 사업으로부터 최대한 현금을 짜내면서 사업다각화 노력을 강화했다. 카메라용 필름 부분의 인력을 대대적으로 감축하고 보유하고 있는 화학기술을 활용해 화장품 사업과 LCD 패널용 필름사업에 진출하여 위기를 극복했다.

코닥은 클레리트 크리스텐슨 하버드 경영대학원 교수가 '혁신가의 딜레마'에서 언급한 파괴적 기술에 의해 무너진 전형적인 사례라고 할 수 있다. 파괴적 기술은 출시 초기에는 완성도가 떨어지고 고객층도 제대로 확보하지 못하므로 높은 품질과 수익성을 추구하는 선두 기업들은 선뜻 이를 채택하려고 하지 않지만 결국에는 기존 기술을 대체하여 시장구조를 뒤엎는 특성을 가지고 있다는 것이다.

플라스틱 음반이 콤팩트디스크로 다시 디지털 파일로 대체된 것처럼 필름도 디지털화에 무너진 것이다. 코닥은 그들이 잘 만들고 대다수의 소비자가 사용하고 있는 필름을 더 잘 만드는 데 집착했다. 디지털카메라 기술이 기존 고객이 요구하는 수준에는 미치지 못하지만 전혀 다른 기능을 요구하는 새로운 고객이 원하는 와해성 기술이라는 사실을 간과한 것이다.

미국 스탠포드대 경영대학원의 윌리엄 배닛 교수 연구팀이 세계적인 경영학술지인 'Management Science'에 성공의 함정을 과학적으로 입증한 논문을 발표한 바 있다.

그는 과거의 성공, 특히 최근에 성공을 경험할수록 실패 확률이 높아진다고 주장했다. 가장 유력한 원인으로는 과도한 확신을 지목했다. 성공으로 과도한 자신감을 얻은 사람들은 부정적인 증거를 의도적으로 배제한 채 자신의 주장을 뒷받침하는 증거만 앞세우게 된다는 것이다.

자신의 의사결정이 옳다는 과장된 믿음은 새로운 사업을 벌일 때에도 마찬가지로 적용된다. 새로운 사업이 과거의 성공요소와 다를 경우 치명적인 문제가 생긴다. 자신의 방식이 옳다는 믿음 때문에 변화된 환경에 대처할 수 없는 것이다.

코닥의 몰락이 더 뼈아픈 이유는 디지털카메라 기술을 내부적으로 개발해놓고도 이를 즉각 상용화하지 않았기 때문이다.

하지만 창업자인 이스트먼이 와해성 기술을 인식하는 데 귀재였다는 사실은 아이러니하다.

이스트먼은 필름 기술의 수준이 낮았던 1800년대에 초기 기술이었던 **'드라이 플레이트'**에서 필름으로 재빨리 옮겨왔고 흑백 필름이 대세였을 때 아직 개발 초기 단계였던 컬러 필름에 투자해 성공했기 때문이다.

크리스텐슨 교수는 **"일류 기업이 실패하는 이유는 고객의 요구에 따르고 고객이 원하는 대로 상품을 개선해 대량으로 제공할 수 있는 기술에 투자하고 시장 경향을 분석해 당장 수익을 가져다주는 혁신에 투자하기 때문"**이라고 설명했다.

디지털카메라가 필름 사업에는 독이지만, 피할 수 없다면 어떻게 대처할지를 고민하는 대신 코닥은 이를 피했기 때문에 스스로 무너진 것이다.

갈라파고스화의 종말

GM의 몰락은 과다한 고비용 구조 때문이다. 특히 노조의 압박으로 종업원 및 퇴직종업원에 대한 연금 유산비용이 그 원인이었다.

1900년대 초 미국의 자동차 산업은 500여 개의 기업이 새로운 운송수단 시장을 차지하기 위해 각축을 벌였다. 1908년 투기의 귀재로 불린 윌리엄 듀런트가 설립한 GM은 1909년 캐딜락과 폰티악의 전신인 오클랜드를 흡수하면서 두각을 나타냈고, 치열한 경쟁 끝에 미국 자동차 시장의 맹주가 된다. 1920년대 불황으로 듀런트가 퇴진하고 1923년 알프레드 슬론이 취임하면서 GM은 본격적인 도약기를 맞이한다. 경영의 천재로 일컬어지는 슬론은 브랜드를 차종과 가격대별로 차별화하여 1930년대 들어서는 포드를 누르고 세계 자동차 시장을 장악해 나갔다. 1954년에는 GM의 미국 시장 점유율이 54%에 달했으며, GM의 점유율이 50%를 넘으면서 독과점 문제로 회사를 분할해야 한다는 여론도 등장했다. 1960~1970년대 GM의 전성기에는 세계시장 점유율이 30%에 달했다.

그러나 대형차에 집착하는 안이한 대응으로 1980년대 이후 일본 자동차 회사들이 급부상하면서 GM은 경쟁력을 잃기 시작하고 쇠락의 길로 들어선다. 설상가상으로 고유가에 따른 타격으로 GM은 1986년 북미 공장 11개를 폐쇄하게 된다. 2000년대에 들어서도 여전히 어려움은 가중되고 결국 2008년에는 77년간 지켜온 세계 자동차 업계 정상의 자리를 일본의 도요타에게 내주게 된다. GM의 쇠락은 막대한 손실로 이어져 누적손실액이 폭증, 정부로부터 194억 달러의 지원을 받지만 결국 견디지 못하고, 2009년 6월 1일 파산신청을 하면서 역사상 최대의 파산이라는 불명예를 안게 되었다.

GM의 실패는 경영진, 노조, 정부의 합작품이라는 견해가 일반적이다. 특히 기업의 미래보다 기득권 유지에 집착한 노조와 근시안적인 사고에 빠진 경영진의 책임이 컸다. GM이 몰락의 직접적인 원인을 분석하면 고유가와 경제 위기에 취약한 제품 포트폴리오, 막대한 유산 비용(legacy cost)에서 비롯된 고비용 구조, 그리고 자동차 사업보다 금융 사업에서의 수익이 커지는 비정상적인 사업 모델 등을 들 수 있다.

갈라파고스화란 육지에서 멀리 떨어진 갈라파고스 섬의 동식물이 본래의 種과는 다르게 진화된 것처럼 특정 국가의 산업이 자국 시장의 수요에 충족한 나머지 세계시장과 떨어져 고립되는 현상이다.

GM이 경제 위기에 취약한 포트폴리오를 구축하게 된 것은 갈라파고스화된 중 · 대형차 위주의 미국 시장에 치중한 제품 전략을 채택했기 때문이다. 그 결과 1970년대 이후 연비가 떨어지는 대형차 위주의 생산라인과, 디자인 면에서 경쟁기업의 차종보다 뒤떨어지는 차들로 인하여 위기를 자초하게 된다.

1963년 미국 정부는 독일과의 무역 분쟁 이후 8.5%였던 경트럭의 관세를 25%로 인상하는 이른바 치킨 관세를 시행하여 경트럭 시장을 보호했다. 또한 1973년 석유 파동을 계기로 도입된 연비 규제에서 경트럭에 대한 규제 수준을 승용차보다 낮게 적용했다.

이러한 정책은 GM을 비롯한 미국 자동차 회사들이 경트럭 및 SUV 의존도를 심화시키는 계기가 되었다. 이는 곧바로 일본 차들의 수입 증대로 이어졌다. 특히 소형차를 무시한 GM의 경영전략은 일본기업의 진출을 상대적으로 용이하게 하여 점차적으로 일본 자동차에 시장 점유율을 내주게 되었다.

1931년 GM이 포드를 처음으로 뛰어넘었던 당시 포드가 범했던 실수를 GM도 반복하게 된다. 포드사는 T형 포드로 성공했지만 소비자의 기호와 수요에 상관없이 한 가지 모델만을 고집하면서 선두의 자리를 GM에 내주었다. 그리고 GM은 다시 **'힘센 미국, 힘센 GM'**을 고집하다가 도요타에게 따라잡히게 된다.

자동차 산업의 특성은 시장의 트렌드를 빨리 읽고 실행해야 성공할 수 있는 산업이다. 도요타는 1950년대 미국 시장 진출에 실패한 경험이 있다. 이를 만회하기 위하여 생산성 향상과 품질향상에 매진한 반면 GM은 경쟁력이 뒤처지는 대량생산방식을 고수했다. GM의 생산방식은 도요타의 생산방식(린 생산방식)에 비해 생산성과 품질에서 열세를 보였다.

1대당 조립시간이 2000년 기준 GM 26.8, 도요타 21.6 이었다. 도요타는 연구개발 등 전 분야에 구축된 글로벌 네트워크를 활용해 소비자의 기호에 맞는 제품을 이른 시간에 생산할 수 있는 시스템을 구축하는 한편, 장인정신으로 재고 절감과 공정 최소화를 통해 기술경쟁력을 키웠다.

GM의 조립라인은 생산 유연성이 부족하여 고유가 및 경제 위기로 인한 시장의 수요변화에 대응하는 데 한계가 있었다. 미국의 빅 3는 조립라인별로 1~2개의 모델을 생산하지만, 혼다는 평균 2.8개의 모델을 생산할 수 있었다. 혼다의 메리스 빌 공장과 이스트리버티 공장은 하나의 생산라인에서 각각 3개의 모델을 생산하며, 조립라인의 생산모델을 변경하는 데 걸리는 시간도 혼다는 10일 이내인 반면, GM 등 미국 자동차 제조업체는 1년 이상 걸렸다. 혼다는 조립공정을 고려하여 설계했고, 플랫폼과 부품을 공유하는 한편 팰릿 활용 등을 통해 신속한 생산모델 변경이 가능했지만, 미국 빅 3는 컨베이어 시스템 및 차종별 전용 지그를 사용하기 때문에 생산모델 변경에 많은 시간이 소요됐다.

GM 몰락의 직접적인 원인으로 지적되고 있는 고비용 구조는 이른바 유산비용으로부터 비롯되었다. 유산비용이란 재직 중인 근로자 외에 퇴직자 및 그 부양가족에 지급되는 연금과 의료보험을 뜻한다. 경쟁사들이 현직 종업원에게만 제공하는 연금과 의료비용 혜택을 제공하는데 반해 GM은 퇴직자와 그 가족에게까지 혜택을 제공했다. 이렇게 된 이유는 1950년대 당시 경영진의 안이한 대처 때문이었다. 당시 노조는 가입률을 올리기 위해 퇴직자에게도 의료비용 등을 부담할 것을 요구하며 경영진을 압박했다.

경영진은 퇴직자가 많지 않아 부담이 적고 임금 인상률을 낮출 수 있다고 판단, 노조의 요구를 받아들이면서 유산 비용이 발생하기 시작했다. 그러나 당초의 예상과는 달리 유산 비용은 급증하여 2005년 기준 GM은 차를 한 대 제조할 때마다 1,904달러 정도의 유산비용을 지급해야 했다. 즉 유산비용으로만 연간 56억 달러를 지출했으며, 1993~2007년까지 15년 동안 유산비용으로 1,030억 달러를 지출했다. 게다가 노조와 맺은 노동계약 때문에 경기 상황에 따라 신속한 인력 구조조정을 단행하기도 힘든 상황에 처해 있었다.

유산비용의 증가로 시간당 임금 및 복지수준은 크라이슬러 75달러, GM 74달러, 포드 71달러인 반면, 도요타는 48달러, 현대자동차는 40달러 수준이었다.

1929년 미국 시장에서 포드를 제치고 1위에 오른 GM은 이후 1931년부터 2007년까지 무려 77년 동안 세계 자동차 1위 기업이 되었다. GM 내부에서는 이러한 성공이 지속적으로 이어질 것이라는 안이함과 타성에 젖어 있었다.

임직원은 물론 정부까지도 **'세계 최고의 GM'**이라는 환상에 빠져 닥쳐올 위기를 감지하지 못했던 것이다. 고객에 대한 홍보나 광고 영상물들도 급변한 고객의 취향을 무시하고 과거의 전성기 향수에 호소하는 방식으로 안이하게 대처했다.

젊은 세대로부터 GM 제품이 과거 자신들의 부모가 타던 차라는 비판을 외면했다. 매년 디트로이트에서 열리는 드림 크루즈 행사에 캐딜락, 스튜드베이커, 코르벳 등 20세기 명차를 전시하여 과거의 영광을 재현하려고 했다. 특히 2006년 TV 광고 시리즈 **'Then Again Now Again'**을 비롯하여 대부분의 광고들이 1960~1970년대의 화려한 전성기를 보여주는 흑백 영상으로 미국인의 과거에 대한 향수를 불러일으키는 데 집중했다.

자동차 사업보다 금융 사업에서의 수익이 증가하는 전도된 사업 모델은 제조부문에 대한 위기의식을 느슨하게 만드는 결과를 초래했다. 본업인 자동차 부문에서 이미 적자가 누적되고 있었음에도 불구하고 금융부문 사업인 GMAC의 고성과로 전체 실적이 정상적인 것처럼 보이는 실적 착시현상이 지속됨에 따라 자동차 부문의 혁신에 실패하는 결과를 초래했다.

특히 1990년대 중반 일본에 앞서 전기자동차를 출시했으나 채산성이 맞지 않는다는 이유로 조기에 철수했다. 2005년 1월 밥 루츠 당시 부회장은 북미 국제자동차 모터쇼에서 GM이 하이브리드차를 외면한 것은 전략적 실수였다고 고백했다.

경영진이 단기 실적주의에 빠지면서 본업보다는 금융부문 수익을 중시하여 역대 GM CEO들은 주로 GM 내부에서 성장한 경리나 자금 부문 출신이 차지했다. 특히 1990년대 CEO였던 존 스미스는 회계사 출신으로 자동차 부문의 경쟁력 강화보다는 M&A에 의한 성장전략에 치중하는가 하면, 수익이 별로인 소형차 시장에 매달리는 건 비상식적이라는 근시안적인 사고로 소형차 진출을 철회했다.

2000년대 이후 자동차 부문을 토대로 금융 사업의 장기적 성공을 추구해야 한다는 정도를 무시했다. 전임 CEO인 릭 왜고너는 **'先 할부금융사업 흑자, 後 자동차 사업 균형'**의 사업모델을 목표로 자동차 금융 사업에 치중하여 일부에서는 GM을 자동차를 만드는 은행이라고 칭할 정도였다.

1950년대부터 UAW(United Automobile Workers, 미국자동차산업노조)의 강력한 요구에 따라 유산비용을 회사가 부담하기로 협약을 체결하였다.

퇴직자에 대한 의료보험 부담은 비노조원의 조직화를 위한 최고의 유인책이라 UAW는 세력 확장의 도구로 사용했다. 그러나 경영위기에 봉착하여 유산비용을 축소하려는 시도가 있었으나 노조는 조합원의 반발을 우려하여 이에 응하지 않았다.

릭 왜고너는 기존 의료보장비용을 삭감하는 것은 노조와 핵전쟁을 하는 것이라며 파업에 대한 두려움을 표시했다. 경쟁이 치열한 상황에서 공장 가동이 중단될 경우 존립 자체가 위태로울 수 있다는 위기의식 때문에 노조에 대한 대응력 약화를 초래했다.

2007년 단체협상에서 GM은 의료보장비용의 수혜자 부담을 요구했으나, 결국 회사가 2010년까지 299억 달러를 출연하는 퇴직자 의료보장비용 펀드를 설립하는 선에서 합의했다.

미국의 경영학자인 짐 콜린스는 『**최강 기업은 어떻게 무너지는가**』라는 자신의 저서에서 몰락하는 기업의 공통점을 5단계로 구분했다. 그가 지적한 기업 몰락의 **1단계**는 **'성공에 도취된 자만'**이다. **2단계**는 **'원칙 없는 확장'**, **3단계**는 **'위험(리스크) 무시'**, **4단계**는 **'외부로부터의 구원에 매달림'**, 그리고 **마지막 단계**는 **'기업 존재가치의 소멸'**로 분석했다.

그는 GM의 몰락 과정을 정확히 예측하여 제시하고 있다. GM의 몰락은 20세기형 대량생산 대량소비 체제의 붕괴를 의미한다. 경영진은 끊임없는 자기혁신을 통해 시장의 변화와 소비자의 취향을 파악하고 때론 이를 이끄는 안목을 가져야 하며, 장기적인 관점에서 경영목표를 세우고 회사의 현황을 점검할 필요가 있다.

특히 노조는 회사에 대한 일방적인 투쟁 일변도에서 벗어나 협력과 양보를 통한 상생의 구조조정이 얼마나 중요한지를 알고 이를 실천해야 한다.

아마존을 롤모델로 하는 기업의 허상

토이저러스의 폐업을 아마존 탓으로만 돌리지만 그것은 단지 여러 원인 중의 하나일 뿐이다.

1948년, 2차 세계대전 참전 군인이었던 찰스 라자루스는 대학 진학 의지를 접고 사업에 눈을 돌려 자전거 가게를 창업하게 된다. 그러다 베이비붐 현상을 보면서 유아용품에 대한 수요가 급증할 것이라고 예상, 라자루스는 자전거가게를 접고 1952년 'Children's Bargain Town'이라는 유아용품점을 설립한다. 오픈 즈음에는 어린이용 가구만 판매했지만 손님이 늘어나자 라자루스는 장난감도 취급하게 되고, 장난감을 구매하는 고객이 증가하자 장난감 전문점을 세울 계획을 세우게 된다. 약 10여년 후, 라자루스는 2호점 매장을 오픈하면서 점포의 이름을 **토이저러스(Toys'R'Us)**로 정한다.

1980년대 들어 토이저러스는 미국 전역으로 매장을 확대함과 동시에, 아동용 의류 사업에도 참여, 전문 브랜드인 **'키저러스(Kids'**

R'Us)'를 선보였으며, 1996년에는 유아용품 전문 브랜드인 **'베이비저러스(Babies'R'Us)'**도 출범시킨다. 해외 진출도 본격화되어 1984년에 캐나다와 싱가포르 진출을 시작으로, 1991년에는 일본에도 진출했다. 2000년대 초의 토이저러스는 미국 내에서만 700여 개, 해외까지 합치면 1,700여 개의 점포를 확보하는 등 세계 최대의 장난감 유통업체로 우뚝 섰다.

토이저러스는 특정 상품 분야에서 압도적 유통망과 가격 할인 정책으로 다른 경쟁점들을 고사시키는 이른바 **'카테고리 킬러(category killer)'**기업이었다. 전후 베이비붐 시대와 주택 붐현상을 반영하여 넓은 매장에 온갖 종류의 장난감을 저가에 판매하는 전략에 중소 장난감 업체들은 더 이상 경쟁상대가 될 수 없었다.

결코 무너지지 않을 것 같던 장난감왕국 토이저러스가 2018년 3월 15일 파산신청을 했다. 경영진들은 회사를 살리기 위해 투자자와 은행을 설득했지만, 시장은 토이저러스가 회생하기 어렵다는 판단을 한 것이다. 이에 따라 토이저러스의 매장을 정리하는 등 청산 절차에 들어간 것이다. 3만 명에 이르는 직원들도 직장을 잃게 됐다. 아이들에게 산타클로스보다 더 친근한 할아버지라는 이미지를 갖고 있던 창립자 라자루스는 회사가 파산 신청한지 일주일 후인 3월 22일 눈을 감았다. 자신이 평생을 함께 한 회사와 생을 마감한 것이다.

토이저러스는 장난감 체인으로 오프라인 유통업체를 상징한다. 때문에 일각에서는 토이저러스의 파산이 오프라인 유통업체의 종말의 시작이라는 의견을 제시하고 있다. 토이저러스의 표면적인 파산 이유는 부채관리 실패였다. 2005년 토이저러스는 LBO(차입매수) 방식으로 베인 캐피털, KKR, 그리고 보네이도 리얼티 트러스트 등

3사의 손으로 넘어갔다. 이때 발생한 막대한 부채를 해결하지 못하자 2018년에 만기가 도래하는 4억 달러 규모의 부채를 해결하기 위해 파산신청을 한 것이다. 그러나 토이저러스의 실질적인 파산 이유에 대해 재고할 필요가 있다.

토이저러스 매장 대부분은 그저 대형 슈퍼마켓처럼 통로를 따라 선반 위의 장난감을 카트에 넣는 쇼핑방식을 고수했다. 매장을 깨끗하고 멋있는 환경에서 부모가 아이들과 함께 장난감을 만지고 느끼는 복합 공간으로 꾸미지 않았다. 이 같은 환경에서 월마트나 타깃과 같은 초대형 할인 유통 체인을 이길 수 없었다.

1994년까지 장난감 매출 1위를 고수하던 토이저러스의 자리가 1998년에는 월마트로 넘어갔다. 월마트 같은 체인의 입장에서 보면 장난감은 다른 물건을 사는 부모들을 끌기 위한 이른바 미끼상품이었다. 때문에 토이저러스보다 가격을 더 낮출 수 있었다. 금융업계에서 잔뼈가 굵은 존 에일러가 새로운 CEO로 부임하면서 월마트와 같은 대형 창고형 매장과 경쟁하기 위해서는 차별화가 필요하다고 판단, 토이저러스의 기존 창고형 매장을 포기하고 아이들이 놀러오고 싶어 하는 테마파크 같은 체험형 매장으로 변신시켰다.

그러나 여기에는 경영진이 간과한 것이 있었다. 체험형 매장으로 전환한 후 아이들의 방문은 늘어났지만 매출로 이어지지는 않았다. 부모들은 아이들과 장난감 체험을 매장에서 했지만 구매는 저렴하게 물건을 파는 아마존닷컴이나 월마트에서 했다.

1999년 5월, 이익도 못 내는 이토이스(eToys)라는 장난감 온라인 판매 업체가 기업공개로 토이저러스보다 시가총액이 35%나 큰 77억 달러짜리 회사가 됐다. 인터넷 거품이 꺼지면서 토이저러스는 이 기업을 인수했다. 그러나 그다지 인수 효과를 거두지 못했다.

2000년에 아마존과 온라인 판매를 제휴하기로 하고 아마존이 10년 동안 토이저러스 장난감만 파는 조건으로 토이저러스는 아마존에 5,000만 불을 지급한다.

그러나 아마존은 나중에 이 계약을 깨고, 다른 장난감 유통 체인들의 장난감도 팔아 결국 수년간의 소송 끝에 5,100만 불을 돌려받았지만, 이미 온라인 판매 전쟁에서 패하고 난 뒤였다.

미국의 정보기술 전문 매체인 쿼츠는 아마존과의 10년 독점 계약이 토이저러스의 디지털 전환을 어렵게 한 요인으로 분석했다.

아마존닷컴을 통해 대량으로 유통된 토이저러스의 장난감은 아마존이 성장하는데 큰 도움이 되었지만, 정작 토이저러스에겐 악재로 작용했다. 토이저러스의 몰락 원인을 연구한 펜실베니아대학 워튼스쿨은 유통 산업이라는 거대한 바다에서 조수의 흐름이 바뀌는데, 토이저러스는 가만히 서 있기만 했다고 지적했다.

경쟁사인 마텔이나 헤즈브로 등이 온라인 투자를 강화하고 아마존이 온라인 상거래 강자로 위세를 떨칠 즈음에야 비로소 뒤늦게 뛰어들었다. 2015년 토이저러스는 CTO로 랜스 윌스를 영입했다. 70년 가까운 역사에서 첫 임명된 CTO였다. 그는 토이저러스의 혁신이 경쟁사보다 10년 이상 뒤져있다는 것을 인정했다. 그럼에도 토이저러스의 자체 온라인 쇼핑몰의 경쟁력을 제고하기 위한 노력은 결국 실패로 끝나고 만다.

많은 전문가들은 토이저러스의 몰락은 아마존 때문이라고 한다. 글로벌 신용평가사인 피치는 2017년 발표한 보고서에서 토이저러스가 아마존이나 월마트, 타깃 같은 대형 유통 업체에게 점유율을 계속 뺏기고 있다고 경고했다. 미국 시장 조사기관인 리오그퍼스트데이는 토이저러스는 아마존 때문에 망한 27번째 기업이라고 했다.

규모의 경제를 이룬 오프라인 경쟁업체인 월마트와 타깃이나, 새롭게 떠오르고 있는 대형 온라인 쇼핑몰인 아마존닷컴과의 경쟁에서 우위를 점할 수 없는 상황이었다.

토이저러스의 몰락의 배경에는 저출산과 밀접한 연관성이 있다. 자신을 토이저러스 키드라고 부르며 매장에서 뛰어노는 아이가 감소하고 있는 추세를 보이고 있었다.

미국 질병통제예방센터에 따르면 2016년에 태어난 신생아는 295만 명, 2017년에는 384만 명으로 줄어든 것으로 나타났다. 인구 1,000명당 출생아 수가 1909년 30명에서 2016년 12.2명으로 감소했다. 워싱턴포스트는 토이저러스 몰락의 숨겨진 원인으로 출생률 저하를 꼽았다.

실제 토이저러스의 매출은 미국의 12세 이하의 아동수와 밀접한 상관관계를 보이고 있다. 12세 이하의 아동수가 증가했던 1990년대에는 토이저러스의 매출도 꾸준히 증가했다. 그러나 2010년대 들어 12세 이하 아동수가 줄어들자 토이저러스의 매출도 감소했다. 토이저러스의 몰락은 저출산으로 인한 산업 구조조정이 현실화되는 것을 보여준다.

초대형 유통 체인과 아마존의 습격에 고전하던 토이저러스는 2005년 베인 캐피털, KKR, 보네이도 리얼티 트러스트 등 3사의 손에 넘어갔다. LBO 방식의 인수로 50억 달러의 자금을 조달하여 인수했는데 이에 대한 이자비용만 매년 4억 달러를 지급해야 했다. 이로 인해 토이저러스는 매장이나 전자상거래 등 디지털 전환에 투자할 여력이 없었다. 이익을 낼 때는 이런 방식이 문제가 되지 않지만 이익을 내지 못하면 문제가 심각해진다. 손해를 보는 상황에서 막대한 이자비용을 지출해야 하기 때문이다.

블룸버그는 토이저러스가 사내 보유금의 절반을 이자 비용에 써야 했기 때문에 디지털 부분의 성장을 위한 새로운 시도를 할 여력이 부족할 수 밖에 없었다고 지적했다.

2015년 토이저러스는 4년 만에 처음으로 매출이 증가하여 회생 가능성을 보이게 된다. 그러자 경영진은 장난감 시연과 같은 적극적인 마케팅으로 고객을 끌어모으는 전략을 통해 회생 가속화에 힘을 쏟는다. 그러나 이후 실시한 무리한 가격할인 정책이 또다시 회사의 발목을 잡았다. 경쟁사들을 의식해 할인 폭을 점차 키워나갔고 이는 고스란히 수익구조와 재무구조를 동시에 악화시키는 원인이 되고 말았다. 결국 손실만 164억 달러를 입게 된 것이다.

소비자 기호도의 변화도 토이저러스에게 불리하게 작용했다. 전통적인 장난감은 컴퓨터 게임에 밀리고 있고, 이제는 그 자리를 유튜브까지 넘보고 있다. 레고나 인형을 가지고 놀던 아이들이 게임이나 유튜브를 보고 있어 장난감에 대한 수요가 줄어드는 것은 어찌 보면 당연한 귀결이었다.

특히나 게임 시장의 플랫폼도 게임기보다는 컴퓨터로 넘어간 지 오래였다. 게다가 스마트폰의 등장은 게임 시장의 저변을 모바일 애플리케이션으로 넓히는 계기가 됐다. 온라인 시장이 커지는 동안 오프라인 시장은 점점 좁아졌다.

심지어 회생의 타이밍에서도 운이 없었다. 당초 연간 매출의 40%를 차지하는 연말 빅 매출 시즌을 보내고 파산보호신청에 들어가려고 했지만, 2017년 9월 CNBC가 이러한 사실을 보도하게 되고, 장난감 제조사들은 먼저 현금으로 받기 전에는 물량 공급을 거부했다. 토이저러스에게 이 모든 것은 쇠락을 재촉하는 퍼펙트 스톰이었다.

4차 산업혁명 시대에서 토이저러스의 사례를 보면 향후 살아남을 수 있는 기업은 산업 간의 융합을 빠르게 이루어 낼 수 있는 기업이다. 아마존 왕국이 그 좋은 예이다. 온라인 서점으로 시작한 아마존은 유통, 배송, 미디어 콘텐츠, 인공지능, 클라우딩 컴퓨팅, 전자기기 등 전방위적으로 전통산업들에 침투하고 있다.

아마존은 단지 문어발식으로 사업을 확장하는 것이 아니라 각각의 업종의 장점을 융합해 해당 사업을 다른 사업으로 탈바꿈시키고 있다.

이와는 대조적으로 아마존의 공격에도 불구하고 오히려 세를 넓히는 오프라인 유통업체도 있다. 저가상품을 주로 판매하는 달러제너럴은 미국 전역에 14,000개의 매장이 있는데 5년 만에 35% 증가했다.

달러제너럴은 저렴한 가격뿐만 아니라 소비자의 경험과 편의를 중시하는 전략으로 성장세를 이어 갔다.

전국 어느 매장을 가도 매장구조가 동일하여 고객이 원하는 상품을 쉽게 찾을 수 있도록 한 것이다. 와튼스쿨 보고서는 소비자에게 다양한 쇼핑 경험을 선사하는 게 오프라인 유통업체가 생존하는 가장 중요한 과제라고 결론지었다.

기업윤리

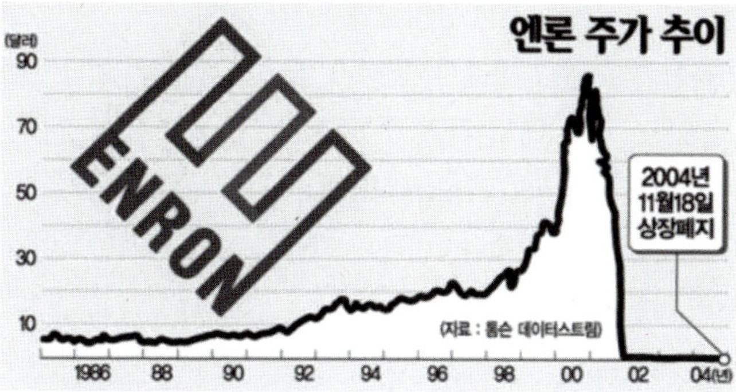

엔론사태는 감시와 견제 기능을 상실한 지배구조가 초래한 재앙의 대표적인 사례이다.

IT 버블로 인해 미국 경제가 흔들리자 미국 FRB는 2000년 12월, 6.5%였던 금리를 1년 만에 1.75%로 내리는 강력한 통화정책을 시행했고, 2001년 들어 경제성장률은 다시 반등하기 시작한다. 생존한 IT 기업들이 각고의 구조조정과 혁신으로 미국 경제가 활기를 찾던 이 시기에 미국 경제에 쇼크를 안긴 것은 **엔론(Enron Corporation)의 대규모 회계 부정 사태**였다.

엔론은 1990년대 미국 에너지 시장의 규제 완화 정책에 힘입어 에너지 유통에서 에너지 중개업으로 급성장한 기업으로 엔론의 2000년 매출은 1,008억 달러를 기록하여 포춘 글로벌 500대 기업 중 16위에 올랐다. 1999년에는 엔론 온라인을 설립하여 에너지 관련회사에서 파생금융상품과 첨단 광대역 통신망 서비스에 이르기까지 1,500개의 상품을 취급하는 종합 상품거래 회사로 변신했다. 설립 이래 총 거래 규모는 6,500억 달러에 달했으며 하루 5,000건이 거래되었고 거래 액수도 일일 30억 달러에 달했다. 이로 인해 엔론 온라인은 e-비즈니스계의 총아로 불리기도 했다.

엔론은 포춘지가 선정한 **'일하기 좋은 100대 기업'**중 1위에 오른 적도 있고, **'미국에서 가장 혁신적인 사업'**으로 6년 연속 이름을 올리기도 했다. 영국의 Financial Times는 2000년 최고의 에너지 업체로 엔론을 선정했고, 미국의 저명한 경영 컨설턴트인 **게리 하멜(Gary Hamel)은 엔론에 대해 무한한 성장 가능성이 있고 혁신적인 e-비즈니스 개념을 창출하고 있다고 평가**했다. 투자자들도 엔론의 고성장에 긍정적으로 반응하여 1991년부터 2000년까지 엔론의 주가 상승률은 1,415%로 S&P 500의 주가 상승률 383%에 비해 3.7배나 더 높았다.

9·11 테러의 충격에서 헤어나지 못하고 있던 2001년 10월 16일, 혁신적인 경영으로 고속성장을 구가해온 미국 에너지그룹 엔론은 2001년 3분기에 6.18억 달러의 손실이 발생했음을 공시하며 2억 달러 규모의 감자 계획을 발표하여 큰 충격을 안긴다.

그 직후 주가는 폭락세로 반전, 은행권들이 이탈했으며, 사우디의 왈리드 왕자에게까지 도움을 청했으나 실패한다.

경쟁사인 다이너지(Dynergy Inc.)가 인수를 선언 협상에 들어갔으나 엔론의 자금 부족을 메워줄 은행이 나타나지 않자 철수한다. 그간 정치권에 뿌린 엄청난 정치자금을 내세워 정부와 의회를 상대로 지원 요청을 하지만 실패하고 결국 파산하게 된다.

엔론의 파산 원인에 대해서는 다양한 견해가 있으나 가장 큰 원인은 감시와 견제 기능을 상실한 지배구조에 있다.

엔론 파산은 대리인 리스크(Agency risk)를 단면적으로 보여주는 사례라고 할 수 있다. 주주와 경영진은 이해관계가 완전히 같지 않으며, 정보의 불균형과 감시의 불완전성으로 도덕적인 해이나 역선택의 문제가 상존하며 정보의 비대칭성을 자신에게 유리한 방향으로 이용하려고 한다. 결과적으로 전문경영인이 자신의 자리를 연장시키고 더 많은 연봉을 받기 위해 실적을 조작하여 엔론 회계 부정 스캔들이 터진 것이다.

경영진이 기업의 주인인 주주의 이익보다 자신들의 이익만 챙기면서 일어난 사건이다. 이와 더불어 개별기업의 경영에 별로 관여하지 않는 인덱스 펀드의 특성 때문에 주주를 통한 시장 감시와 견제 시스템이 작동하지 않는 점을 이용, 경영진은 강화된 권력을 기반으로 자신들의 이익에만 혈안이 되었지만 이를 제어할 시스템은 작동하지 않았다. 또한 이사회 멤버가 기업 재무에 대한 전문지식이 부족하여 복잡한 금융기법을 통해 어떻게 부채를 숨기고, 이익을 부풀리는지에 대한 판단력이 결여되어 있었고, 최고경영자인 제프리 스킬링(Jeffrey Skilling)에 대한 맹목적인 믿음 때문에 이사회의 역할을 제대로 수행하지 못한 점도 지적되고 있다.

다음으로 지적되는 원인으로는 수익 창출에 실패한 사업다각화를 들 수 있다. 엔론은 에너지를 개발 생산하여 이를 소비자에게 유통하는 과정에서 가치를 창출하는 자본 집약적 산업에서 탈피하여 엔론 온라인(EnronOnline)을 설립, 사업자 간 에너지 거래를 중개하면서 부가가치를 만드는 신사업에 전력했다.

그러나 1999년 401억 달러에서 2000년 1,008억 달러로 매출은 급 상승한 반면 수익성은 급감했다. 엔론의 자기자본 이익률은 1996년 15.7%에서 2000년 8.5%로 줄어들었다. 영국과 인도에서 추진하던 발전사업이 차질을 빚어 수익성 부진에 빠지고, 광통신 시설 매수에 12억 달러를 투자하였으나 IT 산업의 침체와 더불어 실패하고 만다.

엔론이 선보였던 온라인 에너지 거래를 할 수 있는 **'가상공간의 통합(Virtually Integrated)'** 모델은 초기 투자비용이 적어 진입장벽이 낮았다. 이는 엔론 사원을 스카우트해 새로이 진입하는 신설업체의 증가로 이어져 평균 마진은 1998년 5.3%에서 2001년 3분기에는 1.7%까지 떨어져 수익성을 악화시키는 요인이 되었다.

케네스 레이(Kenneth Lee Lay) 회장은 최첨단 금융기법과 비상한 사업 아이디어로 미국 에너지 공급의 30%를 차지할 정도로 키웠지만 금융과 IT를 융합한 사업구조로 재편하는 과정에서 소요되는 자금을 편법적인 방법을 통해 조달했다. 금융 성격이 강한 거래를 하려면 부채 축소와 자본 확충으로 높은 신용등급을 유지해야 한다. 그러나 엔론은 자본 확충보다는 부채를 통해 조달하였고, 이러한 부채가 장부상에는 나타나지 않는 부외부채로 조달하는 편법을 사용했다.

특수목적법인을 설립하여 자금을 차입하여 엔론의 자산과 부채를 인수하는데, 특수목적법인에 외부 투자자가 3% 이상이면 모회사와 독립적인 것으로 간주하여 연결재무제표를 작성하지 않을 수 있다는 규정을 악용했다. 즉, 특수목적법인의 부채에 대한 리스크를 최종적으로 떠안는 것은 엔론이기 때문에 엔론의 회계장부에 나타나야 하지만 실제로는 재무제표에 표시되어 있지도 않았고 회계감사에서 지적되지도 않았다. Economist지의 보도에 따르면 엔론은 모회사 부채 131억 달러, 자회사 부채 181억 달러 외에도 200억 달러의 추가 부채가 있는 것으로 알려졌다.

엔론은 수익성 하락이 지속되자 회계 조작을 통해 이익을 부풀렸다. 상품의 양수도 시점이 아닌 계약 체결 시점에서 매출과 이익을 반영하는가 하면, 공정한 가격이 형성되지 않은 투자자산을 자회사에 양도하여 이익을 증가시켰는데, 그 비중은 1997년부터 2001년 3분기까지 무려 순이익의 28%나 되었다. 아울러 자회사 지분 보유가 50%가 되지 않으면 연결재무제표를 작성할 의무가 없다는 규정을 악용하여 모회사의 실적을 돋보이게 했다.

SEC는 엔론 사태 이후 조사에 착수, 1997년부터 2001년 3분기까지의 재무제표를 재작성하였다. 이 기간 동안 엔론의 순이익은 29억 달러에서 23억 달러로 조정되었다.

엔론은 금융 성격의 에너지 거래를 중개하면서 철저한 위험관리로 알려진 회사였다. 엔론은 CEO가 자기의 시간 중 1/3을 위험관리 업무에 할애하고 에너지 상품을 거래하는 트레이더의 올바른 정신무장과 업무규정 준수를 강조하였다.

그러나 이러한 노력에도 불구하고 회사가 어려움에 처하자 엔론의 위험관리 시스템이 작동하지 않아 파생상품에서 큰 손실을 본 것으로 알려졌다. 가스와 전력 파생상품의 가격이 올라갈 것으로 예상하여 상당수의 매수포지션을 취했지만 이러한 예상이 맞지 않아 큰 손실을 보았고, 이를 만회하기 위해 추가적인 투기를 감행한 것으로 알려졌다.

엔론은 2001년 3분기 저조한 실적 발표(2001.10.16.) 이후 두 달도 채 걸리지 않은 단시간에 파산 보호 신청(2001.12.2.)을 하게 된다. 엔론이 이렇게 단시일에 파산하게 된 원인은 시장 신뢰도 상실로 인한 주가 폭락이었다.

3분기 실적 발표 당시 33.8달러였던 주가가 신용등급이 투기

등급으로 하향 조정된 2001년 11월 28일에는 1.1달러로 급락했다. 실적 악화, SEC의 내부자 거래 조사, 분식회계 발표 등 악재가 잇달아 발표되자 투자자들은 엔론에 대한 신뢰를 접게 되었고 신규 자금 조달이 불가능해진 엔론은 더 이상 재기의 기회를 갖지 못하게 된다.

일부 언론들은 엔론 직원들의 윤리의식 부족을 지적한다. 영국의 **〈데일리텔레그래프〉**는 엔론을 돈, 섹스 그리고 난잡한 생활을 혼합한 **'칵테일'**이며, 미국판 **'아방궁'**으로 묘사했다.

사내 불륜이 만연했고, 고위 임원들의 이혼이 유행했으며, 심야 회의가 끝난 뒤 유리 벽으로 가려진 사무실에서 벌어진 정사에 관한 얘기는 엔론 사옥이 위치한 휴스턴 시내의 화젯거리였다고 전했다.

임원들은 조지 부시 전 미국 대통령 같은 유명 인사들이 모여 사는 휴스턴 교외의 리버 오크스에 화려한 저택을 짓기 시작했다.

엔론 부인으로 통한 엔론 직원들의 부인들은 고급 승용차와 화려한 의상 등으로 유명했다. 엔론과 같은 사태를 반복하지 않으려면 직원 윤리의식을 높여야 한다. 엔론의 파산은 부도덕한 기업은 결국 몰락한다는 사실을 직접적으로 보여주는 대표적인 사례이다.

벨기에의 정신분석학자 파울 페르하에허(Paul Verhaeghe) 교수는 엔론의 몰락을 **'등수 매겨 내쫓기(Rank and Yank appraisal system)'** 모델 때문이라고 지적한다. 최고의 생산성을 올린 직원에게 보너스를 몰아주고, 생산성이 제일 나쁜 하위 10%는 해고하는 시스템이다. 엔론에서 근무하던 한 직원은 비즈니스위크와의 인터뷰에서 엔론의 몰락은 당시 CEO인 제프 스킬링 때문이라고 말했다.

스킬링은 **'실적평가위원회'**라는 시스템을 도입했는데 엔론 직원들은 이를 **'등수 매겨 내쫓기'**라고 불렀다는 것이다.

이 시스템은 직원들로 하여금 동료를 이기지 못하면 동료에게 짓밟힌다는 강박의식을 가져왔다. 또한 회사가 내부 경쟁을 극대화하는 과정에서 동료들 간의 신뢰도 사라졌다. 심지어 잠깐 자리를 비울 때도 컴퓨터에 암호를 걸었고, 동료가 경쟁자가 되어 자신의 아이디어를 훔치지 않을까 전전긍긍했다.

이런 치열한 경쟁 분위기는 비윤리적인 행위와 함께 분식회계를 조장하는 원인이 되었다는 것이다.

엔론의 성공과 몰락은 기업들에게 시사하는 바가 크다. 수익성이 동반되지 않는 성장은 무너질 수밖에 없다. 특히 차입에 의존한 경영은 그 위험성이 더 크다. 엔론의 경우에서 보듯 수익성 저하, 자금시장의 불안 등 경영 환경이 악화되면 정상적인 경영이 어렵다.

또한 파생상품에 대한 충분한 통제가 필수적이며 시장의 신뢰를 상실한 기업은 곧바로 회생 불능 판정을 받을 수 있다는 점을 직시해야 한다.

경영자를 적절히 견제할 내부 통제 시스템을 구축하여 내부 임직원의 모럴 해저드를 방지할 수 있도록 기능을 활성화할 필요가 있다. 또한 재무제표의 작성에 있어서 규정에 부합한 지의 여부가 아니라 경제적 사실을 제대로 반영해야 한다.

American Business Icon의 오판

독점기업으로의 지위에 안주하여 변화를 받아들이지 못하고 잘못된 경영전략으로 AT&T는 굴욕적인 합병으로 막을 내렸다.

AT & T(American Telephone and Telegraph Corporation)의 역사는 전화의 발명과 함께 시작된다.

이 회사의 창립자가 바로 전화를 발명한 알렉산더 그레엄 벨이기 때문이다. 벨과 또 다른 두 명의 동업자 가디너 허바드, 토마스 샌더스가 공동으로 세운 회사가 AT&T의 모태이다. 1876년 벨은 전화를 발명해 전화 특허를 따냈다. 이를 바탕으로 세 사람은 1877년 벨 전화회사(Bell Telephone Company)를 설립했다. 1878년 코네티컷주 뉴 헤이번에 최초의 전화 교환국을 세운 뒤 3년 만에 미국 주요 도시와 마을에 전화 교환국을 세우게 되면서 미국 전화 사업은 사실상 **'벨 시스템'**으로 불리는 벨의 독점체제로 들어갔다.

벨 전화회사는 1882년 웨스턴 일렉트릭 경영권을 대부분 획득하면서 전화 장비 사업에도 진출하게 됐다. AT&T는 1885년 3월 3일, 벨의 100% 자회사로 설립되어 처음에는 장거리전화 네트워크 설치 및 운영사업으로 시작했다가 1899년 당시 회사 구조조정 과정에서 모회사인 벨 시스템을 자회사로 편입시키게 된다.

이후 AT&T는 성장을 지속한다. 특히 1947년 AT&T 산하 벨 연구소 과학자 3명이 트랜지스터를 발명했는데 이는 진공관을 이용한 장거리 전화의 불편을 해소한 획기적인 발명이었다. 트랜지스터는 20세기 후반 통신업계에 혁명을 불러왔다. 컴퓨터와 인공위성, 우주 개발 분야에서의 발전을 이끌었으며 이에 힘입어 AT&T는 비약적으로 성장, 1984년에는 직원 수가 100만 명에 이르렀다.

2005년 미국 2위의 지역 통신업체인 SBC 커뮤니케이션은 AT&T 인수를 전격 발표한다. 미국 통신산업의 역사인 AT&T의 시대가 끝난 것이다. SBC는 미 법무부의 결정에 따라 1984년 AT&T가 분할되면서 태어난 회사다. 법무부는 당시 AT&T의 독점 우려를 이유로 AT&T를 7개의 지역 전화회사와 장거리 전화회사인 AT&T로 분할하도록 제안했다. SBC는 7개의 지역 전화회사 가운데 하나로 태어났으며 모기업 격인 AT&T는 **'마벨(Ma Bell)'**, 떨어져나온 자회사들은 **'베이비벨(Baby Bell)'**로 불렸다. SBC는 이후 다른 2개의 **'베이비벨'** 회사를 합병하여 규모를 키워왔고, 마침내는 모회사 격인 AT&T까지 인수하게 된 것이다. AT&T로서 더 치욕스러운 것은 SBC가 AT&T를 인수한 것에 대해 비판의 목소리가 일고 있다는 점이다. 일부 분석가들은 매출이 줄고 전망도 어두운 AT&T를 160억 달러나 주고 산 것은 너무 비싼 값을 치렀다고 지적한다.

첨단기술의 아이콘인 AT&T의 쇠락은 오랫동안 지속된 미국 법무부와의 반독점 소송 결과 7개의 지역 전화회사로의 분할로부터 시작된다. AT&T의 회장이던 찰스 브라운의 상담역이자 수석부사장이었던 에드 블락은 이 결정이 회사를 파멸시켰다고 말한다. 당시 법무부와의 소송에서 AT&T에게는 두 가지 선택권이 있었다. 하나는 AT&T가 운영 중인 22개의 지역 법인을 7개의 지역 전화회사로 분할하여 매각하되 장비 제조회사인 웨스턴 일렉트릭과 벨연구소는 AT&T가 계속 지배하는 안이었다. 또 하나의 안은 22개의 지역 법인을 그대로 보유하여 단거리 전화 서비스를 계속 영위하되 웨스턴 일렉트릭과 벨연구소는 분할하는 방안이었다.

AT&T는 첫 번째 안을 수용했는데 이는 엄청난 실수였다. 장비 사업은 경쟁사가 늘어나면서 점차 수익성이 악화되었지만, 단거리 전화 사업의 수익성은 변하지 않았다. AT&T의 진정한 가치는 회사가 제공하는 전화 서비스를 이용하는 소비자들이라는 점을 간과한 것이다. 즉 AT&T가 시장을 주도할 수 있게 하는 기반이며 수익 창출의 원천이 바로 소비자였던 것이다. 7개의 지역 전화회사로 분할하면서 AT&T는 소비자를 잃게 되었다. 반면 장비 사업에는 많은 자금을 투입했으나 당초의 기대와는 거리가 멀었다.

브루킹스 연구소의 로버트 크랜들은 AT&T가 몰락한 이유로 1984년 정부로부터 독점 판정을 받고 7개의 지역 전화회사로 분할되는 과정에서 장거리 전화 사업을 유지하는 대신 단거리 전화 사업을 포기한 것을 꼽았다. 시간이 지나면서 장거리 통화 비용이 분당 몇 센트 정도로 크게 떨어져 수익성이 크게 저하되자 결국 경영진의 결정이 잘못된 것임이 분명해졌다.

다른 한편 AT&T가 SBC에 합병된 이유로 지적되는 것은 CEO의 역할이다.

1997년 10월 CEO로 취임한 마이클 암스트롱 회장의 전략적 실패로 AT&T가 합병되는 상황을 만들었다는 것이 대체적인 시각이다. 1996년 통신법 개정으로 대형 통신업체 간의 인수 합병을 통해 대형 경쟁사가 출현하게 되자 AT&T는 로버트 알렌 회장 후임으로 IBM 등의 가전 및 통신 분야에서 치열한 경쟁을 경험했던 마이클 암스트롱 회장을 새로운 CEO로 영입했다.

암스트롱 회장은 취임 후 AT&T의 사업구조를 통신 서비스 시장에 집중시켰다. 통신 서비스 부문과 직접 관련이 없는 사업 부문을 매각하는 한편 TCG, TCI, 미디어원 등 미래의 통신 서비스 시장에서 AT&T의 경쟁력을 높이는 데 도움이 될 것으로 판단되는 통신방송 서비스 관련 업체들의 인수에 적극 나선다.

AT&T는 1,100억 달러를 투입해 케이블TV 업체인 TCI와 미디어원 등을 인수, 미국 최대의 케이블사업자로 부상했다. 암스트롱 회장의 이런 전략은 주력 분야였던 장거리 시장의 경쟁이 치열해지면서 매출이 급감했기 때문이었다. 1984년 분리 이후 AT&T 자회사들은 지역 전화 시장을, 그리고 AT&T는 장거리 전화 시장을 사이좋게 나눠 가졌으나 96년 통신법 개정으로 AT&T와 베이비벨이 교차로 시장에 진입할 수 있게 됐다.

그러나 결과는 참담한 실패였다. 베이비벨의 장거리 전화 시장 점유율은 급증한 반면, AT&T의 시장 점유율은 1984년 68%에서 2004년 30%대로 하락했다. 반면 AT&T의 지역 전화 시장 점유율은 전체 회선의 2% 수준으로 미미했다. AT&T 입장에서는 자사의 주력 시장인 장거리 전화 시장은 경쟁사에게 개방되어 점차 시장 지배력이 축소되고 있는 데 반해, 반대급부로 얻은 지역 전화 시장으로의 진입에는 상당한 애로가 있었다. 이런 상황에 암스트롱 회장은 승부수를 던졌지만 참담한 실패로 끝났다.

1,100억 달러를 들여 인수한 케이블 사업체는 실적 부진으로 재무구조가 악화돼 2002년 11월 컴캐스트에 587억 달러에 저가 매각, 500억 달러 이상의 손실을 기록했다.

이렇듯 AT&T는 휴대전화와 컴퓨터, 인터넷 등 기술적 변혁 시기에 새로운 생존 전략을 펼쳤지만 별다른 성과를 거두지 못했다. 단거리 전화와 휴대전화, 컴퓨터를 놓고 어느 분야로 진출할 것인지 고심 끝에 휴대 전화 사업과 케이블 텔레비전으로 진출하면서 많은 예산을 지출했다. 미국 기업 연구소의 연구원인 그렉 시덱은 AT&T가 케이블을 소비자에게 접근하는 마지막 수단으로 보고 사업에 뛰어들었으나 막대한 손실로 끝을 맺고 말았다고 말했다.

1983년 AT&T 경영진은 무선전화 사업을 지역회사가 맡도록 하는 결정을 내렸다. 무선전화의 성장 가능성을 간과한 커다란 실책이었다. 로버트 알렌 회장은 1993년 AT&T는 뒤늦게 무선전화 업체를 인수하여 AT&T 와이어리스로 분사했으나 후발업체로 한계를 보이며 2004년 싱귤러 와이어리스에 매각된다.

이 외에도 차별화된 R&D를 통해서 축적된 기술로 AT&T는 IBM에 버금가는 컴퓨터 제조업체가 될 기회를 놓쳤고, 새로이 부각한 팩시밀리 시장도 놓치고 말았다.

컬럼비아대의 원격정보 연구소 엘리 노엄 소장은 **"AT&T는 전자공학의 혁명을 일으켰으나 결국에는 그 혁명에 잡아먹혔다"**라고 평가했다.

아시안월스트리트저널은 AT&T의 성장, 위기, 몰락 과정을 세계 최고의 기술을 제대로 활용하지 못한 관점에서 조명했다.

AT&T의 산하 벨연구소(Bell Labs)는 1925년부터 1980년대까지 기초과학에서부터 응용과학에 이르는 다각적인 분야에서 많은 성과를 이루어 냈다. 트랜지스터, 레이저, 태양전지, 광섬유 및 위성통신 등 벨연구소가 개발한 위대한 성과는 AT&T의 R&D가 왜 대단했는지를 단편적으로 말해 준다.

AT&T의 R&D 프로그램은 크리스토퍼 로드가 월스트리트저널에 기고한 기사에 언급했듯이 회사가 독점체제를 유지하면서 고객에 대한 전화 서비스의 질을 개선하는 긍정적인 역할을 했지만, 결과적으로 회사가 쪼개지게 되는 원인으로 작용했다.

벨연구소의 연구원들은 벨연구소를 공익적인 기구로 생각하는 경향이 있었다. 그들은 자신이 수행하는 연구가 국가의 과학과 기술을 제고하여 미국의 부를 창출하는데 기여한다고 생각했다.

AT&T는 반도체 기술을 일반 기업들에게 유상 제공한 것도 그런 맥락이었다. 특히 트랜지스터 제조기법도 공개했는데 25,000달러만 내면 노하우를 제공했다.

IBM, 제너럴 일렉트릭, 텍사스 인스트루먼트 등이 기회를 잡게 된다. 일본의 소니도 이를 토대로 도약의 계기를 잡는다. 트랜지스터는 집적회로(IC)로 발전하게 되고, 다시 마이크로프로세서로 진화한다. 텍사스 인스트루먼트와 페어차일드가 최고의 수혜자가 되고 AT&T는 이 과정에서 소외됐다. 로드의 견해에 따르면 AT&T가 벨연구소를 통해 개발한 다양한 기술을 이렇게 공개한 결과는 장거리 전화요금의 인하와 무선전화와 인터넷전화의 등장이었고, 이는 결국 AT&T의 재정 악화로 이어졌다는 것이다.

벨연구소 연구원들은 향후 수년간 AT&T의 수익을 창출할 수 있는 기반을 구축할 연구보다는 자신들이 관심을 두고 있거나 선호하는 분야를 연구과제로 정했으며 어느 누구도 이를 제어하지 않았다. 그들은 자신이 연구한 결과를 논문으로 게재하거나 특허로 출원

받으려고 했다. 이러한 관행으로 뉴저지주 머레이 힐에 있는 벨연구소에는 전 세계로부터 온 뛰어난 과학자와 엔지니어들로 넘쳐나게 되었다.

풍부한 연구비 지원과 자유로운 연구 풍토로 많은 업적을 이루어낸 벨연구소였지만 1984년 AT&T의 분할과 맞물려 벨연구소는 그 기능을 상실하고 많은 연구원들이 떠나게 된다.

경쟁자가 없는 독점 기업의 위치에 서게 되면 현재의 상황을 유지하는 것이 가장 좋은 전략이기 때문에 경영 전략을 수립할 필요성이 떨어진다.

변화를 꺼리는 기업문화로 인해 1990년대 중반까지 AT&T는 외부 직원을 영입하는 것에 매우 부정적이었다.

AT&T에서 최고 경영진의 위치에 오르기까지 25단계의 승진을 걸쳐야 했는데 1년에 1직급씩 승진하게 된다면 한 곳에서 1년 이상 근무하기가 사실상 불가능했다. 한 부서에 자신이 맡은 일을 숙지하여 능력을 발휘하기에 1년은 너무 짧은 시간이었다.

이러한 상황에서 1984년의 단거리 전화 사업 분할과 1990년대 새로이 진출할 사업 분야에 대한 최악의 결정으로 AT&T는 2005년 굴욕적인 합병을 맞이하게 된다.

핵심 경쟁력 유지는 생존의 필수조건

케이마트의 몰락은 과거의 성공이 미래의 성공을 담보하지 않는다는 것을 간과한 경영진의 잘못된 판단에 기인한다.

케이마트(K-mart)는 세바스찬 크레스지(Sebastian Kresge)가 1899년 디트로이트 시내에서 오픈한 작은 잡화점에서 시작되었다.

이후 케이마트는 오랜 역사와 전통을 자랑하는 대형 할인마트로 성장하여 1994년 미국 내 매장이 무려 2,300개가 넘는 굴지의 기업이 되었다.

1962년 당시 CEO였던 해리 커닝햄(Harry Cunningham)은 대형 유통사업에 뛰어들어 1972년 은퇴하기 전까지 케이마트가 시어즈나 월마트를 압도하는 미국에서 가장 큰 소매유통회사로 성장하는데 큰 공헌을 했다. 그는 개별 제품의 마진율을 현저하게 낮추는 한편 대형 매장을 통해 물품을 대량 유통함으로써 전체 수익률을 올리는 전략을 썼다. 비록 일반 백화점같이 내부 인테리어는 좋지 않았지만, 인지도 높은 제품을 저렴하게 판매하여 소비자들로 하여금 케이마트에 대한 신뢰도와 함께 만족도를 높일 수 있었다. 케이마트 입장에서는 신속하게 재고를 처리할 수 있다는 장점이 있었고, 납품업자들 역시 제품 회전율이 높아 매출이 증가하기 때문에 케이마트에 우호적일 수밖에 없었다. 이러한 장점으로 케이마트는 유통업계에서 결코 무시할 수 없는 독보적인 존재가 되었다.

103년의 전통과 1908년대까지 미국 유통업계의 1위였던 케이마트는 2002년 1월 22일 파산을 선언하고 자산 보전을 법원에 신청한다. 1990년대 들어 월마트에 1위를 내준 이후 10여 년간 판매부진으로 고전을 면치 못하면서 재무구조가 악화되자 현금 유동성이 부족한 탓이었다. 엔론 파산의 여파로 금융기관이 금융보증을 피하고 보증사채의 발행금리가 상승함에 따라 담보채권 발행을 통한 운영자금 확보에 실패한 것이다. 또한 매년 매출의 40%를 점하는 크리스마스 연말 쇼핑 시즌에 오히려 매출이 1% 감소하는 등 부진이 겹친 것도 영향이 컸다. 그러나 케이마트의 파산은 단순한 자금 부족이 아니며 이미 오래전부터 여러 문제들이 누적되어 온 결과라는 의견이 지배적이다. 케이마트는 비록 유통업계의 거인이었지만, 장점이었던 큰 규모로 인해 내부적인 문제점을 보지 못했고, 그로 인해 결국 파산한 것이다.

케이마트는 설립자가 은퇴한 직후부터 파열음을 내기 시작한다. 새 경영진은 권위의식에 쌓여 직원들과의 다양한 소통을 통한 협동보다는 일방적인 존경만 받기를 원했다. 그 결과 직원들은 새 경영진에 대해 실망하고 회사를 떠나기 시작했다. 오랜 경험과 노하우를 갖고 있던 직원들의 부재는 곧바로 케이마트의 경쟁력을 약화시키는 요인이 되었다.

월마트는 지역주민을 채용하는 한편 고객의 눈높이 맞는 서비스를 제공했지만, 케이마트 직원들의 마음은 회사로부터 점점 멀어지고 있었다. 이는 고객 서비스에 대한 투자 부족과 맞물려 고객들은 직원들의 서비스에 대해 점차 불만족을 표시하게 되었다.

고객에게 부정적 인식을 준 업체를 고객들은 다시 찾지 않는다. 불친절을 경험한 고객은 그곳을 다시는 찾지 않게 되고 주변 사람들에게도 그렇게 권한다. 어느 조사에 따르면 1명의 고객이 불만을 가지면 10명의 고객이 줄어든다고 한다.

경영 컨설턴트인 존 숄(John Shole)은 케이마트가 매장 수익 비용의 10%만이라도 직원 교육에 투자했다면 몰락하지 않았을 것이라고 말했다. 그 정도로 케이마트는 직원을 통한 대고객 서비스에 철저히 무심했다.

케이마트의 새 경영진은 고객들이 접근하기 쉬운 위치에 케이마트를 오픈한 것이 아니라 임대료가 싼 곳에 매장을 열었다. 그들은 고객들이 케이마트를 찾아올 것이라고 확신했다. 고객을 배려한 것이 아니라 그간의 성공에 취해 고객들이 찾아올 것이라고 생각한 것은 지나친 경영진의 오만 이었다. 창업 이후 케이마트의 입지 선택은 줄곧 많은 소비자들이 밀집한 도심 거주지역에 점포를 여는 도시 중심가 출점 전략이었다.

그러나 1970년대부터 미국에서는 많은 사람들이 과밀한 도심 지역을 벗어나 보다 쾌적한 교외로 이주하기 시작했다. 이 시기에 월마트는 재빨리 인구 5만~10만 정도의 교외 지역에 점포를 개설하여 이들 이주자들을 유인하는데 성공하여 성장의 발판을 마련했다. 그러나 케이마트는 기존의 입지 선택 전략을 바꾸지 않았다. 오히려 **'케이마트는 월마트보다 고객 가까이에 있다'**라고 홍보했다.

그러나 이러한 전략은 고객의 쇼핑행위 특성을 간과한 것이었다. 좋은 유통입지를 선택할 때 고려할 점은 그러한 좋은 입지조건이 지속될 수 있는지 여부다. 인구의 이동은 물론 교통이나 쇼핑행위 특성과 트렌드 등 여러 가지 조건에 따라 점포의 입지를 재배치할 필요성이 있다. 케이마트의 경영실패는 전체 점포수에서 인구가 계속 감소하는 도심 및 부도심 지역에 위치한 점포 수의 비중이 줄지 않았다는 점에서 찾을 수 있다.

케이마트는 월마트와의 할인 경쟁에서 경쟁력을 상실하고 있었다. 저비용 구조를 갖추지 못해 높은 판관비용과 낮은 이익률 구조로 이어진 것이다. 월마트는 재고회전을 극대화시킬 수 있는 효율적인 배송망과 물류시스템으로 경쟁력을 제고시켰다.

월마트가 1970년대 구축한 크로스도킹(cross-docking) 배송 시스템은 비용면에서 경쟁자를 압도할 수 있는 기초가 되었다.

상품이 열차나 트럭으로부터 회사의 운송 트럭으로 직접 옮겨지고 분류가 필요한 상품은 컨베이어 벨트를 이용한 자동화 분류 시스템을 통해 표준화된 상품 박스로 포장되어 각 점포로 운송됨으로써 보다 빠르고 저렴한 배송이 가능해졌다.

또한 바코드시스템, EDI 채택, 스캐너 자동 발주 시스템, 위성통신 시스템 등 첨단 시스템으로 신속한 재고 보충과 재고관리 비용을 최소화함으로써 판매관리비 비중을 15% 미만으로 낮췄다.

이에 비해 케이마트는 판매관리비 비중이 22%를 넘었다. 이는 동일한 상품을 월마트는 케이마트보다 7% 이상 싸게 팔 수 있다는 것을 뜻한다. 케이마트도 뒤늦게 낡은 물류시스템을 개선하기 위해 대규모 투자를 했지만 재고관리의 문제는 계속 노출되어 모든 제품이 완비되어 있는 경우는 전체 영업시간의 86%에 불과했다.

100시간 중 14시간을 고객들이 찾는 물건이 없어 되돌아간다는 것으로 거의 100%에 가까운 월마트와 비교되었다.

그러나 케이마트 경영진들이 범한 최악의 실수는 케이마트가 이제껏 쌓아 올렸던 자신들의 브랜드 이미지를 버렸다는 것이다. 케이마트가 성공했던 가장 큰 이유는 고객에게 인지도가 있는 상품을 독자적으로 싸게 공급한다는 것이었다. 이것이 바로 케이마트의 핵심적인 역량이었다. 그런데 경영진들이 이를 간과했다.

케이마트의 경쟁력이었던 특별할인제도를 폐지한 것이다. 그들은 소비자들이 케이마트를 싸구려 매장이 아닌 고급스러운 매장으로 봐주기를 원했다. 그러나 싸지도 않고 유명 브랜드의 제품도 없는 케이마트는 이미 케이마트라고 할 수 없었다. 자신들이 포지셔닝하고 있는 시장의 상황과 자신들을 보는 고객들의 시선을 무시한 채 자신의 핵심 경쟁력을 포기한 것이다. 이때 월마트는 '**케이마트보다 우리의 물건이 비싸다면 2주 안에 차액을 돌려주겠다**'는 공격적인 마케팅을 벌이고 있었다.

1970년대 후반부터 경쟁업체들이 케이마트보다 우월한 경쟁우위를 점하려고 애쓰는 동안 케이마트의 경영진은 커닝햄의 초기 전략적 사고를 망각하기 시작했다. 그들은 과거 성장의 원동력을 확장전략에 있었다고 판단하여 공격적으로 확장해 나갔다. 그 결과 신규점포의 수는 기록적으로 증가했다. 그러나 이러한 성장전략은 결정적인 오류를 내포하고 있었다.

첫째, 품목별 마진이 높다는 이유로 자체상표 상품을 늘렸는데 이는 브랜드 상품을 취급한다는 초기의 전략과 배치되었다.

상품의 질적 저하와 동시에 구매자의 만족도를 떨어뜨려 케이마트의 이미지를 저해하는 결과를 낳았다.

둘째, 신규점포를 확장하는데 치중한 나머지 기존 점포의 관리를 소홀히 했다.

그 결과 어두운 조명과 시대에 뒤떨어진 구닥스러운 상품진열대, 어지러운 내부 시설은 고객들을 실망시켰고, 노후화된 싸구려 점포라는 이미지 저하는 케이마트의 핵심 고객이었던 25~40대 여성 고객층의 이탈을 가져오게 된 것이다.

셋째, 할인점 성공의 근간이었던 대형매장 입지 전략을 포기한 것이다.

확장 전략의 일환으로 인구 2만 명 내외의 소도시에 오픈한 매장은 이전의 매장 면적의 반도 안 되는 4만 제곱미터였다. 따라서 당연히 상품 구색 또한 현저히 줄어들었다. 이러한 확장 전략은 매출액이 증가함에도 이윤은 지속적으로 감소하는 결과를 가져왔다. 1976년부터 1980년까지 순이익률은 3.1%에서 1.3%로 감소했다.

케이마트는 본업에서의 실적 부진을 만회하기 위해 사업다각화 전략을 택한다. 1987년 CEO로 취임한 조셉 안토니니(Joseph Antonini)는 다른 전문 유통업체의 인수를 통해 할인유통과 전문유통을 결합하는 사업을 구상했다. 1988년 사무용품 전문매장인 오피스맥스를 시작으로 스포츠용품 전문점 스포츠오소리티, 서점 빌더스 스퀘어 등 새로운 전문점을 추진하는 한편 해외시장에 눈을 돌려 멕시코, 싱가포르 등에 새로운 할인 매장을 오픈했다.

그러나 사업다각화는 케이마트의 핵심사업인 할인유통업과 시너지를 내지 못하고 오히려 할인유통업은 새롭게 추진되는 사업에 가려 관심을 잃게 되고, 결국 일부를 매각하게 된다.

안토니니의 전략은 정체상태를 보이고 있는 회사에 활력을 넣어 경쟁력과 수익성을 제고하려는 의도였지만 실패했고, 오히려 막대한 자금을 소요함으로써 할인 매장에 대한 필수투자가 지연되어 케이마트를 더욱 수렁으로 몰아넣는 결과를 가져온다.

이는 월마트가 샘즈 클럽의 회원제 창고업 업태나 의약품 유통업, 하이퍼마켓과 같은 월마트의 핵심역량을 기반으로 한 사업다각화로 시너지효과를 창출한 것과 대비된다.

케이마트의 실패를 불러온 또 하나의 요인은 바로 **'경쟁력 부재 상태에서의 대대적인 광고'**에 관한 것이다. 광고란 해당 제품에 대한 경쟁력이 확보되었을 때에만 효과를 발휘한다.

그렇지 않은 상태에서의 광고란 고객들에게 아무런 호소력도 없는 쓰레기 같은 구호에 불과하다. 그러나 안이한 태도를 가지고 있던 케이마트의 경영진들은 자신들의 경쟁력은 감안하지 않고 광고라는 손쉬운 방법을 택했다. 이는 결국 막대한 광고비의 지출로 연결되어 적자폭을 높이는 악순환을 초래했다.

케이마트의 몰락을 보면서 경영자들이 주의 깊게 새겨야 할 것은 **'과거의 성공은 결코 미래의 성공을 담보하지 못한다'**는 점이다. 케이마트는 1995년에도 파산 위기를 넘긴 바 있어 위기관리 경영전략의 부재 및 무리하게 추진하는 성장전략의 위험성을 단편적으로 보여준다.

케이마트의 사례가 국내 유통업계에 시사하는 것은 본업의 경쟁력이 뒷받침되지 않는 사업다각화는 무모하며, 소매 환경 및 소비자 변화를 파악하고 매출 지상주의에서 탈피하여 저성장기에도 수익을 낼 수 있는 체질 개선이 필수적이고, 타 업체와 차별화된 상품 개발과 글로벌 네트워크를 통한 저가격 상품의 소싱을 통해 소매업의 기본에 충실해야 하며, 마지막으로 자신의 경쟁력인 핵심역량을 발전시켜야 한다는 것이다.

결정의 순간 결정하지 못한 기업의 미래

넷플릭스로부터 5천만불 인수 제안을 받았지만 코웃음쳤던 블락버스터의 경영진은 업계의 조롱거리로 회자되고 있다.

비디오를 대여하여 가족들과 함께 보면서 여가를 즐기던 30여 년 전의 추억은 기억과 함께 희미해져 간다. 미국인들에게는 그러한 추억을 불러오는 비디오 대여점이 있다.

바로 블록버스터(Blockbuster)이다. 이곳에서 빌린 비디오를 보면서 가족들과 함께 시간을 보내던 기억을 미국인이면 누구나 떠올릴 수 있을 것이다.

데이비드 쿡(David Cook)은 친구로부터 비디오 대여점의 성장 가능성을 듣고 1985년 블록버스터를 설립한다. 원래 직업이 에너지 관련 소프트웨어 공급업자였던 그는 향후 비디오 대여점의 숫자가 1,500개에 이를 정도로 성장할 수 있다는 확신을 갖고 1985년 10월 19일 달라스에 1호점을 오픈한다.

당초 예상보다 훨씬 많은 고객들이 몰려와 더 이상 영업이 불가능할 정도로 대단한 성공을 거두게 된다. 일반 비디오 대여점과는 달리 최신식 바코드 시스템을 도입하여 편의성을 높이는 한편, 일반 비디오 대여점은 최대 100개 정도의 대여 비디오에 대한 추적이 가능했는데 블로버스터는 등록회원에 한하여 점포당 10,000개의 VHS까지 추적이 가능했다.

이는 반납 기간을 넘긴 고객들에게 연체료(late charge)를 부과하는데 유용하게 이용되었다. 블록버스터는 1987년 웨이스트 매니지먼트(Waste Manage-ment)의 창업자인 해리 웨인 후이젠가(Harry Wayne Huinenga) 등으로부터 18.5백만 불 투자를 받게 된다.

그러나 경영상의 의견 차이로 쿡은 후이젠가에게 경영권을 내놓고 물러난다. 새로이 경영권을 장악한 후이젠가는 적극적으로 사업 확장에 나서 1988년에는 점포 수가 400개로 늘어난다. 그리고 뮤직비디오와 비디오게임 대여를 추가하면서 블록버스터의 기업가치는 급상승하게 된다.

1990년대에 이르러 블록버스터는 미국 전역에 9,000개의 비디오 대여점을 소유하고 직원 수도 84,000명에 이르게 된다. 회원 수만 해도 65백만 명이고 기업가치는 한때 50억 달러로 치솟게 된다. 매년 블록버스터는 연체료 수입만 8억 불을 달성하게 된다.

그러나 이 시기에 후이젠가는 새로이 등장한 케이블 텔레비전으로 수익기반이 상실하게 될 것을 우려 케이블회사를 인수하는 것과 마이애미에 블록버스터 테마파크를 인가받고 착공할 것인가를 고심하던 끝에 1994년 굴지의 미디어 기업인 바이어컴(Viacom)에 84억 불에 매각한다.

바이어컴의 섬너 레드스톤(Sumner M. Redstone)은 블록버스터를 파라마운트 스튜디오를 인수하기 위한 자금 창구로만 여길 뿐 더 이상의 투자를 하지 않았다.

바이어컴이 2004년 칼 아이칸(Carl Icahn)에 매각할 때까지 10년간은 블록버스터에게는 매우 중요한 시간이었다.

케이블TV가 전성기를 맞았고, DVD의 등장, 경쟁사인 넷플릭스와 레드박스가 우편을 통한 DVD 배달이라는 새로운 비즈니스모델을 도입하여 블록버스터의 입지가 점차 축소되고 있던 시기였다. 그러나 새로운 CEO인 존 안티오코(John Antioco)는 인터넷을 활용하지 않는 전통적 방식(brick and mortar)의 비디오 대여점을 강조했다. 기술 혁신이 곧 경쟁력 제고라는 것을 간과한 것이다.

1997년 리드 헤이스팅스(Reed Hastings)가 넷플릭스(Netflix)를 창업하여 우편 배송 방식의 DVD 대여 영업을 시작하면서 비디오를 대여해 보는 고객들에게 차별화된 서비스를 제공한다.

특히 블록버스터의 고객들은 40달러에 달하는 연체료에 대해 매우 강한 불만을 토로하는 상황이라 넷플릭스는 블록버스터에 심각한 위협이 될 수 있었다. 1998년 헤이스팅스는 블록버스터에서 비디오 한 편을 6주 연체하는 바람에 40달러를 낸 경험으로부터 사업 아이디어를 얻었다고 한다.

사람들은 비디오나 DVD를 집에서 보고 싶어 했지만 직접 빌리러 가는 것을 귀찮아했다. 인기 많은 비디오는 이미 대여 중인 경우가 많았고 며칠이라도 늦게 반납하면 연체료가 쌓였다.

넷플릭스에서는 영화가 고객을 찾아가지만, 블록버스터에서는 고객이 영화를 찾아갔다. 그리고 무엇보다 넷플릭스에서는 연체료가 없었다.

넷플릭스 입장에서 사업 초반 연체료 수입을 포기하고 높은 배송비를 감당하기에는 비용 부담이 너무 컸다.

2000년, 헤이스팅스는 안티오코에게 미팅을 제안하여 달라스의 블록버스터 본사에서 만나게 된다.

이 자리에서 헤이스팅스는 넷플릭스와 블록버스터의 합병을 제안한다. 넷플릭스는 온라인 부분을 운영하고, 블록버스터는 오프라인에 집중한다면 합병으로 인한 시너지효과가 클 것이라고 설명했다. 넷플릭스를 이용하면 굉장히 신속하게, 훨씬 적은 비용으로 DVD 시장에 진출할 수 있다고 덧붙였다.

또한 넷플리스가 오래전 출시한 영화에 초점을 맞추면, 블록버스터는 핵심사업인 새로 출시하는 영화에 집중할 수 있어 효율성과 고객 만족도를 높일 수 있다고 안티오코를 설득했다. 넷플릭스 또한 블록버스터 이용자에게 홍보하면서 혜택을 누릴 수 있으므로 서로 윈윈이 될 수 있다고 말했다. 합병이 아니면 전략적인 제휴라도 검토해 줄 것을 제안했다. 그러나 안티오코는 닷컴 열풍은 버블이 심하다고 말하며 넷플릭스를 포함해서 온라인 벤처기업들의 사업모델 지속가능성에 대해 부정적인 입장을 피력했다. 이에 대해 헤이스팅스가 상세히 설명하며 그렇지 않다는 점을 강조하자 안티오코는 갑자기 블록버스터가 넷플리스를 인수한다면 얼마면 되겠냐고 묻는다.

헤스팅즈가 5천만 불이라고 말하자 안티오코는 잠시 침묵한 후 웃음을 보였다. 이전에 헤이스팅스는 아마존으로부터 1,600만 불 정도의 금액으로 인수 제의를 받은 바 있었기 때문에 그 정도 금액이면 합당하리라 판단했다. 그러나 안티오코 및 블록버스터 경영진에게 그것은 당치도 않은 금액이라는 표정이었다. 결국 성과 없이 끝나고 양사는 각자가 믿고 생각한 길로 가게 된다.

10년이 지나서 이 미팅의 결과가 미디어 산업에 어떠한 영향을 미치게 되었는지 엔티오코는 전혀 알 수 없었다.

2022년 3월 넷플릭스의 시가총액은 1,687억 달러, 2021년 총매출은 297억 달러를 기록했다. 게다가 블록버스터는 이미 파산해 흔적도 없이 사라진 반면 넷플릭스는 아직도 매년 매출이 늘어나는 등 성장을 멈추지 않고 있다. 때문에 달라스 미팅 이후 헤스팅즈와 안티오코는 많은 사람들의 입에 오르고 있다. 헤스팅즈는 뛰어난 천재라는 칭송을 받고 있지만, 안티오코는 그와는 반대로 우둔한 결정을 내린 경영자로 낙인되고 있다.

넷플릭스 인수 제안을 거절할 무렵 블록버스터는 비디오 렌털 사업에서 단연 두각을 나타내고 있을 때였다. 압도적인 점포 수, 회원 수, 충분한 마케팅 예산과 효율적인 운영으로 안정적인 수익을 내었기 때문에 경영진은 그러한 상황을 지속하는 것이 가장 최선이라고 생각했다. 블록버스터의 입장에서는 안정적인 수익구조가 있는데 온라인에 막대한 비용을 투자할 이유가 없었던 것이다.

특히 안티오코는 소매 유통업 부분에서의 오랜 경력을 가진 능력 있는 경영자였다. 그러나 그는 블록버스터에게는 치명적인 결과를 초래할 보이지 않는 네트워크 기능을 보지 못했다.

기술은 향상되며 산업은 변화하면서 성장하기 때문에 끊임없이 진화되는 과정에서 고객의 요구와 선호도를 파악하여 모델을 바꿀 수 있어야 한다. 온라인 DVD 시장으로 진화되는 과정에서 기존의 오프라인 방식만을 고집했던 것이 블록버스터와 넷플릭스의 운명을 가름하는 차이점이었다.

헤이스팅스는 비디오 대여와 감상이 모두 온라인에서 이루어지는 사업모델을 설정했지만, 초창기였던 당시 인터넷의 열악한 환경에선 이루어질 수 없는 일이었다. 때문에 현실에 맞도록 사업모델을 수정해야만 했다. 초기 넷플릭스가 제공하는 사업모델은 비디오 대여점을 인터넷으로 옮긴 서비스였다. 사용자가 넷플릭스 홈페이지에 접속해 원하는 콘텐츠를 주문하면 해당 콘텐츠가 담긴 비디오테이프가 우편으로 사용자에게 전달되었다.

이후 반납일이 되면 사용자는 우편으로 비디오테이프를 넷플릭스에 반납하면 된다. 비디오테이프를 빌리거나 반납하기 위해 외출을 해야 하는 번거로움을 해결한 것이다.

그리고 블록버스터의 수익의 원천이 연체료라는 것은 그들에게는 아킬레스건과도 같았다. 이는 창업 당시엔 크게 부각되지 않았으나 시간이 지날수록 연체료 수입이 차지하는 비중이 높다는 것이 치명적인 약점으로 드러나고 있었다. 최대의 수익원이 고객의 위약금인 연체료라는 것에 대해 고객들의 불만이 점차 높아져 갔던 것이다. 이는 넷플릭스가 월 정액제를 실시했고 과감히 연체료를 포기한 것과 대비되었다. 소비자 입장에서는 좀 더 저렴한 가격에 더 많은 DVD를, 연체료에 대한 부담 없이 볼 수 있게 된 것이다.

블록버스터는 시대적 변화에 적응하기 위해 새로운 사업모델을 발표한다. 2006년 안티오코 는 월 구독료를 내면 오프라인 매장과 온라인 홈페이지를 통해 비디오와 DVD를 무제한으로 대여하는 **'토털 액세스(Total Access)'**서비스를 도입하기로 한다.

하지만 지분 10%를 보유한 대주주였던 행동주의 투자자 칼 아이칸(Carl Icahn)을 비롯한 이사회 구성원들은 비용 부담을 우려해 이에 반대한다. 결국 CEO가 이사회 지지를 받는 짐 케예스로 교체되면서 **'토털 액세스'**는 무산됐다. 아이칸은 투자는 하지 않고 수익을 내기 위해 자산 등을 매각하기 시작했다.

넷플릭스는 스트리밍 서비스로 고객층을 확대해나가고 있던 때였다. 이렇듯 넷플릭스가 진화를 거듭하고 있을 때 블록버스터는 시장의 변화에 한발 늦은 대응과 퇴행적 경영전략으로 쇠락의 길로 빠지게 된다.

지금도 넷플릭스는 블록버스터의 몰락을 이끈 **'파괴적 혁신'**의 대명사로 여겨지고 있다.

결국 블록버스터는 넷플릭스 같은 경쟁자의 도전을 맞아 새 사업 모델을 찾지 못한 채, 2011년 14억 6,000만 달러(약 1조 6,000억 원)의 빚을 지고 파산 신청을 한다.

미국 어디서나 찾아볼 수 있었던 대여점들은 빚더미의 굴레로 돌아왔다. 파산 당시 남아있던 1,400개의 점포는 3년 만에 300개로 줄었고, 이마저도 사라져 오리건주에 블록버스터 벤드점만이 남아 찾아오는 고객들이 옛 추억을 담고 있다.

미국 전역에 블록버스터 왕국을 건설하는 데 20년이 걸렸지만, 몰락하는 데는 7년도 채 걸리지 않았다. 복합 매장, 배달 서비스, 무점포 대여 등 다양한 자구책을 내놨지만, 순식간에 바뀌어 버린 소비자의 취향을 따라잡기엔 이미 늦었다.

인터넷으로 언제든 원하는 영화를 골라 볼 수 있게 되면서 블록버스터의 **'맞춤형 진열대'**에 매료된 소비자들은 순식간에 사라져 버렸다. 경제 매체인 CNBC의 주식 쇼 프로에서는 몰락한 회사들의 간판을 걸어두는 **'수치의 벽(Wall of Shame)'**에 오르는 수모를 겪기도 했다.

넷플릭스는 블록버스터의 몰락을 이끈 '파괴적 혁신'의 대명사로 여겨지고 있다.

변신에 실패하는 기업이 빠지는 오류

변신에 실패한 기업들이 빠지게 되는 대표적인 오류가 핵심 역량과 전혀 관련이 없는 사업에 진출하는 것이다.

일본을 통해 1877년 싱거미싱이 우리나라에 처음 들어왔을 때 당시 사람들은 매우 놀랐다고 한다. 손바느질에 익숙하던 여성들에게 기계로 바느질하는 것이 얼마나 신기했을까. 오늘날 재봉틀은 필수용품이 아니지만, 예전엔 가장 인기 있는 혼수품이었다.

작가 박경리 선생이 생전에 가장 아끼던 물건으로 싱거미싱을 꼽은 것처럼 그 시절에는 손바느질로 옷을 만들어 입었던 것이 일반적이었기 때문이다.

미국 보스턴에서 가난한 근로자였던 이삭 싱거(Issac Merrit-Singer)는 갑작스러운 병을 얻어 그의 아내가 일을 해야만 했다.

특별한 기술이 없던 탓에 낮에는 남의 집 가정부로 밤에는 삯바느질하며 억척스레 일하며 가정을 이끌었다. 그러다 아내가 손을 찔려 가며 일하는 것을 보고 쉽게 바느질하는 방법을 연구하게 된다.

이미 미국의 엘리야스 하우(Elias Howe)라는 발명가가 재봉틀을 발명하여 특허를 받았지만 대중화 시키지는 못했다.

이에 싱거는 하우의 재봉틀을 개량한 최초의 실용적인 재봉틀을 제작하여 특허를 받고 1851년 싱거 사(Singer Corporation)를 설립, 같은 해 뉴욕에 공장을 짓고 본격적인 사업화에 나선다.

한 가정에 미싱 한 대를 보급한다는 목표로 처음 판매된 재봉틀 가격은 100달러였다. 이 재봉틀은 1855년 파리 박람회에서 대상을 수상한다.

싱거의 획기적인 아이디어 중 하나는 할부 판매 방식을 도입한 것이었다. 이로 인해 저소득층 가정에서도 재봉틀을 구입할 수 있었고, 빠른 속도로 보급이 확산되었다. 라이트 형제가 비행기 날개를 만들 때 싱거 미싱을 사용했다고 한다.

싱거사는 설립 10년 만에 최고의 미싱 회사 된다. 1867년 스코틀랜드에 공장을 건설하는 등, 유럽대륙, 러시아 등에 잇따라 대형공장을 건설하여 20세기 초에는 세계시장을 독점한다.

1905년 뉴욕의 맨해튼에 47층짜리 사옥을 지어 뉴욕의 랜드마크로 들어서기도 한다.

스코틀랜드 공장에서 2,000명 이상을 고용했지만 수요를 감당하지 못하자 1882년 당시 CEO였던 조지 로스 맥킨지(George Ross Mckenzie)는 영국의 킬보위에 46에이커의 대지 위에 공장을 짓는다. 킬보위 공장의 주당 생산능력은 13,000대에 달해 세계 최대규모의 공장이 된다. 이 공장에서만 1884년부터 1943년까지 생산된 재봉틀은 36백만 대에 달했다. 다른 경쟁사가 판매한 재봉틀을 전부 합쳐도 싱거사가 판매한 재봉틀 수에 못 미쳤다.

세계 최초의 다국적기업인 싱거사는 끊임없는 기술개발과 혁신에 전력했고 그 결과 1889년에는 세계 최초의 전기식 미싱을 출시했고, 1892년에는 공업용 지그재그 미싱, 1975년에는 전자식 미싱, 1978년에는 컴퓨터 미싱을 출시했다.

그러나 러시아 혁명에 의한 자산몰수, 전 세계적으로 파급된 경제공황, 제2차 세계대전 등으로 싱거사는 커다란 위기에 봉착하게 된다. 특히 1951년부터 1957년까지 미국 내 재봉틀 시장은 붕괴하는데 많은 여성들의 사회진출이 증가함에 따라 미싱에 대한 수요가 급감했기 때문이다. 더구나 지그재그식 바느질이 가능한 새로운 방식의 재봉틀을 선보인 일본의 부라더 미싱의 등장으로 싱거사는 시장점유율을 점차 잠식 당해 66%에서 33%로 곤두박질친다.

이러한 상황에서 43세의 도널드 커처(Donald P. Kircher)가 새로운 대표이사로 취임한다.

그는 시장점유율을 회복하기 위하여 신형기종의 개발과 경영 합리화에 주력, 한때 30% 정도로 하락한 시장점유율을 50%로 회복했다. 1950년부터 킬보위 공장의 생산량이 급격히 감소하자 1958년에 미국 내 공장의 생산량을 줄이고 이중 40%를 킬보위 공장으로 이전하는 조치를 취하여 경쟁력을 높인다.

그리고 4백만 파운드를 투자하여 주물형 재봉틀생산을 중단하고 유럽 시장의 기호에 맞춰 알루미늄형 재봉틀을 생산하기 시작했다. 이와 더불어 고전적인 기업 이미지를 바꾸려고 익히 알려진 Singer Clock을 1963년 철거하기도 했다.

다른 한편 커쳐는 중남미, 아시아, 아프리카 등 세계 각국으로 사업을 확대하는 전략을 펼친다. 그리고 재봉틀이라는 단일 상품의 한계를 극복하기 위해 싱거라는 브랜드와 판매 네트워크를 활용하여 청소기, 세탁기, 냉장고 등 가전제품을 필두로 음향기기, 사무기기, 통신기기, 항공우주산업분야, 심지어는 주택, 통신판매까지 사업을 확장해 나갔다.

1965년 Friden 계산기 회사 인수, 1968년 GPE사(General Precision Equipment Corporation)사, Librascope사, Kearfott Company,Inc.사, Link Flight Simulation사, 및 GPS사 인수로 싱거사의 확장 전략은 1960년대까지만 해도 매출과 수익의 괄목할 만한 성장을 불러왔다. 이로 인해 싱거사는 안정적인 성장의 기반을 다지는 듯 보였다.

그러나 1970년대 들어 싱거사는 심각한 위기에 봉착하고 만다. 본업인 재봉틀 생산이 재고 누적에 따라 실적 부진이 이어지고 종업원 수는 5,000명으로 줄어든다. 기성복이 일반화되면서 여성들이 집에서 바느질할 필요성이 없어지게 되었고, 결국 재봉틀에 대한 수요는 더욱 감소했다.

1974년 싱거사의 매출은 26억 달러로 전년도 실적을 약간 상회했으나 수익성은 오히려 악화되어 1천만 달러의 적자를 기록하게 된다. 1975년도 실적은 더욱 악화되어 4억 5천만 달러의 손실을 기록했고, 주가도 70달러에서 10달러대로 급락했다.

때마침 불어닥친 석유 위기와 맞물려 경제 침체가 지속되자 싱거사는 사무기기 분야에서 적자 누적으로 재무적 어려움에 봉착하게 된다. 무분별하게 추진한 다각화 전략 때문에 10년간 적자가 누적되어 온 사무기기 부문은 물론 항공우주 부문과 주택 부문에서의 침체가 이어져 싱거사는 버틸 여력을 상실한다.

1975년 커셔가 물러나고 조셉 플레빈(Joseph B. Flavin)이 새로이 취임하면서 사무기기, 통신기기, 가전, 통신판매 부문 등을 매각한다. 이후 3년간 종업원 22,000명과 상당수의 간부들을 해고하는 등 대대적인 구조조정에 나서지만 사세를 회복하기에는 역부족이었다. 세계 최대의 재봉틀 공장인 킬보위 공장이 1980년 6월 문을 닫았고 스코틀랜드에서 100년이 넘는 재봉틀 생산은 막을 내리게 된다.

1987년 10월 폴 빌제리안(Paul Bilzerian)은 싱거사 지분 210만 주를 취득한다. 싱거사는 분 피켄스(Boone Pickens) 적대적 인수에 대응하기 위해 본사를 뉴저지로 옮기는 등 대응을 했으나 피켄스는 빌제리안에게 1.5억 불을 대여하여 빌제리안이 싱거를 인수하는데 협조한다.

결국 악명 높은 기업사냥꾼에게 경영권이 넘어가고 빌제리안은 투자금을 회수하기 위해 12개의 관계사를 매각하기에 이른다. 이 과정에서 재봉틀 사업부는 SSMC라는 이름의 법인으로 물적 분할되어 1989년 토론토에 있는 상장기업인 Semi-Tech Microelectronics에 매각되었다. Semi-Tech은 SSMC의 이름을 다시 Singer로 변경한다. Semi-Tech은 Singer를 홍콩지주회사가 소유한 네덜란드령 안틸레스에 본사를 둔 Singer N.V.에 통합했다.

Singer N.V.는 1999년 파산하고 Kohlberg & Company에 인수된다. 2006년 Singer-Kohlberg & Comapny의 모회사는 Husqvarna 및 Pfaff 브랜드를 인수함에 따라 세 브랜드가 현재의 회사인 SVP Group으로 통합되었다.

오랜 역사를 지닌 Singer Company는 더 이상 미국에 등록되어 있지 않는 외국기업으로 명맥을 이어가고 있는 것이다.

재봉틀에 대한 수요 격감으로 매출이 급감하고 수익성이 떨어지는 상황에서 새로운 돌파구를 찾는 것은 경영자의 몫이다. 그러나 기존사업과의 시너지나 전문성이 결여된 분야로의 무분별한 진출로 인한 리스크는 회사의 운명과 직결된다.

기업이 신사업을 추진하면서 가장 먼저 내려야 하는 의사 결정은 어떤 신사업을 추진하느냐는 것이다. 이를 결정하기 위해서는 시장 성장성, 경쟁 강도, 자사 역량 등 다양한 요소를 고려해야만 한다. 변신에 실패한 기업들이 빠지게 되는 대표적인 오류가 자사의 핵심 역량과 전혀 관련이 없는 사업에 진출하면서 남들은 못해도 우리는 할 수 있다는 과도한 자신감을 보인다는 것이다.

싱거사의 경영진이 범한 오류는 자신들이 인수한 기업에 대한 사업성과 리스크에 대한 적절한 평가가 부족했다는 점이다. 더불어 지적되는 것은 아무리 적극적인 다각화 전략이라 하더라도 비교적 짧은 기간에 다수의 기업을 인수한다는 것은 적절치 못했다는 것이다. 기업을 인수하여 해당 사업 분야에서 역량을 집중하기까지는 적지 않은 시간이 소요되는 법이다. 싱거사가 1965년부터 1968년까지 3년 사이에 6개의 기업을 인수한 것은 각 피인수 기업의 경영 정상화를 위해 필요한 역량을 결집하기에는 무리한 전략이었다.

싱거사는 1차, 2차 세계 대전 당시 군수품 제조공장으로 전환되어 많은 종류의 군수품을 생산했다.

특히 2차 세계 대전 동안 정부와의 계약을 통해 무기를 제조했는데 미국 내 공장에서는 Nordon 폭탄 광경과 M1 Carvin 소총 수신기를 생산했다.

1939년, 싱거사는 M1911A1권총 제작을 위한 계획을 세우고 정부로부터 연구 및 생산을 위한 지원을 받는다. 이는 총기 제조 경험이 없는 기업에게 무기 제조를 가르치기 위한 프로그램으로 이후

약 175만 개의 M1911A1 권총이 생산되었다. 싱거사는 각종 무기 제작 및 납품 실적이 있었고, 이러한 정밀과학 기계 분야에서의 기술적 강점을 가지고 있었음에도 그와는 전혀 연관성이 떨어지는 분야로 진출하여 위기를 자초했다.

베인앤컴퍼니(Bain & Company)의 조사에 의하면 2000년부터 2002년까지 미국에서 발생한 25개의 대규모 신사업 실패 사례 중 75%가 핵심 사업과 관련이 없는 분야로 무리한 확장을 시도한 경우인 것으로 나타났다.

싱거사 처럼 기존사업이 위기에 처하고 나서야 변신을 시도하는 기업이 많다. 사업이 성장세에 있으면 미래에 대한 고민보다는 현재의 사업을 어떻게 운영할 것인가에 초점을 맞추기 때문이다.

장기적인 안목에서 기업의 새로운 모습을 고민하기보다는 성장성이 높은 기업들과 M&A를 성공하면 위기는 사라지고 변신에 성공할 것이라 생각하기 쉽다. 하지만 그런 M&A는 대부분 실패로 끝나는 경우가 많다.

기업의 전략적 변신은 장기전이다. 아무리 힘을 기울여도 결코 단기간에 이루어지지 않는다. 신사업의 정착, 새로운 전략에 맞는 기업 문화 정립, 기업 변신에 대한 고객의 수용 등 전략적 변신을 위해선 충분한 시간이 필요하다.

그리고 많은 기업들이 환경 변화에 따라 끊임없이 변신을 시도하고 있지만 **의사 결정 과정에서 경영자의 다양한 편견이 개입되면 실패한다는 사실을 명심**해야 한다.

정체성의 혼란

야후가 몰락한 원인은 정체성의 혼란이다. 광범위한 분야에 발을 걸쳐 놓았지만 어느 한 분야에서도 경쟁력을 갖추지 못했다.

스탠퍼드 대학의 전기공학 박사과정에 있던 제리 양(Jerry Yang)과 데이비드 필로(David Filo)는 박사논문 작성에 필요한 정보가 있는 사이트들을 쉽게 찾을 수 있도록 분류, **'제리와 데이비드의 월드와이드웹 가이드'**라는 웹사이트 리스트를 만들게 된다.

이 웹사이트 리스트가 스탠퍼드 학생들에게 선풍적인 인기를 끌자 1995년 4월 벤처캐피털사인 Sequoia Capital로부터 400만 달러를 유치하여 공식적으로 'Yahoo'라는 회사를 설립한다.

Yahoo는 'Yet Another Hierarchical Officious Oracle' 즉 **'온갖 정보를 단계적으로 제시해 주는 안내자'**라는 의미를 담지만 야후의 창업자들은 걸리버 여행기에 나오는 인종이라고 말한다.

야후는 1995년 8월, 기업가치를 4,000만 달러로 인정받으며 안정적인 자금을 유치하는데 성공한다. 동시에 팀 쿠글(Tim Koogle)을 CEO로 영입한다. 그는 야후를 미디어 기업으로 키운다는 비전을 갖고 온라인 광고와 스폰서십을 주 수입원으로 하는 사업적 토대를 쌓는다.

1996년 4월, NASDAQ에 299만 주의 주식을 주당 13달러에 상장하며, 1998년 9월 16일 자로 야후는 NASDAQ 지수를 산정하는 100대 기업에 들어가게 된다. 야후의 매출은 1995년 140만 달러에서 1998년 2억 달러를 돌파하는 등 경이적인 성장을 거듭하며 2000년에는 시가총액이 1,250억 달러에 달하게 된다.

야후는 자신들에게 필요한 기능을 확보하기 위해서 적극적으로 기업들을 인수하였다. 사용자들로 하여금 사이트에 더 오래 머물러 있도록 로켓메일(Rocketmail)을 인수하여 메일 서비스를 제공하였고, 온라인 오디오 및 비디오에 대한 관심이 커지자 관련 서비스를 제공하는 브로드캐스트닷컴(Broadcast.com)을 인수하면서 사업 분야를 확장했다.

그러나 2001년, 닷컴버블이 터지면서 야후의 수익은 급격히 악화된다. 테리 시멜(Terry Semel)이 새로이 CEO로 취임하면서 야후는 다양한 전략적 제휴를 통해 온라인 광고 일변도의 수익원을 다각화하는데 힘을 쏟는다. 야후는 미디어 기업을 지향했기 때문에 자체적인 검색 엔진을 개발하지 않고 구글의 검색 엔진을 사용했다.

야후는 선도업체라는 자만심 때문에 구글 등 급성장하고 있는 경쟁사에 대한 대응은 매우 안이했다.

2004년, 구글을 검색 엔진에서 배제하지만 이미 구글은 검색 엔진 사용률에서 야후를 추월하고 있었다. 야후는 인터넷 전 분야에 걸쳐 서비스를 제공하지만 어느 부분에서도 경쟁력을 갖추지 못한 상황에 처하고 수익마저 악화되자 테리 시멜은 퇴진한다.

창업자인 제리 양이 새로운 CEO로 복귀한다. 그러나 그에게도 이미 기울어 가는 배를 바로잡을 비전과 전략이 없었다. 오히려 상황은 점차 악화되어 2008년 10월, 15,000명의 직원 중 10%를 해고하는 구조조정 끝에 제리 양이 사임하고 캐롤 바츠(Carol Bartz)와 로스 레빈슨(Ross Levinson)이 뒤를 이어 CEO에 취임하지만 엉망진창의 행태를 보이면서 2012년 7월, 구글 출신의 마리사 메이어(Marissa Mayer)가 CEO로 영입된다.

그녀는 과감한 인수 전략으로 마이크로 블로깅 사이트인 텀블러(Tumblr)를 인수하는 등 노력을 하지만 텀블러의 주가 하락으로 50% 가까운 손실이 발생하고, 시장점유율은 계속 하락 추세에서 반전하지 못하게 된다.

게다가 행동주의 투자자로 알려진 스타보드 밸류(Starboard Value)의 경영 간섭에 시달리게 되자 야후 매각에 전념하게 된다. 결국 2016년 7월 24일, 버라이즌이 야후를 48억 달러에 인수하게 되면서 야후는 짧고 강렬했던 20년간의 여정에 마침표를 찍는다.

야후가 몰락한 가장 큰 원인은 정체성의 혼란이다.

지나치게 광범위한 분야에 발을 걸쳐 놓았지만 어느 한 분야에서도 경쟁력을 갖추지 못했다는 지적이다.

구글은 검색 엔진에 집중하여 어느 누구도 근접할 수 없는 위치에 올라섰고, 페이스북은 SNS에 집중하면서 고객기반을 넓혔으며, 이베이는 가장 강력한 경매회사로 성장했다. 구글은 검색 회사로서 세상 정보를 다 수집하여 누구나 쉽게 찾아볼 수 있도록 한다는 명확한 비전과 전략을 갖추고 있다.

반면 야후는 포털의 특성상 많은 분야에서 비즈니스를 하다 보니 한 분야에 집중하지 못하고 여러 분야로 회사의 자원과 역량이 분산됐다. 월스트리트저널의 지적처럼 대다수의 사람들은 이베이는 경매회사, 구글은 검색 회사, 인텔은 마이크로프로세서 기업, 마이크로소프트사는 윈도를 떠올리게 되는데 반해 야후에 대해서는 이메일, 뉴스, 검색 등을 연상했다. 모든 것을 다하려고 하지만 막상 그 어느 분야에서도 경쟁력을 갖추지 못했다는 뜻이다. 야후의 수석부사장이던 브래드 갈링하우스(Brad Garlinghouse)는 **'피넛버터 매니페스토(The Peanut Butter Manifesto)'**라는 보고서를 통해 야후는 이메일 사업에서 온라인데이트 사업까지 다양하게 벌린 사업 부문을 정리하고 특정 사업에 집중시키는 구조조정이 필요하다고 주장했다.

피넛버터를 빵 전체에 골고루 얇게 바르듯 야후의 비즈니스 모델이 인터넷 전 분야에 걸쳐져 있지만 강점을 가진 특정 사업 분야가 없다는 점을 지적한 것이다.

테리 시멜이 CEO로 있는 동안 기술회사로서 야후의 정체성이 실종되었다는 평가가 지배적이다. 시멜은 야후를 미디어 회사, 즉 영화사나 언론사로 생각했다. 광고 매출은 올랐지만 인터넷 기업으로의 기술력은 점차 실종되어가고 있었다.

시장조사기관 이마케터에 따르면 2016년 야후의 디지털 광고 매출은 23억 2천만 달러인 반면, 광고 수입과 사용자를 확보한 구글은 266억 달러, 페이스북은 103억 달러였다. 미디어 사업 부문에서의 점유율이 점차 떨어지면서 수익성은 감소하는데 새로운 수익원을 발굴하여 대체하지 못한 결과였다.

2007년 CEO로 복귀한 제리 양은 샌프란시스코에서 간부를 모으고 스티브 잡스를 초청한다. 잡스는 이 자리에서 야후는 뭐든지 원하는 대로 할 수 있는 자금력이 있고, 훌륭한 인재들도 모여 있지만, 야후가 콘텐츠 기업인지 아니면 테크놀로지 기업인지 분간할 수 없다고 지적한다. 만일 자신이 야후의 CEO라면 하나만 선택할 것이며 그것이 어떤 선택인지 자신은 알고 있다고 말한다.

인터넷 기술기업으로 방향을 잡고 불필요한 곁가지는 과감히 정리하라는 뜻이었다.

구글 엔지니어 출신인 마리사 마이어 역시 야후의 정체성 혼란을 수습하지 못했다. 마이어는 모바일 기술에 투자를 늘려 적극적으로 M&A에 나서는 한편, CBS 앵커우먼인 케이티 쿠릭(Katie Couric)이나 뉴욕타임스 테크 칼럼니스트 데이비드 포그(David W. Pogue) 같은 유명인을 영입하여 미디어 사업 부문의 강화도 모색했지만, 기술과 미디어 어느 분야에서도 성공을 거두지 못한다.

리더십이 결여된 경영진의 잘못된 결정도 야후의 몰락을 재촉했다. IT 산업 분야에서 기술적 경쟁력을 갖춘 기업이 되려면 M&A가 필수적이다. 빠른 성장을 위해서 성장동력을 견인할 기술력을 갖춘 기업을 과감히 인수하고 그로부터 시너지를 제고해야 한다.

구글은 유튜브와 안드로이드를 인수하여 동영상과 모바일 생태계를 석권할 수 있었다. 페이스북은 인스타그램과 왓츠앱을 인수하여 글로벌 사진 SNS와 모바일 메신저 시장을 제패했다.

그들은 시대적 추세를 미리 알고 과감히 M&A 시장에 뛰어들어 공격적인 투자를 함으로써 현재와 같은 지위를 구축할 수 있었다.

그러나 야후는 몇 차례의 결정적인 M&A 기회를 소극적으로 대처하다 기회를 놓치고 만다.

야후는 구글의 검색 엔진이 경쟁력을 갖추고 있음을 간파했다. 당시 구글의 래리 페이지와 세르게이 브린은 야후에 30억 달러에 인수할 것을 제의한다. 그러나 테리 시멜은 10억 달러를 불러 성사되지 못한다. 현재 1.8조 달러에 달하는 구글의 시가총액을 감안하면 얼마나 잘못된 결정이었는지 알 수 있다.

그리고 두 번째 기회가 찾아온다. 2006년 페이스북을 인수하기 위해 마크 저커버그와 협상을 하는데 테리 시멜이 10억 달러를 불러 마크는 협상 중 자리를 박차고 나간다. 그리고 유튜브를 인수하는데도 실패하게 된다.

만일 야후가 이들 기업을 과감히 인수했거나, 최소한 텀블러, 딜리셔스(Del.icio.us), 플릭커(Flicker) 등 인수한 기업들을 잘 키웠다면 불과 20년 만에 흔적도 없이 사라지는 일은 발생하지 않았을지도 모른다.

야후가 회생할 수 있는 마지막 기회는 마이크로소프트사의 인수 제안이었다. 마이크로소프트사는 야후의 검색 및 광고 능력과 소셜 및 모바일 기술이 자사의 이해관계와 맞아떨어진다고 판단했다.

야후가 인수했지만 시너지 효과를 발휘하지 못하고 있는 사진 공유 웹사이트인 플리커와 소셜 컴퓨팅 회사인 딜리셔스도 마이크로소프트사의 관심을 끌었다. 때문에 야후를 인수함으로써 새로운 포트폴리오를 구축할 수 있을 것이라는 시장의 반응이었고 이에 마이크로소프트사는 446억 달러를 제시했다.

야후를 인수해 구글에 대항할 수 있는 새로운 경쟁무기가 될 것으로 판단해 적정한 가격을 제시했지만, 제리 양은 기업가치가 저평가되었다고 판단하여 2주 만에 마이크로소프트사의 제안을 거절한다. 기업사냥꾼으로 유명한 칼 아이칸(Carl Icahn)은 야후의 상황을 감안하면 마이크로소프트사의 인수 제안을 받아들여야 하는데 이를 거절한 것은 주주의 이익을 침해한 것이라고 강하게 반발한다.

이로 인해 아이칸은 야후에 대한 적대적 인수 공격에 나서게 된다. 기업 경영자는 사업다각화라는 유혹의 덫에 쉽게 빠진다.

특히 어느 한 분야에서 성공을 이루면 다른 사업으로 눈을 돌려 사업을 확장하고 싶은 욕심이 생긴다. 간혹 경영자는 수익원을 다양화하기 위해 자신의 성공 경험을 새로운 사업에 적용하면 어려움 없이 성공할 수 있을 것이라고 착각한다.

사업다각화를 옹호하는 사람들은 다각화에 성공한다면 안정적인 수익기반을 확보하게 되는 것이고, 건실히 운영된다면 웬만한 경기변동이나 유행의 변화에도 대처할 수 있다고 생각한다.

그러나 많은 경우 사업다각화는 실패로 끝나는 경우가 많다. 특히 어느 한 분야에도 경쟁력을 갖추지 못한 상황에서 새로운 사업에 뛰어든다는 것은 더욱 실패의 위험성을 높이게 된다.

버릴 것은 버리고, 선택을 통해 자신의 핵심 사업에 집중해야 한다.

회사의 역량을 집중할 수 있는 확고한 핵심 사업을 키우는 것이 우선이다.

자신의 핵심 역량을 새로운 분야에서 발휘할 수 있다는 확신이 없는 사업다각화는 독이 든 술잔이다.

전통에 집착, 시장 흐름 놓쳐

모토로라의 퇴장은 절대강자라 하더라도 시장성을 무시한 채 무리한 투자와 기술변화에 대응하지 못하면 생존하기 어렵다는 점을 상기시킨다.

1928년, 당시 33세의 폴 갤빈(Paul Galvin)은 시카고에서 Galvin Manufacturing Company를 설립한다.

동생인 조 갤빈과 함께 회사를 운영하면서 수없이 많은 시행착오를 반복하지만 실패를 통해서 배우고 또 새로운 것에 도전하는 끈질긴 열정으로 회사는 점차 성장하게 된다. 설립 당시에는 자동차용 라디오 등을 만들어 판매하다가 1943년에는 최초로 FM 2-way 라디오를 개발한다.

특히 통신과 관련된 기술 분야에서 두각을 나타냈으며, 1950년대 들어서는 케이블 방식으로 TV를 보는 기술을 개발했다. 1955년, 회사명을 모토로라로 바꾸고 우리가 기억하고 있는 모토로라 로고를 발표했다.

지속적인 연구 개발의 결과로 모토로라는 가정용 라디오와 TV 등 수많은 전자용품을 지속적으로 선보였다. 모토로라의 제품들은 특히 공공의 안전과 군수용 목적으로 많이 쓰이기도 했다. 경찰이 사용하는 쌍방향 라디오, 2차 대전 당시 군대에서 사용하던 워키토키, 민방위대가 소통용으로 사용하는 마이크로파 라디오 시스템 등 많은 제품들이 창업자인 폴 갤빈에 의해 만들어졌다.

창업자인 폴 갤빈이 은퇴하고 뒤이어 그의 아들 로버트 갤빈(Robert Galvin)이 CEO에 취임한다.

많은 사람들은 로버트를 20세기 가장 위대한 산업자본가라고 칭한다. 그가 모토로라의 CEO로 재임한 1959년부터 1990년까지 회사의 매출은 2.9억 달러에서 100억 달러로 증가했고, 모토로라는 미국 내 50대 기업에 선정되었다. 밥은 경쟁이 발전의 원동력이라는 믿음을 갖고 회사 내부의 부서 간 경쟁을 장려했다. 대외적으로 모토로라에게는 경쟁상대가 없던 시기였기 때문에 내부 경쟁은 경쟁력 제고를 위한 최선의 전략이었다.

모토로라의 기술은 계속 진화했다. 미국이 달에 우주선을 띄워 지구와 교신할 때 모토로라의 통신 시스템이 사용되었다. 1983년, 모토로라는 세계 최초의 상용 휴대전화를 개발했다.

DynaTAC라 불리던 이 전화는 800그램에 달하는 무게임에도 당시로서는 획기적인 제품이었다. 1989년, MicroTAC를 출시하며 선풍을 이어갔다.

우리나라에서도 소수의 사람들이 100만 원이 넘는 고가임에도 사용했던 명품이었다. 1996년, 모토로라의 히트작인 StarTAC이 등장한다. 초기 DynaTAC에 비해 무게가 1/10 수준으로 가벼워졌다. 최초의 폴더형으로 상상해 보지 못한 디자인, 가벼울 뿐만 아니라 최고의 송수신 감도로 전 세계에서 불티나게 팔려 나갔다.

모토로라는 이후에도 세계 최초의 GPRS 무선 통신 기술 개발, 무선 케이블 모뎀 게이트웨이 개발 등 이동통신 분야에서 최강자로 등극하게 된다. 1980년대 아날로그 휴대폰 시절, 모토로라는 무선 사업 분야에서 월등히 앞선 기술과 제품으로 시장을 리드했다.

그러나 영원할 것 같던 모토로라는 디지털 시대로 전환되면서 흔들리기 시작한다. 아날로그 시절 미국은 주파수 여유가 있었지만 유럽은 아날로그 주파수 자원이 부족해 디지털 시대로의 전환이 시급했다. 때문에 유럽은 1988년, GSM이라는 범 유럽 표준규격을 제정하여 4년 후 이를 상용화했다. 이때 노키아는 GSM 관련 장비와 휴대폰 개발에 전력했다. 반면 같은 시기, 모토로라는 자신의 논리에만 집착해서 디지털 시대를 준비하지 않았다.

오히려 1996년, StarTAC의 성공에 파묻혀 아날로그 시대가 저물어 가는 것을 감지하지 못하고 있었다.

모토로라의 2대 CEO 로버트는 780Km 상공에 66개의 위성을 띄워 글로벌 통신 시스템을 구축하겠다며 이리듐 프로젝트(Iridium Project)를 발족했다. 휴대폰 성능이 하루가 다르게 발전하면서 국가 간 로밍이 상용화되는 시기였지만 아랑곳하지 않았다.

벽돌 크기의 이리듐 전화 단말기는 위성과 직접 교신할 수 있는 야외에서만 통화가 가능했기 때문에 기존 휴대전화보다 효용성이 떨어졌다. 또한 이리듐 전화가 단말기 가격만 3,000달러로 휴대전화 단말기 가격에 비해 비쌀 뿐만 아니라, 통화료도 분당 3~7달러여서 점차로 인하되는 일반 휴대전화 요금보다 많이 비쌌다.

이처럼 사업성 전반에 대한 회의적인 증거가 뚜렷했지만 로버트는 이리듐 프로젝트를 밀어붙여 1998년 서비스를 시작했다.

그러나 2년 만에 막을 내리면서 회사에 막대한 재정적 타격을 주었다. 지상 무선통신망이 급증하고 있는 상황에서 위성통신망은 기술적인 한계로 경쟁할 수 없다는 점을 간과한 것이다.

프로젝트 초기에 계획을 중단했다면 비교적 적은 손실로 막을 수 있었겠지만, 승승장구했던 과거의 영광에 도취되어 제대로 된 판단을 내리지 못한 것이다.

이후 모토로라는 2004년 출시하여 1억 대 이상을 판매한 레이저(RAZR)의 성공을 발판으로 모토로라 재건과 경쟁사인 노키아를 추월하겠다는 목표를 설정한다. 유럽지역에 개발과 유통 거점을 재정비하고, 노키아의 저가폰에 경쟁하기 위해 인도 등 개발도상국가에 휴대전화 단말기 1대당 20~30달러의 적자를 감수하면서 유통망의 확장 전략을 취했다. 이를 위해 수백억 달러를 투자했지만, 모토로라는 결국 저가폰을 개발하지 못하고 RAZR의 후속 모델도 불발에 그치면서 급격히 쇠퇴의 길로 접어들게 된다.

모토로라에 마지막 일격을 날린 것은 애플이었다.

2007년, 애플이 아이폰을 출시하면서 세계 휴대폰 시장의 지각변동이 일어난 것이다. 아이폰이 선풍적인 인기를 끌자 모토로라는 휴대폰 부분에서 경쟁력을 상실하고 만다.

2011년 8월, 모토로라 휴대폰 사업부는 125억 달러를 제시한 구글에 매각된다. 그나마 보유하고 있던 특허라도 있었기에 그 정도의 가격에 매각될 수 있었던 것이다. 이후 29.1억 달러에 중국의 레노버사로 넘어갔고, 마지막으로 통신장비 제조사인 모토로라 솔루션스마저 매각되면서 87년 만에 무선기기의 역사라고 할 수 있는 모토로라는 막을 내리고 만다. 이동통신 전문 컨설팅 회사인 로아그룹은 모토로라의 쇠락의 원인을 세 가지로 분석한다.

첫째, 새로운 트렌드를 만들지 못하고 차세대 트렌드 정착자로의 역할에 실패했다는 점이다.

모토로라가 출시한 RAZR이나 StarTAC은 Bar Type 단말기와 함께 휴대폰 시장의 고전으로 평가된다. 그러나 모토로라가 그러한 고전적인 요소에만 의존한 결과, RAZR 이후 출시되는 제품들은 RAZR와 유사한 미투 제품이 되어버렸다. 자체 개발 단말기에서부터 대만 휴대폰 에코시스템(Ecosystem)을 적극 활용했던 ODM 단말기마저도 그러한 트렌드가 그대로 적용되는 과오를 범했다.

이는 모토로라가 시장에서의 트렌드를 주도하지 못할 뿐 아니라 2007년 이후 휴대폰 시장에서의 최대 관심사인 'Consumer Needs'에 전혀 부합하지 못했다는 것을 의미한다.

둘째, M&A에 의한 시너지 효과가 극단적으로 갈렸다는 점이다.

심벌 테크놀로지(Symbol Technologies)와 굿 테크놀로지(Good Technology)를 인수하여 기업용 모바일 솔루션 부문을 강화함으로써 매출 신장을 이루었다. 그러나 모바일 기기 부문에서 인수한 회사들은 전혀 시너지를 일으키지 못했다.

모토로라는 2005년, 영국 휴대폰 업체인 Sendo R&D 부서와 IP자산을 인수했고, 2006년 6월에는 소프트웨어 플랫폼 개발업체인 TTP Com을 1.92억 달러에 인수했다. 모토로라가 가진 문제점은 자체 개발제품과 아웃소싱 제품의 칩이 달라, UI와 프로토콜 스택과 같은 소프트웨어가 업체마다 상이해 연구개발과 비용, 상호 운용성 검증(IOT, Interoperability Certification Test) 등의 문제가 발생하고, 이로 인해 상호 시너지효과도 미비하다는 것이었다.

모토로라는 TTP Com을 인수하면서 이런 문제를 해결할 수 있기를 기대했다. 따라서 향후 모토로라가 생산하는 모든 피처폰은

TTP Com에서 개발한 AJAR를 쓸 계획이었다. 하지만 AJAR 개발 속도가 당 초 예상보다 지연되고, 성과가 예상에 못 미치면서 참담한 결과를 야기했다.

셋째, 모토로라는 세상에 존재하는 거의 모든 모바일 OS에 두루 섭렵하고 있지만, 문제는 OS, 연구 개발, 목표시장이 모두 다르기 때문에 이에 따른 낭비가 심하고 효율성이 지극히 떨어진다는 데 있다.

중국에서 출시된 MOTO Q의 3G 단말기의 출시 지체와 MOTO MING과 같이 리눅스 인기 단말기의 한정된 지역에서의 판매 등, 시장에 대한 대처 능력이 떨어진다고 지적받았던 모토로라의 모든 문제는 자원 낭비에 기인하고 있다. 그 결과 GSM 시장에서는 노키아에, 그리고 텃밭인 CDMA 시장에서도 ZTE와 화웨이에게 자신의 시장을 내주는 결과를 초래하고 만다.

조직 간의 불협화음을 제기하기도 한다. 모토로라의 임원으로 근무했던 마이크 디나노(Mike DiNanno)는 모토로라에 근무하던 당시의 모습을 전쟁하는 부족 같았다고 말한다.

회사 어느 곳이건 각 사업 부문의 책임자들 간의 언쟁으로 시끌벅적했다. 윌리엄 와이즈(William Weisz)나 조지 피셔(George Fisher)가 CEO로 재직하는 동안 특히 심했는데, 그들은 각 사업부문은 그들끼리 알아서 운영하도록 권한을 부여하면서 각 사업 부문 간의 경쟁을 유도하는 한편 분쟁에 관여하지 않았다.

그 결과 네트워크 기술 부문과 무선기기 기술 부문 간의 화해나 조정이 이루어지지 않았으며 양 사업 부문은 독자적으로 각기 다른 방향으로 움직였다.

창업자의 증손자인 크리스 갤빈(Chris Galvin)이 물러나고 뒤이어 취임한 에드 젠더(Ed Zander)의 실책도 뼈아프게 지적된다.

그는 무거운 분위기 속에서 취임했지만 곧이어 터진 RAZR의 성공에 도취 된다. 그는 애플사의 CEO인 스티브 잡스와 제휴하여 Apple music store에 연결된 최초의 전화기인 Motorola iTune을 개발하여였고, 이 모델은 2005년 애플사가 출시한다.

그러나 젠더는 애플사와의 제휴가 궁극적으로는 모토로라에 부정적인 영향이 클 것으로 판단한다.

젠더는 중국에 진출하여 중국기업들에게 기술을 이전하여 경쟁력을 키우려 했지만 결국에는 자신들이 제공해 준 기술을 기반으로 경쟁사가 되어 추격해오는 중국 제조업체를 보면서 애플과의 관계를 정리한다. 2007년 아이폰이 출시되면서 판매마진은 단말기당 5달러에 불과할 정도로 폭락하면서 모토로라는 재생불능의 상태로 빠지게 된다.

모토로라의 퇴장에는 절대강자라 하더라도 시장성을 무시한 채 무리한 투자와 기술변화에 대응하지 못하면 생존하기 어렵다는 점을 상기시킨다.

비즈니스위크지에 따르면 모토로라 경영진은 디지털시대로의 전환을 무시하며 모토로라에는 4,300백만명의 아날로그 고객이 있는데 무엇이 문제냐고 말했다고 한다.

StarTAC의 성공에 힘입어 기고만장해진 모터로라의 경영진은 점차로 앞을 보는 눈이 어두워지고 있었던 것이다.

사업다각화의 오류

핵심 사업 부문에서 추가적인 성장의 기회가 있음에도 불구하고 무분별한 사업확장으로 진로는 새주인을 맞게 된다.

소주는 한국인이 가장 선호하고 사랑하는 술이다. 그리고 누구나 부담 없이 마실 수 있는 술이다. 성인이 되어 가장 처음 접한 술이 뭐냐고 묻는다면 소주라고 답하는 사람이 대다수이다. 우리나라 성인의 60% 이상이 가장 좋아하는 술로 꼽는 것도 소주요, 가장 많이 마시는 것도 소주인 것이다.

2017년 소주 내수량은 36억 3,600만 병으로 20세 이상 성인 1명이 87병을 마셨다. 기쁘나 슬프나 한국인들은 소주를 마셨고 많은 사람들이 두꺼비 진로를 찾았다. 1970년대 이래 국내 소주시장 1위에 오른 후 한 번도 그 자리를 내주지 않은 진로는 현금 유동성이 뛰어난 기업이었다.

진로그룹은 1924년 10월 3일 장학엽 회장이 평안남도 용강군에 설립한 **'진천 양조 상회'**로부터 비롯되었다. 6.25 전쟁이 나자 월남하여 동화양조, 구포 양조를 거쳐 1954년 6월 서울로 올라와 신길동에 서광 주조를 차렸다. 1954년 7월 원숭이를 마스코트로 삼았던 진로는 두꺼비로 마스코트를 변경하여 **'두꺼비 진로'**가 처음 등장하게 된다.

진로가 출시된 무렵엔 삼학소주가 전국 시장을 주름잡고 있었다. 1960년대 들어서자 진로소주와 삼학소주는 주류업계의 라이벌이 된다. 그러나 1965년 진로소주가 생산방식을 희석식으로 바꾸면서 두 회사의 격차는 좁혀졌고, 1967년부터 진로소주가 삼학소주를 앞서게 된다. 식량부족 문제로 정부가 양곡을 원료로 한 증류식 소주 생산을 금지함에 따른 변화였다. 알코올을 물에 희석시키는 희석식 소주가 대량생산에 들어가면서 진로가 이전의 35도에서 25도로 농도를 낮춘 소주가 사랑을 받게 된다. 1966년부터 사명을 진로 주조(주)로 바꾸고 중앙 발효공업(주)를 인수한다. 1971년부터 자동제조 기계를 설치하고 1973년 국내 주류업계 최초로 연구소를 세운 뒤, 1975년부터 (주)진로로 사명을 바꿨다.

1998년 10월 19일 국내 소주 시장에 첫선을 보인 참이슬은 소주의 입지를 부드럽고 깨끗하게 바꿔 놓은 국내 소주 사상 최고의 브랜드로 꼽힌다.

출시 당시 대나무 숯 여과 공법을 도입해 잡미와 불순물을 제거하고, 부드럽고 깨끗한 맛으로 선풍적인 인기를 끌었다.

소주 사업에 전념해 탄탄한 재무구조를 유지하던 진로는 창업자의 아들인 장진호 회장이 취임하여 무분별한 사업 확장에 나서면서부터 부실의 수렁에 빠지게 된다. 1999년 자회사인 진로쿠어스맥주가 오비맥주에 매각되고, 위스키 사업 부문도 영국의 얼라이드 도맥에 매각됐다. 결국 진로그룹은 2003년 법정관리와 계열사 분할 매각으로 와해되고 만다. 2005년 하이트맥주가 진로를 인수하면서 진로그룹은 역사의 뒤켵으로 사라졌다.

지속적인 성장과 발전을 위해서 기업은 새로운 사업을 지속적으로 발굴하여 성장 잠재력을 극대화해야 한다는 필요성은 늘 제기되어 왔다. 이 같은 다각화는 모든 기업이 동일한 형태로 추구하는 것이 아니라, 개별 기업의 상황에 따라 다양한 유형이 있게 된다. 때문에 기업 최고 경영층은 새로운 성장 사업과 기업 수익성 향상이라는 두 가지 과업을 동시에 달성해야 한다는 어려움에 늘 직면해 있다.

1988년 36세의 나이로 진로그룹 회장에 취임한 장진호 회장은 사업 분야를 가리지 않고 사세 확장에 치중했다. 그는 취임과 동시에 탈 주류업 선언, 유통업 진출로 사업다각화에 대한 의지를 분명히 표시했다. 그는 50%에 이르는 주류 식품 부분의 비중을 30%로 낮추고 광고, 유통, 전선, 제약, 종합식품, 건설, 유선방송 등으로 사업을 확장했다. 진로그룹 총매출은 1987년 4,100억 원에서 1996년 계열사 24개를 통해 총매출 3조 5천억 원으로 증가했다. 진로그룹은 재계 순위 19위에 이름을 올렸다. 당시의 분위기는 재벌이 신규사업 진출에 혈안이 되던 시기였다. 실속보다는 외형을 좇는 시대적 흐름도 강하게 작용했다. 결국 전반적인 시대 흐름이라는 외적 요인, 그리고 계열사를 늘려 외형을 확장하는 구태의연한 과거 재벌의 모습을 답습함으로써 장진호 회장은 무모한 선택을 하게 된다. 사업다각화를 추진하는 과정에서 진로는 계열사들에게 출자금, 대여금 등으로 많은 자금을 지원했다. 그러나 2조 원대의 지원에도 불구하고 신규 계열사의 경영 성과는 매우 부진했다. 1995년 진로인더스트리의 부채비율은 6만%에 달했고, 진로 쿠어스와 진로 건설은 자본잠식 상태였다. 사실상 진로를 제외한 전 계열사가 심각한 경영악화 상태에 빠져 있었다.

사업다각화 가운데서도 특히 진로그룹에 큰 부담을 주었던 것은 종합유통업의 진출과 맥주사업 진출이었다. 두 사업 모두 막대한 초기 투자가 필요했는데 특히 맥주사업은 전형적 장치 사업으로 초기 설비투자 때문에 그룹의 재무 사정을 악화시키는 데 큰 영향을 미치게 된다. 시장 경쟁이 치열한 맥주시장으로의 신규진입은 투자비와 광고비 지출이 과다하게 지출될 수밖에 없었다. 맥주와 소주의 소비계층이 다르다는 점을 간과한 것도 뼈아픈 실책이었다. 결국 매출난과 자금난으로 500억 원 자본잠식과 3년간 900억 원의 손실로 모회사에 큰 부담을 주게 된다.

비관련 사업으로의 무분별한 사업다각화는 진로를 더욱 큰 수렁으로 빠지게 한다. 장진호 회장 취임 이전에는 5개의 주류 관련 계열사를 보유했으나 1990년대 30여 개로 늘어나고 이후 60여 개로 늘어난다. 취임 첫해 진로 유통센터를 개장한 것을 시작으로 채산성을 무시한 문어발식 확장 전략으로 외형은 늘었지만 수익성은 오히려 악화되었다. 서초동의 대규모 유통센터는 당 초 남대문 새벽시장에 몰리는 지방 의류 상인들을 유치하기 위한 도매센터로 개장했으나 이들은 세원 포착을 이유로 기피하여 회사의 예상을 벗어났다.

소매 기능으로 일반백화점 고객 유치에 나서고 있으나 주변의 기존 백화점들이 경쟁상대로 치지 않고 있을 정도로 매출이 활성화되지 않았다.

무모한 다각화의 결과를 소주 판매로는 감당할 수 없었다. 1997년 초부터 진로의 자금은 바닥을 보이고 있었다. 당시 진로의 자기자본비율은 4.3%에 지나지 않았다. 결국 1997년 396억 원의 어음을 처리하지 못해 부도 처리되고 만다. 부도 이후 채권단에게 파산을 예방하기 위한 화의인가 결정을 받는다.

1992년부터 1997년까지 진로의 재무제표를 보면 매출액은 2,174억 원에서 4,890억 원으로, 영업이익은 126억 원에서 608억 원으로 급증하고 있는 반면, 순이익은 25억 원 적자에서 132억 원 적자로 하락하고 있었다. 이는 비목적 사업에 문제가 있었다는 점을 시사하고 있다. 비목적 사업자산은 1992년 3,558억 원에서 1997년 9,410억 원으로 6천억 원가량 증가하였다.

주식시장에서 1,150억 원을 조달하였지만 비목적 사업자산에 5,851억 원, 관계사 투자에 415억 원을 투입하여 5,045억 원의 현금 부족분을 부채로 충당해야만 했다.

현금유입이 없는 영업이익에서 현금유입이 없는 대여금 이자를 제외하고 현금유출이 발생한 지급이자를 감안한다면, 영업이익 2,268억 원에서 지급이자 4,684억 원을 차감할 경우 2,416억 원의 실질적 손실이 발생한 것이다.

진로는 관계사 대여금과 관계사 투자금을 현금으로 전환이 불가능한 부실로 손실 처리해야 했음에도 불구하고 이를 계속 자산으로 올려놓고 회계 분식을 해왔다.

1992년 관계사에 지출된 4,150억 원은 자본금 1,174억 원을 초과하여 실제 자본잠식이 2,976억 원에 이르렀고, 1997년에는 부실자산이 1조 417억 원으로 자본금 3,026억 원을 초과하여 실제 자본잠식은 7,391억 원으로 늘어났다.

이후 진로는 신제품인 참이슬의 대히트에 힘입어 자신감을 얻는 등 재기를 모색하였으나 자산매각, 외자유치 등의 실패로 더 이상의 자생력을 상실하고 만다.

주류업이라는 단일 업종에 대한 그룹의 의존도가 지나치게 높았기 때문에 다각화는 필요했지만 그 다각화의 방향과 내용을 살펴보면 큰 문제점이 있었다. 무모한 다각화의 결과는 주력 기업인 진로가 감내하기 힘든 부담을 가져다주게 된다. 경영자가 사업다각화를 모색할 때 쉽게 빠지는 오류를 장진호 회장이 숙고했더라면 결과는 바뀌지 않았을까 싶다.

첫째, 사업다각화를 모색하는 경영자는 경쟁자가 이미 상당 수준의 경쟁력을 확보해 놓은 시장에 진출하는 것은 매우 위험하다는 것을 염두에 두어야 한다. 면밀한 시장 분석과 경쟁자 분석을 통해 신규 진출 시 리스크를 정확히 검증해야 한다. 진로가 맥주사업에 진출한 것은 이미 시장에는 오비맥주와 크라운맥주라는 두 강력한 경쟁자가 시장을 양분하고 있었으며, 소비자의 기호가 맥주와 소주는 구분된다는 것을 간과했던 것이다.

둘째, 사업다각화의 목적이 기업의 수익성 제고를 통한 지속적인 성장에 있다는 것을 염두에 두어야 한다. 다각화의 목적이 기업 규모의 외형적인 성장이 되어서는 안 되며, 신규 사업 진출을 통해 기업의 현재 및 미래의 수익성을 증가시키는 데 초점을 맞추어야 한다. 특히 경영진은 기업의 성장 방향에 대한 분명한 목적과 비전을 갖고 모든 직원이 이를 이해하고 동참할 수 있도록 해야 한다.

마지막으로 사업다각화 대안을 탐색하기 전에, 현재의 핵심 사업 부문에서 추가적인 매출의 증가나 수익성의 증가를 가져올 여지가 있는지에 대한 판단이 선행되어야 한다. 일반적으로 대부분의 기업의 경우 핵심 사업 부문에서 추가적인 성장의 기회가 있음에도 불구하고 이를 인식하지 못하는 경우가 많다.

역량의 함정

제록스가 몰락하게 된 이유는 회사 전반에 걸쳐서 가장 중요한 구성요소인 고객을 잃어버렸기 때문이다.

제록스(Xerox)는 1906년 미국 뉴욕주 로체스터에서 **할로이드사(The Haloid Photographic Company)**라는 이름으로 설립되었다. 인화지 등 사진 관련 물품들을 생산하여 판매하는 회사였다. 창립 후 수십 년 동안 눈에 띄지 않는 회사였지만 1947년 발명가 체스터 칼슨(Chester Carlson)이 자신이 발명한 전자 사진 장치에 대한 권리를 가지고 할로이드사를 접촉하면서 큰 전환점을 맞이하게 된다. 칼슨으로부터 권리와 특허를 사들인 후 할로이드사는 1949년 '모델 A'라는 최초의 복사기를 선보인다.

1958년 제로그라피(xerography_압력을 사용하지 않는 '건조' 복사법)의 상업적 성공에 고무되어 회사명을 할로이드 제록스(Haloid Xerox Inc.)로 바꾼다.

이후 1959년 화학공정을 거치지 않고 인쇄용 일반용지를 사용하는 방식의 완전 자동화된 사무용 복사기 'Xerox914'가 출고되어 큰 성공을 거두었다. 기존 수동 복사기는 3분에 한 장씩 수동으로 복사해야 했지만, Xerox914는 다이얼과 버튼으로 원하는 양을 설정해 놓으면 자동으로 26.4초에 한 장씩 쏟아져 나왔다.

제록스의 혁신적인 기술은 많은 사람들에게 충격을 주었다. 제록스란 단어가 복사하다는 뜻의 동사가 되었고, 회사마다 제록스 룸이 생겨 직원들이 복사를 하면서 서로 어울리는 공간이 될 정도로 제록스의 위상이 높아져 갔다.

Xerox914는 1961년에만 판매 수익이 6천만 달러에 달했고 1965년에는 5억 달러로 증가했다.

1961년 회사명을 제록스(Xerox Corporation)로 변경한다. 1964년에는 장거리 제로그래피 LDX 팩스기를 개발했고, 1971년에 최초의 컬러 복사기를 선보이고, 1977년에는 분당 120페이지의 산업용 레이저프린터인 Xerox 9000 Dover를 출시했다. 동시에 산업용 레이저 인쇄 모듈이 장착된 Xerox DocuTech 135 디지털 인쇄기를 개발했다.

제록스는 시장을 독점하면서 급성장한다. 새로이 출시한 신제품들마다 많은 이윤을 붙였으며 이에 따라 이익도 대폭 늘어나 주가도 폭등했다. 그러나 이때부터 제록스의 위기는 시작되고 있었다. 세계 최초의 건식복사기를 발명하여 먹지를 쓸모없게 만든 제록스는 미국 반독점 당국의 복사기 특허 개방 명령을 계기로 일본 경쟁사들의 거센 추격을 받게 된다. 또한 이메일의 등장과 전자문서 대중화로 제록스의 사세는 급격히 기울고 있었다.

제록스는 근본적인 문제점들을 인식하지 못하고 위기 상황을 극복하기 위해 새로운 사업분야로의 진출을 도모했다.

1969년 메인 프레임 제조업체인 SDS를 인수했지만 10년 후엔 막대한 적자를 감수하며 매각해야 했으며, 워드 프로세서, 문서처리 워크스테이션, 네트워크 등을 포함하는 오피스 컴퓨팅 사업에 뛰어들었으나 별로 소득이 없었다. 1968년에는 대형 금융 서비스회사인 **'상업투자신탁'**이라는 금융서비스 분야를 흡수하여 새로운 다각화를 시도했지만 역시 포기하고 말았다.

2017년 4분기 제록스는 사무용 프린터 판매 급감 등의 이유로 19억 달러의 순손실을 기록하게 된다. 1990년대 150달러를 웃돌던 주가는 2018년 30달러 선까지 추락했다.

2018년 대표적인 혁신기업이던 제록스는 결국 후지제록스에 회사를 매각한다. 후지필름은 제록스를 61억 달러에 인수하여 대주주가 됐다.

뉴욕타임스는 제록스의 몰락을 '역량의 함정(competency trap)'에 빠진 대표적인 사례라고 분석했다. 이는 과거의 성공을 가져온 동일한 행위의 반복이 미래의 성공으로 이어질 것이라는 잘못된 믿음을 뜻한다. 강렬하게 남아있는 성공의 기억이 오히려 과거의 방식만 답습하게 만들면서, 새로운 기회에 적응할 수 있는 역량을 잃게 만든다는 것이다.

제록스사 몰락의 가장 큰 원인은 기술경영의 실패였다. 제록스는 1970년 세계 4대 민간연구소로 꼽히는 제록스 팔로알토연구소(Xerox PARC)를 설립했다. 연구원들은 모든 시간을 자기가 하고 싶은 연구에 몰두할 수 있었다. 이 연구소를 통하여 수많은 기술들이 축적되어 있었지만 이를 상업적으로 활용하는 데 소극적이었다.

이곳에서 근무하던 연구원들은 제록스가 복사와 직접적으로 관련된 기술이 아니면 전혀 관심을 두지 않았다고 술회했다.

현재 컴퓨터와 인터넷 환경 전반에 가장 중요한 기술들이 모두 제록스 파크에서 개발되었다고 해도 과언이 아닐 정도로 이곳을 통해 개발된 기술은 대단했다. 키보드가 아닌 마우스로 조작하는 획기적인 개인용 컴퓨터 **'알토'** 역시 이 연구소에서 개발되었다.

'Xerox Alto'는 사용자가 마우스를 움직여 컴퓨터 화면에 떠있는 아이콘과 메뉴를 클릭하고, 직관적으로 필요한 작업을 할 수 있는 **'그래픽 사용자 환경(GUI)'**를 처음으로 실현한 컴퓨터였다.

하지만 제록스는 PC의 상용화에 전혀 관심이 없었다. 그러나 1979년 제록스의 연구소를 견학한 스티브 잡스는 애플로 돌아와 알토에서 많은 아이디어를 얻어 매킨토시 컴퓨터를 출시했다. 그는 나중에 제록스가 기회가 왔음을 알았다면 IBM에 마이크로소프트를 합친 회사로 성장했을 지도 모른다고 말했다.

매킨토시의 출시가 지연되고 있을 당시에 매킨토시에 들어갈 소프트웨어를 개발하기로 했던 빌 게이츠가 먼저 GUI를 접목한 운영체제인 **'윈도우즈'**를 출시했다.

스티브 잡스가 강하게 항의하자, 빌 게이츠는 매킨토시나 윈도우즈나 다 같이 제록스로부터 아이디어를 훔친 것 아니냐며 되받아치는데 이는 실리콘밸리에서 회자되는 유명한 일화로 전해진다. 세계 최고의 하이테크 기업이 될 수도 있었던 제록스에게 부족했던 것은 기술 그 자체가 아니라 **기술경영(management of technology)**이었다.

기술경영이란 어떤 새로운 제품을 만들어 어떻게 시장에 내놓을 것인지, 그와 관련한 기술은 어떻게 개발하거나 확보할 것이지 등을 종합적으로 결정하는 기업 경영사의 의사결정과정이다.

복사기 기술을 기반으로 하는 고성능 인쇄기와 프린터 사업에만 초점을 맞췄기 때문에 제록스사는 PC의 기초기술을 개발하고 인터넷 네트워크구조를 개발했음에도 신기술과 구기술 사이에서 발목을 잡힌 것이다. 제록스 경영진은 디지털화의 비용이 너무 높다고 판단했고, 눈앞에 다가온 기회를 굳이 잡으려 애쓰지 않았다.

당시 CEO 데이비드 컨스(David Kearns)는 제록스의 미래가 복사기에 있다고 확신했다. 제록스는 소프트웨어와 하드웨어 모두에서 가장 진보된 솔루션을 소유했지만 엔지니어들이 최종 제품에 대해 전혀 몰랐기 때문에 시장 독점자가 될 수 있는 기회를 영원히 잃게 되었다.

하버드대 비즈니스스쿨의 클레이턴 크리스텐슨 교수는 자신의 저서 혁신의 딜레마에서 파괴적 기술의 중요성을 강조한다.

파괴적 기술이란 현재의 경쟁력 기반을 무너뜨리는 새로운 기술이다. 성공을 경험한 대기업들은 이런 신기술 개발보다는 기존의 핵심사업에 몰두한다. 반면 벤처기업들의 파괴적 기술은 틈새시장을 비집고 들어가 기존 대기업들의 기반을 붕괴시키고 새로운 스탠더드로 자리 잡는다. 제록스처럼 사태의 심각성을 깨달을 즈음에는 이미 때가 늦어버리게 된다. 경쟁력의 수명이 그만큼 단축되고 있음을 의미한다. 세상은 바뀌었는데 그 경쟁력에 갇혀 변화의 시기를 놓쳐버린 것이다.

핵심 경쟁력(core competence)는 언제라도 핵심 경직성(core rigidity)으로 돌변할 수 있다는 미시간대 앨런 아푸아(Allan Afuah) 교수의 지적이 공감 가는 대목이다. 제록스는 기술을 독점하면서 고수익을 창출했지만 오히려 그로 인해 새로운 시대로의 전환을 실행하지 못한 대표적인 사례이다.

제록스가 몰락하게 된 이유로 일본 경쟁업체의 등장을 꼽지만, 그보다는 회사 전반에 걸쳐서 가장 중요한 구성요소인 고객을 잃어버렸기 때문이다. 사실 제록스는 매킨토시와 윈도우즈가 출시되기 전인 1981년 알토를 상용화 모델로 개선한 최초의 GUI 탑재 컴퓨터 'Xerox Star'를 출시했다.

하지만 제록스가 생각한 컴퓨터는 기업에서 업무용으로 사용하는 워크스테이션 개념이었다. 책상 위에 올려놓고 랜선을 통해 다른 컴퓨터, 복사기 등과 서로 연결하는 시스템의 일부로 판단했던 것이다. 당시 컴퓨터 1대의 가격은 16,000달러였지만 사무실에서 제대로 사용하려면 2~3대의 컴퓨터가 필요하므로 시스템을 갖추는데 소요되는 비용은 5만~10만 달러에 달했다.

당시 비서 연봉이 12,000달러 정도였으니 웬만한 중소기업에서는 엄두낼 수 없었다. 반면 후발주자인 매킨토시와 IBM은 1,600~2,500달러에 개인용 컴퓨터를 선보여 시장을 장악했다.

복사기 분야에서도 사무실용 제품에만 집중했다. 더 크고 성능이 뛰어난 복사기를 만드는 게 제록스의 목표였다. 가정용 복사기를 만들자는 의견도 나왔지만 경영진은 작고 싸게 만드는 건 제록스답지 못하다며 무시했다.

이 결과 복사기 관련 특허가 만료되었을 때 제록스는 HP, 캐논 등의 경쟁사에게 시장을 내주어야 했다. 저렴하고 작고, 가볍게 만든 이들 제품은 제록스가 그간 무시해 왔던 가정용 프린터 시장을 독식하게 되었다.

제록스는 자사 제품의 우수성과 독점을 믿고 고가 정책을 펼쳤으나 소비자들은 고가의 신제품을 원하지 않았다. 일본이 세계 복사기 시장을 지배한 것은 저가의 신제품으로 맞섰기 때문이다.

일본 기업들은 복사기 가격을 최고 40%까지 내려 미국 시장을 잠식해 나갔다. 가격 경쟁에서 쳐진 제록스는 일본 기업들에게 미국 복사기 시장의 86%를 내주어야 했다.

고객 만족을 위해서는 고객의 욕구에 대한 철저한 분석이 필요하다.

중요한 점은 고객의 1차적 욕구(needs)와 2차적 욕구(want)의 명확한 구분과 2차적 욕구를 1차적 욕구로 착각해서는 안 된다는 점이다. 보다 근본적인 고객 니즈의 측정을 통한 고객 만족이 이루어져야 한다.

가정용 소형 프린터 시장에서의 고객 니즈를 파악했어야 했지만 자신들이 성공을 거두었던 기업용 제품에만 집중해 가정용이란 새로운 시장을 놓친 것이다.

체질을 바꾸는 대신 기존의 비즈니스 모델 안에서 조금씩 개선하는 쉬운 길을 택했던 것이 결국 회사의 역량을 가로막는 덫으로 작용한 것이다.

아무리 높이 날아올랐던 기업이라도 다음 돌파구를 찾지 못하면 경쟁력을 잃고 만다. 차세대 기술로 전환하지 못한 독점기업에겐 더욱 어려운 과제일 수밖에 없다.

궤도를 벗어난 기업은 회복하기 힘들다

허츠는 주업종인 렌터카 사업보다는 금융업에 주력하여 화를 자초하게 된다.

Rent-a-Car. Inc. 로 **알려졌던 허츠 코퍼레이션**(Hertz Corporation)**은 1918년 시카고 태생인 월터 제이콥스**(Walter L. Jacobs)**에 의해 설립**되었다. 초기에는 포드 모델 T를 소규모로 렌털해 주는 영세한 기업이었다. 1923년 제이콥스가 존 허츠(John Hertz)에게 회사를 넘긴 이후 회사명이 Hertz Drive-Ur-Self System으로 변경됐다.

그리고 최초의 차량 편도 렌털 프로그램을 선보이며 사업을 확장, 대기업으로서 성장하는 발판을 마련한다. 미국 제1의 차량 렌털 기업이 된 이후 1950년대에는 프랑스와 캐나다 등으로 진출했으며, 1954년에는 뉴욕증권거래소에 상장했다.

허츠는 여러 차례 피인수를 반복한다.

1926년에는 제너럴모터스에 매각되었으나 1953년 허츠의 자회사에 의해 재인수되었다. 1967년에는 전자제품 제조회사인 RCA의 자회사가 되었으며, 1985년에는 유나이티드 항공에 매각되면서 허츠의 차량 렌털 및 리스가 확대되어 전 세계 120개국에서 거의 400,000대의 자동차와 트럭을 보유하게 되었다.

포드가 소유하고 운영하는 Park Ridge Corporation은 1987년 10월 허츠를 13억 달러에 인수했으며 2002년 허츠는 중국에서 처음으로 국제 자동차 렌털회사를 설립했다.

2005년 2분기까지 허츠는 포드의 전체 세전 이익의 약 10%를 창출했다. 그러나 포드는 포드자동차와 트럭 제작에 더 집중할 의도로 허츠 브랜드를 판매할 것이라고 발표했다.

2005년 허츠는 다수의 사모펀드에 의해 인수되어 별개의 회사로 독립했다. 클레이튼 더블리에 앤드 라이스(Clayton, Dubilier & Rice) 컨소시엄은 2006년 11월 Hertz Global Holdings를 뉴욕 증권 거래소에 다시 상장했으며 허츠는 유럽 전역으로 확장하기 시작했다.

허츠는 국내외에서 약 12,000개의 법인 및 프랜차이즈 지점을 운영했다. 판매, 위치 및 차량 규모 기준으로 세계 최대의 차량 렌털회사 중 하나인 이 회사는 북미, 유럽, 라틴 아메리카, 아프리카, 아시아, 호주, 카리브해, 중동 및 뉴질랜드의 160개 국가에서 사업을 하고 있었다. 허츠 코퍼레이션의 모회사인 허츠 글로벌 홀딩스는 2020년 포춘지 선정 500대 기업 중 326위에 올랐다.

그러나 2020년 4월 30일 허츠는 자사 차량의 임대 비용을 지불하지 못하게 된다.

허츠는 파산을 피하기 위해 행동주의 투자자 칼 아이칸(Carl

Icahn)을 포함한 대출 기관의 지원을 요청했다고 발표했다.

캐서린 마리넬로(Kathryn Marinello)는 2020년 5월 18일 CEO에서 사임했고, 허츠는 북미 지역 수석 부사장 겸 최고 소매 운영 책임자를 역임했던 바울 스톤(Paul Stone)을 신임 사장 겸 CEO로 선임했다.

2020년 5월 22일 월스트리트 저널(Wall Street Journal)은 Hertz가 최고 대출 기관과 합의에 이르지 못해 파산 신청을 준비하고 있다고 보도했으며 같은 날 회사는 델라웨어 법원에 Chapter 11 파산 신청을 했다.

주요 언론은 신종 코로나 바이러스가 파산 신청의 직접적인 원인이라고 보도했다. 2020년 3월 이후 전 세계적으로 강력한 경제 봉쇄 조치가 시행되자 여행 및 출장 인구가 급감하면서 허츠에 막대한 타격을 주었다. 연초 6% 이상의 매출 성장에도 불구하고 갑작스러운 코로나19의 확산으로 3월부터 매출이 급격히 하락했다. 허츠는 예기치 못한 충격의 여파로 유동성 위기에 빠지게 되었고, 결국 이를 극복하지 못한 것이다.

허츠 매출의 상당 부분은 공항에서의 차량 대여 서비스로부터 창출되는데 이러한 매출이 코로나의 영향으로 급감하게 되자 허츠는 이후 직원 1만 2,000명을 해고하고 4,000명이 무급휴직에 들어가는 등 구조조정을 실행한다.

또한 차량구매비 90%를 삭감하고 불필요한 지출을 중단하는 등 연간 25억 달러를 절감하는 자구책을 시행했지만 소용없었다.

허츠는 이미 2020년 4월부터 대금을 지급하지 못하는 상황이어서 파산보호 신청은 예정된 일로 받아들여졌다. 허츠 주가는 뉴욕증시에서 코로나 확산 이전인 2020년 2월 20일 주당 20.29달러에서 파산 신청 후인 2020년 5월 29일 주당 1달러로 급락했다.

102년이라는 오랜 역사를 자랑하는 글로벌 렌터카 기업 파산의 직접적인 원인이 코로나 바이러스 때문인 것으로 알려져 동정론도 대두되었지만 시간이 흐를수록 알려지지 않은 파산의 숨은 원인들이 드러나고 있다. 허츠의 라이벌 기업인 에이비스(Avis)나 엔터프라이즈(Enterprise) 역시 코로나로 인한 수요 급감이라는 폭탄을 맞았지만, 허츠에 비해 재무 상태가 양호하여 경쟁자 에이비스는 5억 달러의 채권 발행으로 현금을 확보하여 선제적으로 유동성 위기를 대비했다.

허츠의 파산이 직접적으로는 코로나19의 충격에서 비롯되었지만, 허츠의 위기가 갑자기 진행된 것이 아니라는 의견이 지배적이다. 허츠의 본질적 체력은 꾸준히 약화되어 왔다.

이전 3년간 허츠의 실적은 적자를 벗어나지 못하고 있었고, 이런 와중에 코로나19라는 카운터 펀치가 허약해진 허츠에 결정적 타격을 준 것이다.

첫 번째 원인으로 대두되는 것은 허츠가 주업종인 렌터카 사업보다는 금융업에 주력했다는 점이다.

허츠는 렌터카로 돈을 벌었지만 실상은 자동차 리스사업에 더 많은 역량을 집중했다. 미국 경제지 파이낸셜타임스(FT)는 허츠가 외형적으로는 렌터카 사업과 중고차 판매에서 매출이 발생하는 회사지만, 실제로는 금융업의 일종인 자동차 리스회사였다고 평했다.

미국 인터넷 매체인 악시오스(AXIOS)는 허츠가 금융공학계의 프랑켄슈타인이었다고 지적했다. F 포드사는 허츠 창립 당시부터 관계를 맺어 왔는데, 2005년 보유하고 있던 지분을 사모펀드인 **'클레이튼 더블리에 앤드 라이스'** 등에 매각했다.

사모펀드는 148억 달러에 매입했으나 실제로 든 자본은 23억 달러였다. 사모펀드는 이후 지분을 칼라일 그룹과 메릴린치와 3등분 했다. 그리고 금융공학을 이용해 69억 달러의 자금을 조달했다.

그로부터 6개월 만에 이 사모펀드는 10억 달러의 배당금을 지급하여 자신들의 재정적 위험을 제거했고, 이어 1년 만에 허츠를 상장시켰다. 당시 허츠의 부채비율은 95%에 이르렀다.

사모펀드는 투자금 회수를 위해 무리하게 금융기법을 써서 기업의 핵심 가치를 훼손했다. 이들은 특수목적회사(SPC)를 설립하여 자산 유동화 증권을 마구 발행했다. 이로 인해 허츠는 자동차를 빌려주는 은행으로 불리기도 했다.

사모펀드는 자동차 리스사업에 더욱 주력하여 SPC를 통해 조달된 자금으로 차를 구매했고 이를 다시 리스나 렌터카 사업에 투자했다.

이와 같은 방식을 반복하면서 허츠의 재정상태는 더욱 악화되었고, 결국 과도한 부채는 팬데믹 상황에서 가장 먼저 무너진 렌터카 회사가 되고 만다. 허츠의 부채는 대부분 자산 유동화로 발생했기 때문에 자산가치가 하락하면 추가 부담이 더욱 커졌다.

그리고 사모펀드는 2013년 지분을 정리하고 떠난다. 이들이 떠난 뒤 과거 부실 회계가 수면 위로 떠오르기도 했다.

허츠는 이후 2014년 행동주의 투자가인 칼 아이칸의 먹잇감이 되고 만다. 아이칸은 허츠의 회계 부정을 약점으로 잡아 최고경영자를 몰아내고 우호지분을 확보해 최대 주주에 등극했다.

그러나 워낙 부채가 과다했기 때문에 아이칸도 부도를 막을 수는 없었다. 파산 신청 당시 허츠가 짊어지고 있던 부채는 37억 달러, 자동차 금융회사인 자회사의 부채는 134억 달러였다.

두 번째 원인으로는 무리한 사업확장이 거론된다.

허츠는 2012년 미국 내 경쟁 렌터카 기업인 달러 스리프티(Dollar Thrifty)를 23억 달러에 인수했다. 이는 2010년 허츠가 제시했던 가격인 10억 달러의 두 배가 넘는 수준이다. 시장 가치 대비 지나치게 비싼 가격에 인수했다는 것이 대체적인 시각이었다.

인수할 당시 달러 스리프티의 미국 내 시장점유율은 5%에 불과해 잘못된 인수라는 소리가 높았다. 실제로 경쟁사인 에이비스는 달러 스리프티의 가격이 지나치게 높게 형성되자 인수할 계획을 접었지만, 허츠는 인수를 강행했다.

이후 2016년 말, 허츠의 주가는 2012년 말보다 85%나 폭락하고 만다. 무리한 인수와 사업 확장은 허츠의 발목을 잡았고 업계 1위인 에이비스와의 격차는 더욱 벌어졌다.

허츠가 헛발질을 하는 동안 경쟁 업체들은 계속해서 성장을 이뤄냈다. 렌터카 시장 변화에 빠르게 대응했던 경쟁사와는 달리 허츠는 본업조차도 제대로 지켜내지 못하면서 경쟁에서 밀려났다.

위기를 느낀 허츠의 경영진은 2017년 글로벌 컨설팅 업체인 **'액센츄어'**에 정보기술 컨설팅을 의뢰했으나 이는 2019년 4월부터 소송으로 이어지는 최악의 결과를 가져왔다. 허츠는 액센츄어가 기존 허츠 시스템에서만 사용할 수 있는 IT 시스템을 도입하게 해 '달러 스리프티'로 시스템을 확장할 수 없었다고 소송을 제기한 것이다. 무리한 사업 확장이 수년간 경영의 발목을 잡은 것이다.

세 번째 원인은 허츠가 시대 변화를 따라잡지 못했다는 점이다.

글로벌 차량 고유 업체 우버(Uber)와 리프트(Lyft) 등의 등장으로 렌터카 산업의 지형 자체가 변화하면서 렌터카 업체들은 어려움을 겪기 시작하였으나 이에 제대로 대응하지 못한 것이다.

재무적으로 허츠보다 탄탄했던 경쟁사 에이비스나 엔터프라이즈는 이러한 변화를 이겨내기 위해 최신형 스포츠 유틸리티 차량(SUV)으로 차량을 대거 교체하는 등 소비자를 붙잡기 위해 노력했다. 그러나 허츠는 이런 대응을 하지 않았다.

허츠의 파산은 렌터카 시장의 누적된 위기를 보여주고 있다. 위기를 심화시킨 주된 요인 중 하나는 바로 렌터카를 소비하던 사람들이 우버(Uber)나 디디추싱(Didi Chuxing), 올라(Ola) 등 새롭게 등장한 차량 공유 서비스에 더 큰 관심을 가지게 된 것이다.

값비싼 비용을 지불하면서 자동차를 빌리는 것보다 필요할 때 간편하게 부르고 이용하는 것(Hailing)이 소비 트렌드로 완전히 자리 잡고 있다.

공유 서비스 기업들은 자동차 자산 소유의 부담이 적다. 현금화가 어려운 물적 자산은 코로나19와 같은 갑작스러운 위기 시 큰 부담이 될 수 있다. 렌터카 기업은 가치가 떨어지는 중고차의 유지, 그리고 신차 구입에 엄청난 비용을 지불해야 한다.

허츠의 몰락은 중고차 등 보유 자산의 빠른 처분이 어려웠던 점도 주된 요인으로 꼽힌다.

코로나19 사태에서 보듯 언택트 현상이 심화될수록 실물 자산의 가치는 빠르게 하락하기 때문이다.

윤리경영

유키지루시 유업 사태는 경영자의 위기관리 능력이 얼마나 중요한지를 단편적으로 보여준다.

1950년 창립된 유키지루시 유업은 2000년 초반까지만 해도 유가공업계에서 독보적으로 일본 내 1위를 달리며, 강력한 브랜드 이미지를 구축하여 지속 성장한 기업이었다. 우유, 버터, 치즈 등 주력 제품들은 소비자들로부터 절대적인 신뢰를 받았다. 예전에 제일제당(지금의 CJ)이 설탕이나 밀가루에 쓰던 눈 결정체 마크를 도용했다고 상표권 소송을 제기했던 기업으로도 알려져 있다.

어느 식품회사든 제조나 출하 과정을 철저히 관리한다고 해도 유통 과정에서의 부주의나 보관 잘못으로 인해 변질된 식품 때문에 소비자들이 피해를 입는 경우가 적지 않다. 유키지루시 유업 창립 초기인 1955년 3월, 집단 식중독 사건이 발생했다. 도쿄 소재의 초등학교 학생 900여 명이 유키지루시 유업의 우유를 마시고 배탈과

설사 증상을 보인 것이다. 당시 사토 미쓰키 대표는 시중에 나간 제품을 모두 회수하고, 시설 점검에 나서 원인을 파악하는 한편, 소비자들에게 머리를 숙이고 정중하게 사과했다. 큰 위기를 넘긴 유키지루시는 이후 품질을 최고의 가치로 삼고 소비자들의 신뢰를 회복하여 꾸준히 성장할 수 있었다.

2000년 6월, 오사카시에 사는 한 어린이가 유키지루시 유업이 만든 저지방 우유를 마시고 심한 구토와 설사 증세를 보였다. 이어 와카야마현에서도 자매 3명이 같은 회사 우유를 마시고 구토와 설사 증세를 보였다. 오사카시 보건소는 여름철에 발생하는 단순 식중독 사건으로 생각했으나, 식중독 환자가 천명 이상으로 증가하자 유키지루시 유업의 오사카 공장을 점검했다. 오사카시 보건소는 유제품 제조 라인에 대한 검사와 동시에 유키지루시 유업이 제조 및 판매하는 유제품의 유통을 중단시키고 이미 출하한 제품은 회수할 것을 지시했다.

유키지루시 유업은 기자회견을 열고 오사카시 보건소의 공장 점검 때 공장 내부에서 세균이 검출되지 않았으며, 시 보건소가 해당 제품에 대한 검사를 하고 있으므로 결과를 보고 식중독 사태에 대응하겠다고 발표했다. 이는 식품의 변질 및 오염으로 인해 많은 사람들이 피해를 보고 있음에도 회사의 과오를 즉각 인정하지 않으려는 뻔뻔스러운 대응책이었다. 그러나 식중독 피해자가 계속 증가하자 이시가와 다츠로 대표는 7월 1일 긴급 기자회견을 열고 소비자들에게 사과했다. 그는 오사카 제조라인을 자체적으로 점검한 결과 저지방 우유 제조 라인의 밸브에서 식중독을 일으키는 **'황색 포도상구균'**이 검출됐다고 인정했다. 유키지루시 저지방유 1,000ml와 유키지루시 저지방유 500ml에서 검출된 황색 포도상구균은 가열로 인해 죽더라도 A형 엔테로톡신 독소는 남기 때문에 대규모 집단 식중독 사건을 일으키게 된 것이다. 이날 동석한 오사카 공장장이 밸브 안쪽에 우유 고형물질이 붙어 있었다는 사실을 공개하자, 이시가와 대표는 그게 사실이냐고 반문하는 등 사태를 제대로 파악하지 못한 것으로 드러나 여론으로부터 질타받았다.

또한 이시가와 대표는 이날 기자회견에서 집요하게 질문 공세를 이어가는 기자들을 향해 자신은 지금 한가롭게 노는 것이 아니라 대표로서 사태 수습을 위해 열심히 노력하고 있다고 짜증스럽게 답했다. 이러한 그의 태도로 인해 비교적 냉정한 자세를 취하고 있던 일본 매스컴이 돌변하고 만다. 각 매스컴은 유키지루시 유업이 사고를 고의적으로 은폐 내지는 축소하려 한다고 보도했다. 유키지루시 유업이 사고 수습 노력을 외면한 것은 아니지만 자신의 과오에 대한 진솔한 반성이나 사과도 없이 최고 경영자가 공개적으로 역정 내는 모습을 보이는 것은 여론과는 상관없이 자신의 의지대로 하겠다는 오만한 자세라고 추궁했다. 기자회견을 통하여 회사가 저지른 잘못을 진솔하게 사과하고 반성하며 이에 대한 책임 있는 자세를 국민들에게 보여주었어야 함에도 불구하고 적반하장으로 화를 내는 등 오만한 자세로 일관하여 오히려 역효과를 초래하고 만다. 각 매스컴은 연일 유키지루시 유업의 잘못과 부도덕성을 질타하는 기사를 내보냈고, 날을 세운 여론 앞에서 유키지루시 유업은 하루 사이에 친근한 기업에서 악덕 기업으로 내몰리고 말았다.

결국 식중독 환자가 만 명을 돌파하자 7월 4일 이시가와 대표는 모든 책임을 지고 사임한다고 발표한다.

그러나 이후 계속 새로운 사실이 드러났다. 황색 포도상구균이 발견된 오사카 공장의 밸브는 유키지루시 내부 규정에 따르면 1주에

한 번씩 분해하여 세척하게 되어 있음에도 6월 2일부터 23일까지 밸브를 세척하지 않았던 것이다. 식품 공장에서 밸브나 배관에 우유 덩어리가 장시간 붙어 있었다는 것은 상상도 할 수 없는 일이다. 밸브가 조금만 오염되더라도 상온에서는 엄청난 양의 미생물이 번식하기 때문이다.

오사카 공장에서는 반품된 유제품이나 재고품을 유제품 원료로 재사용하고 있다는 충격적인 사실이 드러났다. 게다가 반품된 우유나 가공 우유 개봉 작업을 직원이 아닌 운송업자에게 위탁해, 운송업자가 옥외에서 손으로 개봉하고 있었다는 사실도 밝혀졌다.

유키지루시 유업이 제조한 버터 제품에서도 식중독의 원인이 되는 세레우스균이 검출되었다. 소비자들이 버터에서 이상한 냄새가 난다고 신고하여 70만 개를 자발적으로 회수하여 조사한 결과 밝혀진 것이다.

자회사인 유키지루시 식품에서 쇠고기 원산지를 속여 판매한 사건까지 겹치자 유키지루시 식품은 결국 파산하고 모회사인 유키지루시 유업의 이미지도 더욱 악화되고 만다. 유키지루시 유업의 우유 제품으로부터 야기된 사태는 일본의 식중독 사건 중 사상 최대 규모였다. 13,000명이 식중독 증세를 보였고, 1명이 사망하는 사태에 이르자, 회사 측은 7월 12일 일본 전국의 21개의 공장 조업을 중단한다고 발표했다. 권위 있는 기관의 입회하에 제조 과정의 안정성이 확인될 때까지 조업을 중단한다는 것이다.

그럼에도 일본 전역에서 슈퍼나 식품체인점들은 유키지루시 유업의 제품의 안전성이 확인되고, 소비자가 신뢰한다고 판단될 때까지 전 제품을 점포에서 철거한다고 발표했다. 또한 급식 때 유키지루시 유업 제품을 일절 사용하지 않겠다는 학교도 늘어났다. 일반

식당이나 직장 내 구내식당에서도 유키지루시 유업의 제품이 설 땅을 잃었다.

도쿄 증시에서 연일 유키지루시의 주식은 하한가로 곤두박질쳤다. 무차입 경영으로 견실하게 경영해 온 유키지루시 유업이 소비자들의 신뢰를 회복하기 까지는 적지 않은 시간이 소요될 것으로 전망하여 일정 기간은 적자를 피할 수 없다는 분석이 대세를 이루었다.

일본의 대표적 식품기업인 유키지루시 유업이 어처구니없는 작업 실수를 번복하게 된 것은 일본의 제조업체 전반에 걸친 모럴 해저드라는 주장도 있다. 실제로 유키지루시 유업의 오사카 공장 직원들은 내부 작업 규정을 준수하지 않았을 뿐만 아니라, 내부 작업 규정을 임의로 바꾸어 현장에서 편리한 대로 작업을 해왔다. 그러나 회사 관리자들은 그러한 변칙 관행을 전혀 모르고 있었다. 회사 내부에서 도덕적 해이가 만연해 있음에도 경영자나 관리자는 물론 현장 직원들마저 안전 불감증에 빠져 있었던 것이다.

유키지루시 유업 사태는 경영자의 위기관리 능력이 얼마나 중요한지를 단편적으로 보여준다. 식중독 사고가 처음 발생했을 때 문제가 된 제품들을 즉각 회수하고, 오염된 사실을 즉각 공표하여 소비자들에게 유의할 것을 당부하는 한편 원인을 파악하기 위해 객관적이고 신속한 검사를 실시하여 숨김없이 알렸다면 공장 폐쇄로까지 이어지지 않았을 것이다. 그러나 최고 경영진은 처음부터 사실을 인정하지 않고 책임 있는 행동을 보이지 않았기 때문에 언론과 소비자들의 불신을 초래하고 말았다.

1982년 당시 연 매출액의 7%, 이익의 17%를 차지하던 존슨앤드 존슨의 주력상품 **'타이레놀'**을 복용한 7명의 시카고 시민이 갑자기 사망하는 사건이 발생했다. 조사 결과 시안화물이라는 독극물이 타이레놀 캡슐에 들어 있었는데 누군가 고의로 판매 중인 타이레놀 캡슐에 독극물을 투여했을 가능성이 높았다.

그러나 존슨 앤드 존슨은 조사가 끝나기도 전에 이 사건에 신속히 대처한다. 즉시 사실을 언론에 공개하고 대대적으로 경보 광고를 내보냈다.

그리고 시카고 지역에 있는 모든 제품을 수거하라는 FDA의 권고를 넘어 미국 전역에서 2.4억 달러를 들여 타이레놀을 전량 수거하여 폐기하였다. 혹시라도 모를 인명사고에 대비하려는 조치였다.

그 결과 타이레놀의 시장점유율은 다음 해에는 7%까지 떨어졌으나, 사건 해결 후 3년 만에 제자리를 회복했다. 그리고 나중에 비슷한 사건이 재발하자 타이레놀을 캡슐 형태에서 알약 형태로 교체하였다. 많은 비용이 소요되었지만 존슨 앤드 존슨은 축적된 소비자 신뢰를 바탕으로 연간 15억 달러의 매출을 기록하는 세계적인 기업으로 거듭날 수 있었다.

존슨 앤드 존슨의 사례는 윤리경영의 좋은 사례다. 사건 초기부터 엄정하게 윤리경영의 원칙을 적용한 존슨 앤드 존슨은 소비자의 신뢰를 회복하여 재기할 수 있었지만, 유키지루시 유업은 사태를 솔직하게 인정하여 소비자들에게 주의하라고 공지하는 한편 뒷수습에 최선을 다해야 했음에도, 이와는 달리 사태를 은폐하거나 책임을 회피하려는 듯한 자세를 보여 결국 공장 폐쇄로 이르게 된다.

오랜 세월, 사랑받으며 기업의 경제적 책임을 다하는 회사는 이익을 창출할 뿐만 아니라 사회 구성원으로부터 존경을 받는데, 이러한 기업들의 공통적인 특성은 기업윤리 수준이 높다는 사실을 유념할 필요가 있다.

그들만 모르고 있었다

콘텐츠 유료화에 치중하여 무료 SNS를 원하는 하위시장 고객의 이탈을 초래하면서 싸이월드는 쇄락의 길로 접어든다.

페이스북, 트위터, 인스타그램 등에 익숙한 젊은이들에게는 생소할 수도 있지만, 싸이월드는 불과 20여 년 전만 해도 국내 SNS의 최강자였다.

1999년 몇몇 카이스트 학생들이 설립한 싸이월드는 설립 초기엔 **'커뮤니티'** 기능을 필두로 가입자 1,000만 명을 보유했던 포털사이트 **'프리챌'**에 크게 밀려 별다른 두각을 나타내지 못했다.

그러나 2002년 하반기에 프리챌이 유료화를 선언하면서 많은 누리꾼들은 무료로 운영하는 싸이월드에 주목하기 시작했다. 특히 인맥 구축과 소통 면에서 특화된 싸이월드의 미니홈피는 국내 SNS

소통 문화의 시발점이었다. 온라인 친구 격인 **'1촌'**들과 사진이나 소식을 공유하는 SNS 플랫폼으로 미니홈피를 꾸밀 수 있는 사이버 머니 **'도토리'**를 선보여 수익모델 구축에도 성공했다. 이런 성과를 바탕으로 싸이월드는 2003년 SK커뮤니케이션즈에 인수되어 포탈 네이트와 결합했다. 이를 통해 싸이월드의 약점으로 지적된 서버 불안정 문제도 해결할 수 있었다.

싸이월드는 일반인은 물론 연예인, 정치인 등의 이용도 늘어나면서 무려 3,200만 명이 넘는 가입자를 확보하게 된다. 2000년대 중반, 년 매출 1,000억 원에 달했고, 수많은 기업들이 SK커뮤니케이션즈와 파트너십을 맺어 비트코인의 원조라고 할 수 있는 **'도토리'**로 각 기업의 서비스를 이용할 수 있도록 했다.

싸이월드를 인수한 SK커뮤니케이션은 포털 업계 1위를 넘볼 정도로 급성장했고, 2007년에는 시가총액이 1조 3,000억 원을 상회하기도 했다. 싸이월드는 벤처 1세대의 가장 대표적인 성공 사례였다. 싸이월드는 SK커뮤니케이션즈에 인수된 후 2007년까지 엄청난 성장을 보이며 우리나라 인구의 절반 이상이 사용할 정도로 폭발적인 인기를 누렸다.

SNS의 원조이며 세계에서 가장 성공한 SNS 모델로 불리면 페이스북 설립자인 마크 저커버그도 배우러 왔던 싸이월드는 절정에 달했던 2005년에서 불과 2년이 지난 후부터 쇠락기에 접어든다. SNS의 경우 한번 선점될 경우 쉽게 무너지기 힘들다. 이용자들이 다시 관계망을 형성하기도 어렵고, 수많은 연락처를 재저장하는 것도 용이한 일이 아니기 때문이다. 결국 2013년 11월, SK커뮤니케이션즈와 사원주주 벤처로 분리된 싸이월드는 2016년 프리챌 창업자가 경영권을 가져가게 된다. 이후 동영상 커뮤니티 서비스에 집중하면서 삼성으로부터 50억 원 투자도 유치하지만 별다른 성과를 내지 못한다. 적자가 이어지고 임금을 체불하는 상황에서 2020년 5월 폐업하게 된다. 싸이월드가 몰락한 이유로 가장 먼저 지적되는 것은 급격한 성공에 취해 사업 환경의 변화에 적절히 대처하지 못했다는 점이다.

한국에서 인터넷이 본격적으로 상용화되던 2002년부터 인기를 끌기 시작한 싸이월드는 PC 중심의 SNS였다. 그런데 SNS를 이용하는 플랫폼이 PC에서 **'스마트폰'**으로 넘어가기 시작했다. 2007년부터 스마트폰의 상용화는 무서운 속도로 확대되어 갔으나 싸이월드는 PC 플랫폼을 고집했다. 점차 사람들은 페이스북이나 트위터와 같이 접근성 면에서 PC보다 훨씬 편리한 SNS 플랫폼인 스마트폰을 이용한 SNS를 이용하기 시작했다. 그러나 싸이월드는 스마트폰의 위력을 간과하고 있었다.

페이스북 등 성공한 글로벌 기업과 비교해 볼 때, 싸이월드가 부족했던 점은 무엇보다 상상력의 크기다. 개별 서비스나 제품에 머물지 않고 더 많은 사람과 기업, 외부 콘텐츠 제공자와 개발자 등이 참여하는 플랫폼으로 키우려는 상상력의 크기에서 차이가 났다. PC 환경에 최적화된 싸이월드 미니홈피는 스마트폰 시대를 맞아서도 모바일 환경에 맞는 변신을 하지 못했다.

2008년 싸이월드는 중국과 미국 등 해외 진출을 추진하면서 한국 싸이월드와 해당국 싸이월드를 분리하여 운영하는 폐쇄적인 서비스를 택했다. 이미 3,200만 명의 이용자가 있는 한국 사용자의 휴먼 네트워크의 초대로 이용자를 확보할 수 있는 방법이 있었지만 이를 무시하고 해당 국가별로 독립 운용 전략을 추진하며 회원 제로에서 출발하는 전략을 선택한다.

한국인들과 중국인들, 미국인들 간에 1촌을 맺을 수 없도록 분리한 것이다. 후에 싸이월드 창업자는 각 국가별로 상호 다른 서비스를 하려고 한 것과 한국 서비스라는 틀을 벗어나지 못한 것이 실패의 주요 원인이었다고 회고했다. 글로벌 SNS인 페이스북이나 트위터는 동일한 서비스로 세계 어느 나라 친구들과 쉽게 교류할 수 있는 반면 싸이월드는 글로벌 소통에 불편을 초래해 스스로 한계를 만들었다.

SNS 서비스는 초기에 개발한 사람들이 서비스의 마인드를 지속 발전시키는 게 중요하다. 싸이월드는 SK커뮤니케이션즈와 합병 후 창업자와 창업 개발자들이 모두 떠났다. 페이스북 창업자 마크 저커버그는 마이스페이스가 대기업에 7,500억에 매각되는 것을 보고 환호성을 질렀다고 한다.

창업자가 떠나면 그 서비스가 망한다는 이유였다. 투자 여건이 척박한 상황에서 SK가 인수해 서버를 증설하는 등 안정적인 운영기반을 구축했지만, 핵심 인력의 이탈로 인한 기술적 혁신 부족은 싸이월드의 성장력을 저해하고 있었다.

싸이월드 창업개발 팀원들이 합병 직후 네이버로 옮겨가 블로그 커뮤니티를 만들고 밴드를 만들었다는 사실은 여러모로 시사하는 바가 크다. 싸이월드가 소셜 네트워크 서비스라는 본질에서 벗어나 SK 적인 문화, 즉 새로운 서비스인 페이퍼, 싸이마켓 등은 창업 문화에서 벗어난 것으로 시장의 반응은 차가웠다. 신뢰를 기반으로 한 정보공유라는 SNS의 본질과 상충되었기 때문이다.

SSO(Single Sign-On)는 여러 개의 사이트에서 한 번의 로그인으로 여러 가지 다른 사이트들을 자동적으로 접속해 이용할 수 있게 하는 방법이다. 일반적으로 서로 다른 시스템 및 사이트에서 각각의 사용자 정보를 관리하게 되는데 때로는 사용자 정보를 연동해 사용해야 하는 경우도 생긴다. 이때 하나의 사용자 정보를 기반으로 여러 시스템을 하나의 통합 인증으로 사용하면 사용자는 편리하게 이용할 수 있다. 하지만 싸이월드는 로그인을 네이트온 계정으로만 제한해 사용자들의 불만을 초래했다.

cyworld.com을 도메인 주소 입력창에 사용자가 입력해 넣으면 nate.com으로 강제 전환시켜 사용자의 권리와 의사를 무시한 것도 문제지만, 전 세계적으로는 구글과 페이스북의 양대 진영이 존재하는 것처럼, 검색 서비스와 SNS는 동질적 콘텐츠와 이질적 콘텐츠를 주로 각각 다루는 만큼 양립하기 어려운 점이 있다는 것을 간과했다. 이는 SK커뮤니케이션즈에 인수된 이후 부임한 새로운 경영진이 인터넷 문화에 대한 이해도가 결여되었기 때문이다.

페이스북에서 소셜 게임 열풍이 불던 당시에 싸이월드도 소셜 게임 플랫폼을 급조했지만 지인 네트워크 기반으로 소셜 게이머를 초대해야 함에도 불구하고 네이트온 아이디로만 접근할 수 있도록 강제 차단했다. 이로 인해 싸이월드 회원이었지만 네이트온 회원이 아니었던 사람들은 친구들의 가벼운 소셜 게임 초대에 기술적으로 응하기 어려운 상황이 되어 버린 것이다. 이 정책결정에 싸이월드 내부 직원들도 상당한 불만을 표시했지만 경영진은 이를 무시했다.

당시 페이스북 1인칭 슈팅 게임 1위 업체였던 위버스트라이크(UberStrike)팀 역시 한국의 이러한 정책을 이해 못 하겠다고 하면서 싸이월드에서 론칭도 제대로 못했다.

외형적으로 SK커뮤니케이션즈의 싸이월드 합병은 초기에 엄청난 성과도 있었다. 라이벌인 MSN 메신저를 압도하는 성과를 거두기도 했다.

인스턴트 메신저와 연동된 개인용 홈페이지의 신규 개설이 급증했고 개인용 홈페이지와 인스턴트 메신저가 서로의 장단점을 보완하면서 엄청난 시너지효과로 MSN 메신저 사용자들이 네이트온으로 옮겨 탄 것이다.

하지만 네이트온은 시너지 효과를 본 반면 SNS인 싸이월드의 본질과 이용자 문화를 제대로 이해하고 서비스를 운영하지는 못했다. SK의 싸이월드 합병은 시너지가 아니라 네이트온 메신저의 일시적이며 일방적인 성과로 끝난 것이었다.

변화를 읽지 못하는 안이한 태도와 뒤처진 기술혁신으로 점차 입지를 잃어가던 중, 싸이월드는 결정적인 실책을 범하고 만다. 점차로 콘텐츠 가격이 고가로 바뀌면서 이용자들의 반감을 산다.

별다른 혁신을 보여주지 못하면서 이미 구식이라는 이미지가 확대되는 가운데 싸이월드는 오히려 단기 수익 창출을 위해 음악, 아바타 등 콘텐츠 유료화에 치중하고 있었다. 그러나 이로 인해 오히려 매출이 감소, 2006년 1,000억 원에 육박했던 싸이월드의 콘텐츠 연 매출은 유료화를 거듭하면서 2012년 700억 원으로 지속적으로 하락했다. 특히 **'도토리'** 구매량이 많은 우수고객에게 포획되어 무료 SNS를 원하는 하위시장 고객의 니즈를 충족시키지 못했다.

결국 하위시장 고객은 싸이월드를 버리고 페이스북, 트위터, 카카오톡과 같은 무료 SNS로 옮겨갔다.

2010년 7월에는 **'불량 이용자 제재'**를 목적으로 컴퓨터의 MAC 주소와 컴퓨터 이름을 추가로 수집하며 사생활 침해 논란까지 불거졌다.

이에 불응할 시 강제적으로 탈퇴를 요청한다는 공지까지 내걸었다. 이용자들은 이에 크게 반발했고, 집단 탈퇴 운동까지 벌이기 시작했다. 결국 싸이월드 측은 해당 방침을 철회했으나 이용자들의 신뢰는 이미 바닥을 치고 있었다.

여기에 2011년 네이트 및 싸이월드 회원 3,500만 명의 개인정보가 유출되는 대형 사고가 발생하면서 그나마 남아있던 대다수의 이용자들도 싸이월드를 떠나게 된다. 이후 싸이월드는 급격히 쇠락의 길로 접어들고 만다.

시대에 발맞추지 못한 인터넷 서비스 기업의 몰락은 그다지 놀라운 일이 아니다.

물론 재기를 모색하고 있다는 소식도 들리지만 쉽지는 않을 것으로 보인다. 싸이월드의 몰락은 변화에 적응하지 못하고 기술적 혁신을 멈춘 기업의 한 단면이며 또한 국내시장에만 안주하다가 외국계 SNS에 자리를 내준 대표적인 사례라고 할 수 있다.

요즈만 펀드의 에를리히 회장은 한국의 스타트업 기업들의 가장 큰 특징은 국내 지향적이라는데 있다고 지적했다.

그는 한국의 스타트업 기업의 기술력은 세계적인 수준임에도 불구하고 국내 시선에만 초점을 둔 근시안적인 안목으로 충분한 성과를 내지 못하고 있다고 했다.

'급히' 보다는 '제대로'

빚 무서운 줄 모르고 문어발식 사업 확장으로 세계 경영을 외치다 산산 조각 난 김우중의 대우그룹이다.

시속 50마일 이하로 속도가 떨어지면 폭발하는 장치가 부착된 버스, 운전수가 총에 맞아 쓰러지자 별 수 없이 운전대를 잡게 된 여주인공과 그녀를 구출하려는 경찰의 액션으로 시종 흥미진진하게 전개됐던 영화 '스피드'는 1994년 개봉되어 큰 인기를 끌었다.

그로부터 5년 후, 설립된 지 32년 만에 국내 2위의 기업집단으로 급성장했던 어느 대기업이 불꽃처럼 사라졌다. 속도를 늦추지 못하고 멈추어야 했기에 몰락했다는 회장의 회한이 긴 여운을 남겼다.

수출을 기반으로 한 성장과 그로부터 창출되는 고용 증대로 정의되는 한국식 개발경제모델을 가장 잘 이해하고 실천한 기업이었기에 파급효과는 매우 컸다. 이 기업은 1967년 자본금 500만 원과 직원 5명으로 충무로의 10평 남짓한 사무실에서 출발했다.

셔츠와 내의류 원단을 수출했는데 1년 만에 대통령 표창을 받을 정도로 급성장하며 5년 만에 100만 달러 수출을 달성한다. 1975년에는 이른바 종합상사 시대를 열며 수출 신화를 써 내려갔다.

1973년 서울역 부근에 대지를 47억 원에 매입하여 빌딩을 짓고 1977년 입주한다. 또한 영진토건과 동양증권을 인수하여 건설업과 금융업에 진출하는 한편, 한국기계공업, 옥포조선, 새한자동차, 대한조선공사 등 부실기업을 연이어 인수하여 단기간에 경영정상화를 이뤄내며 중공업 사업 기반을 구축한다. 정부의 주도로 추진하던 중화학공업 육성정책과 중동 붐에 힘입어 현대, 삼성, LG 등과 함께 국내 최대 기업집단으로 자리매김한다. 설립 후 불과 10여 년 만의 이룬 놀라운 성과였다. 한국 경제 압축 성장기의 한 중심에 있었으며, 신화적인 기업으로 한때 많은 청년들에게 꿈을 주었던 이 회사는 **'대우그룹'**이다. 대우그룹의 성장은 지속됐다. 1980년대 대한전선의 가전사업부, 오리온전기, 대한통신광업 등을 인수해 전자 사업에 진출했고, 경남기업을 인수해 건설업도 강화했다. 1990년대 들어 대우그룹은 **'세계경영'**이라는 기치를 들고 해외시장에 역량을 집중한다. 폴란드, 헝가리, 루마니아, 우즈베키스탄 등 사회주의 국가에서 자동차 공장을 인수하거나 새로 설립했다. 1998년 대우그룹은 41개의 계열사와 396개의 해외법인을 거느리며 76조의 자산과 91조의 매출을 기록, 현대그룹에 이어 재계 2위에 오른다. 같은 해 국내 수출액 1,323억 달러의 14%에 해당하는 186억 달러를 대우그룹이 달성했다. 그러나 대우의 급성장은 IMF와 함께 막을 내린다. 1997년 외환위기가 터지면서 금리가 연 30%까지 상승하자 차입경영에 의존하던 대우그룹은 이자 지급에 큰 부담을 갖는다.

설상가상으로 대기업의 연쇄 부도가 이어지면서 금융권이 대출금 회수를 서두르자 대우그룹은 심각한 경영난에 봉착하게 된다.

김우중 회장이 직접 정부에 무역금융 50억 달러 지원을 요구했으나, 정부는 IMF의 눈치를 보기도 했지만 시급한 것이 구조 개혁이라고 판단 이를 수용하지 않았다. 또한 IMF 사태가 닥친 뒤 5대 재벌이 자금 시장을 독식하자, 이를 막기 위해 회사채 발행을 제한했다. 대우그룹의 주식은 대부분 액면가를 밑돌아 자본시장을 통한 자금 조달도 막힌 상태였다. 여기에 노무라 증권 보고서 파문이 터진다. 노무라 증권 서울사무소의 한 애널리스트가 **'대우그룹에 비상벨이 울리고 있다'**라는 보고서를 발표했다. 대우그룹이 유동성 위기에 몰리고 있고 결국에는 워크아웃에 포함될 것이기 때문에 대우그룹 계열사를 투자 대상에 제외한다는 내용이었다. 대우그룹과 정부가 진화에 나섰지만 대세를 돌릴 수 없었다. 국내외 금융기관들이 채권 회수에 나선 것이다. 결국 부채 60조 원이 금융권 부실로 남으면서 공적 자금 30조 원이 투입됐다. 1999년 대우그룹 전체가 워크아웃에 들어가며 그룹 전체가 해체됐다. 신화 창조의 주역이었던 김우중 회장은 자신이 키운 회사를 떠난다.

창업 초기부터 기업 인수를 통해 늘린 부채가 이미 감당할 수 없는 수준을 넘어섰다는 것을 대우그룹은 간과하고 있었다. 국내외 기업을 막론하고 대우그룹이 기업을 인수하는 방식은 자기자본 20% 정도를 투입하고, 잔여 매수대금은 매수되는 기업의 자산을 담보로 국내외 금융사에서 차입하는 것이었다. 자동차 사업을 위해 인수했던 우즈베키스탄 공장의 경우, 총 투자 금액이 당시 6억 3천만 달러였는데, 그중 자기자본금은 고작 2천만 달러에 불과했다. 1993년 세계경영을 선언하면서 대우그룹은 적극적인 유럽 진출을 모색하는 한편, 부실기업을 인수하여 외형을 확대해 나갔다.

소요자금은 대부분 이러한 방식에 의한 금융차입에 의존했다. 부채를 통해 몸집을 부풀렸던 것이고, 이 위험한 전략이 불러올 비극을 예상하지 못했다. 대우가 주로 진출한 동유럽권 국가는 서유럽권 국가들에 비해 경제적 여건이 뒤떨어져 있기 때문에 사업 초기에 투자비용이 많이 소요되는 반면, 단기간에 이익을 보긴 어려운 구조였다. 대우그룹이 세계경영을 부르짖을수록 회사는 곪아가고 있었다. 1990년대 중반 이후 대우그룹은 자금난에 봉착하게 되면서 현금 확보에 주력하여 무리하게 채권을 발행한다.

그 결과 IMF 당시 5대 그룹의 부채비율이 300% 수준이었지만 대우그룹은 588%에 달했다. 외형은 화려했지만 실상은 부채를 상환하기 위해 새로이 빚을 얻어야 하는 악순환이 반복되고 있었다. 금융권 차입을 위한 분식회계도 서슴지 않았다. 1998년 대우중공업은 실질적으로 697억 원 자본잠식 상태였음에도 자기자본이 2조 8천273억 원에 이르고 당기순이익 947억 원의 흑자가 발생한 것으로 회계보고서를 조작했다. 주식회사 대우 역시 자본잠식 상태였지만 4조의 자본으로 분식됐다. 이런 상황에서 1997년 외환위기를 맞게 된다. 해외채권자들로부터 자금상환 독촉을 받게 되자 대우그룹은 유동성 위기를 겪는다. 1997년 말 11조 원에 달하던 부채가 1998년 말에는 22조 원으로 증가했다. 원화 단기 차입금은 2조 7,700억 원에서 9조 8,500억 원 대로 급증했다. 외환위기라는 국가비상사태에 금융당국이 대출을 더 이상 해주지 않았고, 강력한 구조조정이 필요하다는 사회적 요구가 높았다. 그러나 대우그룹의 해결 방식은 다른 대기업들과는 달랐다. 외환위기가 닥쳤을 때 삼성과 현대는 구조조정을 초과 달성했고, SK와 LG는 90% 이상 달성하며 부채를 줄이는데 주력했다. 그러나 대우그룹은 18.5%에 그쳤다.

오히려 부실기업인 쌍용자동차를 인수하는 등 공격적인 경영을 멈추지 않았다. 위기에 봉착한 대우그룹은 제너럴모터스(GM)와 1998년 2월 자동차 분야에서 전략적 제휴를 추진하기로 합의했다.

대우그룹은 GM으로부터 50억 달러 이상의 외자를 유치하여 위기를 단번에 해소하겠다는 계획을 갖고 있었다. 그러나 GM 근로자들의 장기 파업이 악재로 작용하면서 GM과의 협상은 더 이상 진전되지 않았다. 사실 GM은 다른 속셈을 갖고 있었다. GM은 대우그룹이 처한 상황을 훤히 뚫고 있었다. GM이 1998년 7월 기아자동차 입찰에 참여하겠다고 의사를 밝히면서 GM은 대우그룹과의 MOU를 일방적으로 파기했지만, GM은 기아자동차 입찰에 참여하지도 않았다. 김우중 회장은 GM을 찾아가 경영권도 내놓겠다고 하며 재협상을 제안했지만, 이 역시 거절당한다. 1978년 대우그룹이 새한자동차 지분 50%를 산업은행으로부터 인수하면서 GM과 공조했으나 경영상의 견해 차이가 지속되어 결국 GM이 떠나고 말았고, 이후 1999년 대우가 폴란드의 자동차 회사인 FSO를 인수하면서 GM과 대립하여 마찰을 일으켰다. 대우그룹에 대해 GM은 깊은 앙금을 갖고 있었다.

대우그룹은 이러한 위기를 극복하고자 삼성과의 빅딜을 추진했다. 대우그룹은 1998년 12월 삼성자동차와 대우전자의 빅딜을 전격 발표했다. 삼성그룹 입장에서는 1998년 10월 기아자동차 입찰에 실패하면서 삼성자동차를 정리해야 했고, 정부의 중재가 있었음에도 삼성은 대우그룹과의 빅딜을 거절했다. 대우와의 빅딜로 인해 수조 원의 부채를 떠안는 게 부담으로 작용했다. 더구나 CB를 인수해 대우의 주요주주가 되면 대우사태에 휘말릴 우려가 있다고 판단했다. 대우그룹의 회생 계획이 수포로 돌아가는 순간이었다. 정부와 대우그룹 간의 감정적 갈등도 큰 영향을 미치게 된다. 김우중 회장은 대우그룹의 회생을 경제관료들이 막고 있다고 노골적으로 표현했다. 이에 반해 당시 경제관료들은 대우그룹이 과도한 부채를 줄이려는 구조조정은커녕 500억 달러 흑자론을 통한 무역금융 지원을 요청하는 등 꼼수만 부리고 있다고 주장했다. 구조조정을 통해 부채비율을 낮추려고 하지 않고 무역금융과 외상 수출로 꼼수를 부리려 한다고 생각했다. 경제관료들은 IMF의 권고를 수용하는 구조조정론자들이었고, 김우중 회장은 IMF로부터 속히 벗어나려면 수출만이 유일한 대안이라고 주장했다. 당시 세계 실물경제는 좋은 편이기 때문에 환율이 800원에서 1,600원으로 가면 수출이 늘고 수입은 줄 것으로 예상했다. 이렇게 되면 연간 500억 달러의 흑자가 가능하므로 2년 안에 IMF에서 탈출할 수 있다는 것이 그의 생각이었다. 그러나 경제관료들은 재벌개혁에 대한 확신이 강했다.

그것이 국익을 위해 옳은 일이라고 판단했다. 경제관료들의 대우그룹에 대한 압박은 회사채와 기업어음 발행 한도 제한으로 이어져 대우는 더 이상 금융기관으로부터 차입을 할 수 없게 되었다.

김우중 회장은 1997~1998년에 걸쳐 약 41조 원 상당의 분식회계를 저질러 이를 통해 9조 9천억 원을 은행에서 불법 대출 받은 혐의로 기소되었다. 해외 여러 곳을 전전하던 그는 2005년 6월 귀국했다. 2006년 징역 8년 6월에 벌금 1,000만 원, 추징금 17조 9,253억 원을 선고받아 복역 중 2008년 특별사면을 받았다. 이후 해외에서 재기를 모색하다가 2018년 건강이 악화되어 알츠하이머로 투병하던 중 2019년 2월 9일 사망했다. **그는 세계는 넓고 할 일은 많다고 열정과 비전을 제시하던 기업가였지만 브레이크를 밟지 않고 무작정 달렸기 때문에 오히려 멈출 수밖에 없었던 기업가이기도 했다.**

핀테크 기업의 모럴 해저드

와이어카드 사태를 예방할 수 있었음에도 와이어카드의 입장을 옹호한 금융당국의 태도는 많은 비난을 받게 된 빌미가 되었다.

와이어카드는 1999년에 세워진 핀테크 기업이다. 창업 초기 어려움을 겪고 있던 중, 2002년 KPMG 컨설턴트 출신인 오스트리아 국적의 마르쿠스 브라운(Marcus Braun)이 인수했다.

브라운은 빈대학교에서 컴퓨터를 전공했고 경제학 박사학위도 받았다. 브라운은 유럽의 디지털금융 붐을 타고 회사를 눈부시게 성장시킨다. 상장기업이지만 거의 폐업 상태에 있던 콜센터회사 'InfoGene'를 2005년 인수해 우회 상장했다. 2006년엔 은행 XCOM을 사들여 신용카드 발급 권한을 얻었다. 이를 발판으로 독일뿐만 아니라 중동, 동남아시아 등 전 세계에 전자결제 서비스를 제공하는 핀테크 업체로 성장했다.

유럽은 핀테크 분야에서 미국 등에 비해 뒤떨어져 있다.

그러나 핀테크의 아이콘으로 등장한 그의 존재감은 유럽인들에게는 자랑이었다.

세계적 기업인 페덱스와 이케아 등과의 제휴에 성공했으며, 공격적인 M&A로 외형을 키워나갔다. 2007년에 싱가포르 지사를 설립해 아시아 금융 시장에 뛰어들었고 2017년에는 미국 씨티은행의 선불카드 사업을 인수해 미국 시장 공략에 나섰다.

와이어카드가 발표한 재무제표상의 매출액은 브라운이 인수한 2004년부터 2018년까지 50배 증가했다. 은행도 자회사로 두었으며, 2018년 기업가치는 270억 달러가 됐고 당당히 프랑크푸르트거래소 30대기업(DAX30) 반열에 올랐다.

핀테크 기업임에도 2019년 독일의 최대 은행인 도이치뱅크의 시가총액을 넘어섰다. 일본의 소프트뱅크와 2019년 전략적 제휴를 맺기도 했다. 2018년 말 기준으로 총자산 58.5억 유로, 매출액 20억 유로, 순이익 3.5억 유로의 실적을 올렸다. 이렇듯 회사가 급성장하는 동안에 와이어카드의 재무 상태에 대한 의혹들이 지속적으로 대두되었다.

그리고 2019년 1월 내부고발을 인용해 파이낸셜타임스(FT)가 가공거래와 매출 부풀리기 의혹에 관한 기사를 내보냈다. 결국 투자자들의 압력으로 와이어카드는 2019년 10월 특별감사를 받기 시작한다. 그리고 2020년 6월, 2019년 회계장부에 기록된 19억 유로의 실체를 찾을 수 없다는 발표가 나왔다. 그제서야 와이어카드는 회계 부정을 인정하고, 곧이어 지급불능과 부채를 감당하지 못한다며 파산절차에 들어갔다.

와이어카드 사태는 내부통제, 회계법인의 외부 감시, 금융당국의 관리 감독이 총체적으로 난맥상을 보여 발생한 끔찍한 사건이다.

독일 기업은 현행법에 따라 사내에 감독위원회와 경영위원회를 동시에 두어야 한다. 감독위원회는 회사 경영 전반을 감시할 책임이 있다. 그러나 와이어카드의 감독위원회는 경영진에 대한 감사 요청을 받고도 이를 소홀히 했다.

영국계 헤지펀드 TCI의 크리스 혼 대표가 와이어카드의 감독위원회에 브라운을 해임할 것을 요청했으나 한동안 받아들여지지 않았다. 내부적으로 경영진의 일탈행위를 견제할 시스템이 작동하지 않은 것이다.

브라운은 고객 및 투자자 유치를 위해 19억 유로를 회계장부에 거짓 기재하고도 수년간 버텼다. KPMG 특별감사에서 회계상 문제점이 없다고 와이어카드가 2020년 3월 13일 발표할 때만 해도 의혹이 해소되는 듯이 보였다. 그러나 싱가포르와 필리핀에 있는 은행에 10억 유로를 보관하고 있다고 한 와이어카드의 주장은 곧 거짓으로 들통났다. KPMG가 10억 유로의 현금 잔고를 증명할 서류를 해당 은행으로부터 받지 못했다고 밝히면서 모든 것이 드러나고 만 것이다. 이후 회계법인인 어니스트앤영(EY)이 감사 결과 와이어카드가 보유 중이라고 기록한 19억 유로의 행방을 확인할 수 없다고 발표하면서 분식회계 규모는 불어났다.

와이어카드는 2017년도 기준 33,000개의 대기업과 중견기업, 17만 개의 소기업을 고객으로 하여 서비스를 제공하고 있다고 발표했다.

FT에 의하면 와이어카드는 2017년 상반기 107,000개의 고객 명단을 제출했는데, 그중 절반은 고객사 100곳을 중복해 기재한 것으로 나타났다. 또한 고객의 대부분은 소액 결제자였다. FT는 브라질에서 67,000개의 고객에 의한 거래액이 900만 유로, 또 다른

30,000개의 고객에 의한 거래액이 170만 유로로 과다 계상되었는데 실제 매출은 0이었다고 보도했다. 나머지 고객들은 포르노 사이트를 이용하는 고객들이었다.

회사의 주요 사업으로부터의 매출액과 거래량의 각각 절반, 약 2/3를 차지하는 것으로 알려진 유럽 내 결제 처리와 유럽과 북미 지역의 신용카드 발급 실적도 부풀려진 것으로 밝혀졌다. KPMG의 감사 결과 코메르츠방크 시총을 제쳤던 2018년 이들 핵심 사업에서 7,400만 유로의 영업손실을 낸 것으로 밝혀졌다.

민간 중심의 자율적 재무회계 감사기구인 FREP(재무보고 집행패널)가 제 역할을 다 하지 못했다는 점도 와이어카드 사태의 한 원인으로 지목됐다. FREP는 2001년 미국 에너지 기업인 엔론의 분식회계 사건을 계기로 탄생한 민간 회계감독 조직이었다.

독일의 경우 FREP가 일차적으로 회계 감독을 한 뒤, 문제가 발생한 경우에만 금융감독청이 조사에 착수하는 이원적 감독 시스템으로 운영되고 있다. 와이어카드가 파산하기까지 FREP는 자신의 역할을 다 하지 못했다. 와이어카드를 감사하는 회계법인에 대한 감독을 등한히 한 것이다.

와이어카드의 회계법인인 EY는 회사 계좌에 돈이 없다는 사실조차 몰랐던 것으로 알려졌다. FT는 EY가 과거 수년간 회사 계좌에 돈이 존재하지 않는다는 사실을 직접 확인하지 않았다고 보도했다. EY의 회계 감사 과정에서 와이어카드 측이 제공한 위조된 캡처 자료에만 의존한 결과였다.

EY는 와이어카드에 기만당했다고 주장하지만, 실상 제대로 회계 감사가 이루어지지 않았음을 보여주는 단편적인 증거인 것이다.

FT에 따르면 EY는 2008년에도 와이어카드의 재무제표에 위조 정황이 있다는 제보를 받고 특별감사에 착수했지만 특별히 밝혀진 것이 없었던 것으로 파악됐다. 2015년도에도 회계상 문제와 부실 감사 의혹을 받았지만 와이어카드는 이를 부인하며 법적 대응에 나서기도 했다.

와이어카드에 대한 비리 의혹은 2008년부터 있었다. 소액주주협회인 SdK가 와이어카드의 회계 부정을 고발했지만 오히려 허위사실 유포 혐의로 조사를 받았다.

2015년도에도 언론보도를 통해 회계부정 의혹이 불거졌지만 역시 묵살됐다.

2019년 파이낸셜타임스 보도 당시에도 독일 연방 금융감독청(BaFin)은 와이어카드의 말만 믿었다. 언론보도를 주가 조작 시도로 보고 오히려 언론사를 조사하는가 하면, 와이어카드 공매도 금지를 조치하는 등 감독기관으로서의 역할을 등한시했다.

독일 연방 금융감독청은 와이어카드가 연방 금융감독청의 감독대상이 아니라는 주장으로 책임을 회피하려고 했다. 와이어카드 은행(Wirecard Bank)이 해당 관청의 감독 대상일 뿐 금융회사가 아니라 기술회사로 분류되므로 자신의 관할이 아니라는 주장이었다.

이는 연방 금융감독청이 스스로 감독기구로서의 허점을 드러낸 자충수였고, 결국 연방 금융감독청장인 Felix Hufeld는 와이어카드 감독에 있어 과오가 있었음을 인정하기에 이르렀다.

2019년 초 파이낸셜타임스가 와이어카드 회계 조작 내부 고발자 기사를 보도하자 Bafin은 와이어카드 조사를 FREP에 요청했다. 그러나 조사관 한 명만 담당해 결론을 내지 못한 채 시간만 끌었다. 와이어카드에 대한 각종 제보가 쏟아져 들어옴에도 불구하고 Bafin이 15개월이나 FREP의 보고를 기다리고 있었다는 것 자체가 잘못됐다는 지적이다. 2020년 4월에 이르러서야 KPMG가 와이어카드 사업의 상당 부분과 아시아 계좌를 점검하면서 조사 보고서가 나왔다.

2019년 9월 초 메르켈 독일 총리는 중국을 방문하면서 와이어카드를 적극 홍보했다. 그로부터 2달 후 와이어카드는 중국기업 'All Score Payment Services'를 인수했다. 이 시점은 이미 Bafin이 와이어카드를 6개월째 자체 조사를 진행하고 있는 시점이어서 많은 의혹을 샀다.

또한 전직 기술경제부 장관이자 국방부 장관이었던 구텐베르크가 와이어카드의 아시아 시장 진출을 위한 자문 역할을 수행했으며, 중국 측과의 거래를 성사시키기 위해 독일 연방 정부에 로비를 했다는 사실이 밝혀지면서 연방정부가 와이어카드에 특혜를 주고 있다는 의혹이 꾸준히 제기되었다.

이는 와이어카드 사태를 일찍 예방할 수 있었음에도 의도적으로 와이어카드의 입장을 옹호해 온 금융당국의 태도와 맞물려 많은 비난을 받게 된 빌미가 되었다.

와이어카드 사태는 독일 금융 규제 문제와 더불어 증권업계의 기업 분석 능력에 대한 의구심도 제기했다.

독일 언론인 베른트 치제머는 FT에 기고한 글에서 전문 투자자들은 꾸준히 제기된 의혹을 심각하게 생각하지 않은 채 와이어카드의 주가 흐름에 올라타는 데 바빴고, 소액 투자자들은 이 회사를 옹호하는 데 바빴다고 말했다.

그는 이번 사건이 프랑크푸르트 증권가에 왜 이 문제를 제대로 보지 못했느냐는 물음을 제기한다고 덧붙였다.

와이어카드 사태는 남의 일이 아니다.

한국의 경우, 금융당국은 비판을 들어가면서도 핀테크 산업을 육성하는 정책을 유지하고 있다.

최근 발표된 디지털 종합 혁신방안을 통해 부분적으로 규제에 나선 듯 하나, 빅테크와 핀테크는 기존 금융사들이 적용받는 규제를 우회할 수 있는 수단이 여전히 존재한다는 점을 간과 해서는 안 된다.

알리페이나 애플페이 등 글로벌기업들이 국내 진출을 엿보고 있고, 언택트 열풍으로 카카오페이와 네이버페이 등 국내 빅테크 기업의 서비스도 자리 잡고 있는 상황이다. 이용자는 많지만 그에 비해 규제는 적용받지 않기 때문에 사고 발생 가능성은 늘 열려있다.

핀테크 업계 최악의 부정 스캔들을 낳은 와이어카드 사태는 시작에 불과할지도 모른다는 전망을 하는 우려도 상존하고 있다.

전자상거래 확산 속에 필수 요소로 자리 잡은 온라인 결제 플랫폼은 모든 **'돈의 흐름'**을 책임지는 핵심 영역이다. 기간산업이나 다름없는 사업을 전개하던 와이어카드의 몰락은 편리함에 정확성을 더했다는 핀테크의 장점이 단번에 무너진 대표적인 사례로 남고 있다.

시스템에 대한 안전성 확보뿐만 아니라 핀테크 기업에 대한 철저한 감독이 필요한 시점이다.

독약의 군주

몬산토는 GM 표시제를 갖은 방법을 동원해 철저히 가로막으면서 소비자의 알 권리를 무시한 오만과 독선으로 위기를 자초했다.

종자 개발을 주도하는 대표적 기업인 '몬산토'는 1901년에 약제사였던 존 퀴니가 미국 미주리주의 세인트루이스에 설립한 회사로 원래 화학기업으로 출발했다.

최초의 인공감미료라고 불리는 사카린을 생산하여 코카콜라에 납품한 것을 발판으로, 1902년에는 카페인과 바닐린을 출시했고, 1917년부터는 아스피린 제조에도 뛰어들었다.

1950년대에 이르러서는 유럽에도 진출하여 다국적 종합화학 제조기업으로 성장했다. 1966년에는 세계 최초의 인조 잔디인 애스트로 터프를 개발하여 당시로서는 최첨단 시설이던 애스트로돔에 설치하기도 했다.

몬산토는 베트남 전쟁 때 화학무기인 에이전트 오렌지를 미군에 공급했던 기술에 기반을 둔 화학산업으로 농업에 뛰어든다.

1982년 몬산토 연구원들은 세계 최초로 식물 세포의 유전자 변형에 성공하였고 이로부터 5년 후에는 유전자 변형 작물에 대한 필드 테스트를 실시했다. 1997년 2월엔 주력 업종인 화학 부문을 매각하고 생명과학에 근거한 비생물 의약 부문 사업을 추진하는 한편, 월등한 기술력을 기반으로 제초제와 종자 개발을 주도해 왔다.

2003년 휴 그랜트(Hugh Grant)가 CEO로 취임한 이후 생명공학 부문에 대한 투자가 본격화되었다. 옥수수, 콩, 면화 등 3대 GMO(유전자변형식물) 상품에 R&D를 집중한 결과, 3대 품목 매출이 전체 매출의 50% 이상을 차지하게 되는데, 생명공학과 농업생산 확대에 관심이 큰 미국 정부의 강력한 지원도 일조했다. GMO에 비교적 관대한 브라질에 진출, 브라질 GMO 콩 재배면적은 485.1억 평방미터로 미국에 이어 세계 2위로 부상했다.

몬산토는 완벽하게 농업-생명공학 회사로 전환하였고, 세계 각지에 자신들이 개발한 종자와 제초제를 수출하고 있다. 미국에서 생산되는 콩의 97%가 몬산토의 종자일 정도로 시장지배력이 크다.

2008년에는**〈비즈니스위크〉**지가 선정하는 세계에서 가장 영향력 있는 10개 기업에 들기도 했다. 그러나 2010년대 중반부터 몬산토는 환율 급변과 주요 곡물가격 침체로 인해 실적이 악화되면서 어려움을 겪게 된다.

특히 주요 판매시장인 아르헨티나 통화가치가 급락하면서 큰 타격을 입게 된다. 12년 만에 정권교체를 이뤄낸 마우리시오 마크리 아르헨티나 대통령이 취임 후 외환규제 철폐를 단행한 결과, 아르헨티나 페소 가치는 외환규제 철폐 전보다 40%가량 급락했다.

이는 직접적으로 몬산토의 수익을 떨어뜨리는 결과를 가져왔다. 주요 곡물 가격이 떨어진 것도 타격이 컸다. 몬산토는 2015년 9월~11월 실적에서 수익 중 가장 큰 부분을 차지하는 옥수수 매출이 전년 동기 대비 20%나 감소한 7억 4,500만 달러를 기록했다.

몬산토의 또 다른 주요 사업인 농자재 판매 분야도 타격을 입었다. 곡물 가격 하락으로 수익이 악화된 농가들이 투자를 줄여 농업용 종자·농약 등 농자재 판매 실적이 크게 악화됐기 때문이다.

환율로 인해 피해를 볼 위험이 더욱 커지고 있으며, 곡물 가격도 낮아 몬산토가 직면한 어려운 환경은 당분간 지속될 것이라는 전망이 이어졌다.

그랜트 대표는 2016년 직원 1,000명을 감원했다. 2015년 10월 감축 대상으로 발표한 2,600명을 포함하면 전체 감원 규모는 몬산토 전체 인력의 16%에 달했다.

2016년 5월 23일 독일의 바이엘사가 어려움에 봉착한 몬산토에 대한 인수를 제안했으며 주당 $128를 주는 것으로 양사의 합의가 이루어져 2016년 9월 14일, 부채를 포함해 660억 달러에 바이엘사에게 인수되었다.

2018년 6월 7일 바이엘이 몬산토의 인수 절차를 마무리했다고 발표했다.

바이엘은 몬산토의 기업 이름을 쓰지 않을 방침이고, 몬산토의 상품들은 모두 바이엘에 편입될 예정으로 몬산토는 역사 속으로 사라진 기업이 되었다. 몬산토의 몰락은 유전자 변형 농산물에 비판적인 소비자들의 정서를 심각하게 받아들이지 못해 시작된다.

GM 표시제를 갖은 방법을 동원해 철저히 가로막으면서 소비자의 알 권리를 무시한 오만과 독선으로 위기를 자초했다. 미국 내 여러 여론조사에서는 응답자들의 90% 이상이 GM 표시제의 전국적인 시행을 지지했지만, 몬산토는 정부의 비호아래 과학자들을 앞세워 GM 표시제를 철저히 봉쇄하려고 했던 것이다.

미국에서 GM 표시제를 통과시킨 주는 버니 샌더스 상원의원이 주도한 버몬트 주 뿐이었다. 그 외의 주에서 관련 법률을 제정하려는 시도는 몬산토가 지원하는 로비 단체들의 집요한 활약 때문에 실패했다.

몬산토는 GMO 표시제를 도입한 버몬트 주에 대해 GMO 표시제로 인해 차별을 받는다는 이유로 소송을 제기했다. 결국 GMO 표시제 도입은 시민과 몬산토의 싸움으로 번진다. 몬산토 독선에 소비자와 환경단체들이 나서게 된다.

그들은 **'몬산토 반대 행진(March Against Monsanto)'**이라는 시위를 범세계적으로 추진했다. 2013년 5월 25일 시작된 이 항의 시위는 몬산토의 GM 종자, 그리고 암의 유발과 연관성이 있는 것으로 연구 결과가 나온 제초제 글리포세이트를 둘러싼 위험에 대한 인식을 제고하기 위한 것이었다.

GM 표시제 시행과 GM 식품을 대체할 수 있는 non-GM 식품에 대한 요구가 증가하고 버몬트를 비롯한 일부 주 정부들이 GM 의무 표시제 법률을 제정하려는 노력과 맞물려 이들의 시위는 사회적으로 큰 주목을 끌었다.

세계보건기구(WHO) 산하 국제암연구소(IARC)가 발표한 보고서에는 몬산토가 판매하는 베스트셀러 제초제 **'라운드업(Roundup)'**이 암을 일으킬 수 있는 가능성이 많은 물질로 규정했다. 몬산토의 대표적 상품인 라운드업은 1974년에 처음 출시된 제초제이다. 글리포세이트(glyphosate)라는 화학물질이 라운드업의 주 성분인데, 오늘날 미국뿐 아니라 전 세계적으로 가장 많이 쓰이고 있는 제초제 성분이다. 글리포세이트는 아미노산을 이용해 만든 물질로 인체에 독성이 없는 것으로 알려져 왔고, 이를 뒷받침하는 연구 보고서들도 많이 나왔다. 이에 기반해 미국 환경보호청(EPA)은 법적 안전기준에 따라 사용하면 글리포세이트는 인체에 안전하다는 결론을 내렸던 것이다.

그러나 글리포세이트의 안전성에 대한 우려는 계속 제기되었다. 미국, 남미, 인도 등 대단위 농경지에서 글리포세이트 제초제 살포로 인해 발생한 피부, 호흡기, 갑상선 질환 등 각종 질병과 부작용에 대한 보고가 이어졌고, 글리포세이트 잔류물이 사람의 혈액이나 소변에서 검출되었다는 보고가 나오면서 인체에 미치는 장기적 영향에 대한 우려의 목소리도 높아졌다.

주력상품이 발암물질로 등록되자 몬산토는 서둘러 진화에 나섰다. 시판 중인 글리포세이트 제초제는 인체의 건강을 보호하기 위한 보건당국의 엄격한 기준과 규제를 충족하고 있고, 국제암연구소의 발표는 신뢰할 만한 과학적 근거에 기반하지 않았다고 반박했다.

글리포세이트가 안전하다는 국제적인 기관들의 연구 결과를 제시하면서 국제암연구소의 글리포세이트에 대한 평가는 하나의 의견일 뿐이라고 폄하했다.

몬산토의 주장을 뒷받침하듯, 미국의 환경보호청을 비롯한 여러 나라의 규제기관은 글리포세이트가 암을 유발하지 않는다는 기존의 연구 결과를 재확인하는 보고서들을 냈다. 유럽연합의 식품안전청(EFSA)도 자체 보고서를 통해 글리포세이트를 발암물질로 분류할 수 없다고 발표했다.

하지만 환경단체 등은 유럽연합 식품안정청 보고서의 많은 부분이 글리포세이트 제초제 생산업체들이 의뢰해 이뤄진 연구 결과이며, 연구에 참여한 과학자들이 업체의 후원을 받았다고 폭로했다. 국제암연구소의 발표 이후 몇 개월 만에 72개 국가에서 600여 명의 과학자들이 글리포세이트 성분 제초제를 금지하라는 선언에 서명을 하기도 했다.

이후 세계 38개국 428개 도시에서 동시에 '몬산토 반대 행진'이 열리면서 몬산토는 궁지에 몰린다. 국제 곡물가격 하락과 몬산토 반대 여론이 맞물려 몬산토의 주가는 하락한다. 몬산토는 돌파구를 마련해 보려고 **'신젠타'** 인수에 나섰지만 중국의 **'중국화공집단공사(캠차이나)'**에게 빼앗기고 말았다.

소두증의 원인이 지카바이러스가 아니라 몬산토가 팔고 있는 살충제 때문이라는 아르헨티나 의사협회의 주장으로 몬산토의 입지는 더욱 위축됐다. 글리포세이트의 유해성에 대해 의견이 분분한 가운데 미국에서는 몬산토를 상대로 소송이 줄을 이었다.

라운드업에 대한 소송들은 미국 전역에서 벌어지고 있는데, 몬산토 소송을 모니터하고 있는 비영리단체 **'미국의 알 권리 (U.S Right to Know)'**에 의하면 현재 약 300건 이상의 소송이 연방법원에서 진행 중인 것으로 알려졌다.

연방법원뿐 아니라 애리조나, 델라웨어, 콜로라도, 네브래스카, 미주리 등 다른 여러 지역의 주 법원에서도 많은 사람들이 소송에 참여하고 있다.

소송을 제기한 원고들은 글리포세이트 자체도 위험하지만 그보다 더 독성이 강한 것이 글리포세이트에 각종 화학첨가물을 넣어 만든 라운드업인데, 몬산토가 이를 알면서도 숨겼다고 주장한다.

바이엘은 2018년 6월 몬산토 인수 완료 이후 작물과학 사업을 주 성장동력으로 삼아왔다. 인수 직후 바이엘의 작물과학 사업분야

매출은 증가한 것으로 조사됐지만 거액의 투자에 상응하는 경제적인 효과는 얻지 못하고 있다.

몬산토는 각종 소송에 시달려야 했다. 이는 몬산토를 매각한 이유이기도 했고, 그 여파는 고스란히 바이엘에게로 넘어갔다. 바이엘이 몬산토 제초제의 안전성과 관련하여 해결해야 할 소송은 12만여 건에 이르는 것으로 알려졌다. 이들 소송의 합의를 도출하는 데만 110억 달러(12조 원)가량을 지출해야 할 전망이다.

몬산토의 영향은 여전히 현재진행형이다.

몬산토는 **'독약의 군주'**라는 반발에 직면할 때마다 친환경성을 내세우며 변신을 꾀했지만, 공업원료를 기반으로 하는 개발 시스템은 근본적으로 달라지지 않았다.

또한 새로운 제품 개발과 시도는 생태계에 미치는 영향을 고려하지 않았다. 때문에 그로 인한 파급효과가 건강에 어떤 폐해를 끼칠지 예측할 수 없다.

먹이사슬을 따라 독성이 농축되어 다음 세대에서 더욱 큰 위험을 낳는다면 재앙이 아닐 수 없다.

오프라인 음반시장의 몰락

타워레코드의 몰락은 전통적인 오프라인 음반시장의 완전 붕괴가 현실로 다가왔다는 것을 의미한다.

'All Things Must Pass: The Rise and Fall of Tower Records'는 2015년에 상영된 다큐멘터리 영화로 콜린 행크스(Colin Hanks)가 감독했다.

이 영화는 뉴욕시의 이스트 4번가와 브로드웨이에 위치한 **'세계에서 가장 큰 음반 매장'**을 운영하던 타워 레코드의 흥망과 몰락을 조명하고 21세기 음반 산업의 중요한 격변에 대한 통찰력을 제공한다. New York Times는 **"음반 산업이 디지털 다운로드로 급작스럽게 전환하면서 잃어버린 1:1 사회적 차원을 새롭게 감사하게 만든다"**고 평했다. 1990년대 중반 강남역에서 젊은이들에게 만남의 장소로 가장 많이 뽑힌 곳, 그리고 마이클 잭슨 팬 사인회가 열렸던 곳이 타워레코드였다. 지금은 의류 매장으로 바뀌었지만 오픈할 당시 타워레코드는 젊은이들에게 적지 않은 문화적 충격을 주었다. 상상할 수 없을 정도로 방대한 규모, 다양하게 갖춘 음반, 이전의 레코드 가게에서는 볼 수 없었던 각종 액세서리류 등으로 타워레코드는 곧 명소로 부상했다.

1925년 새크라멘토에서 태어난 러스 솔로몬(Russ Solomon)은 16살 때 타워극장 내에서 약국을 운영하던 그의 아버지를 설득하여 약국의 한 귀퉁이에 'Tower Record Mart'라는 가게를 차리고 레코드를 판매하기 시작했다. 1952년 솔로몬은 그의 아버지로부터 레코드 가게 명의를 이전받아 확장하려고 했지만 자금 조달의 어려움을 겪게 되자 폐업하고 만다. 몇 차례 음반 소매업에 실패한 솔로몬은 1960년, 아버지로부터 5,000달러를 빌려 새크라멘토에서 첫 번째 'Tower Records' 매장을 열었다. 노란색과 빨간색으로 만들어진 회사의 로고를 이때부터 사용하며 어린 시절 시도했던 'Tower Record Mart'를 35살의 나이에 새로이 시작하게 된다. 그때까지만 해도 음반은 백화점이나 기타 소매점에서 주로 판매했다. 대부분의 상점에서 레코드는 고객들이 자주 찾는 아이템이 아니었기 때문에 매장에서 가장 잘 안 보이는 구석에 자리 잡고 있었다. 그러나 솔로몬의 음반 전문점은 소문을 타면서 점차 활로를 찾아갔다.

타워레코드가 실제로 이름을 날리기 시작한 것은 1968년부터이다. 솔로몬이 어느 날 아침 샌프란시스코의 피셔먼스 와프(Fishermen's Wharf)에서 보아둔 빈 가게 터를 얻어 새크라멘토 밖으로 처음 진출했는데 당시 활발해진 샌프란시스코 음악계의 움직임과 맞물렸던 것이다. 2년 후 웨스트 할리우드의 선셋 스트립(Sunset Strip)에 연 타워레코드는 'No Music, No Life'란 슬로건을 앞세워 전 세계적으로 가장 유명한 레코드 가게가 됐고 이어 도쿄부터 텔아비브까지 곳곳에 타워레코드 매장이 세워졌다. 레코드뿐만 아니라 책, 비디오까지 취급하게 된 타워레코드 매장은 미국에서만 20개 주에 89개의 매장을 열었고, 전 세계 각국에 오픈한 지점수가 200여 개에 달했다. 한국에서도 강남역, 대구점, 명동점 등 3개의 매장을 열었다. 1990년대 초에 포브스는 타워의 가치를 3억 2,500만 달러로 평가했다. 1990년대 중반에 연간 매출은 10억 달러에 달하며 독보적인 입지를 구축했다. 1990년대 중반 무렵부터 음악계에는 서서히 변화가 태동하고 있었다. **'보더스(Borders)'** 같은 서점 체인들이 음반 사업에 진출하기 시작했다. 점차로 나이 들어가는 베이비붐 세대를 겨냥하여 그들이 편안하게 음악을 들어보고 음반을 구입할 수 있는 매장 환경을 제공하는 등 차별화를 시도했다.

그뿐만 아니라 **'베스트 바이(Best Buy)'** **'월마트(Walmart)'** 같은 대형 상점들이 CD를 취급하기 시작한 것이다. CD가 LP를 대체하면서 음향의 질이 높아졌고, 판매단가가 높아 매출 증대에 기여한다고 판단했기 때문이다. 소비자들은 카세트테이프나 LP를 값을 지불하더라고 대체하려는 경향이 있었다. 또한 CD는 LP에 비해 사이즈가 작아 매장 내에서 차지하는 공간이 적어 취급하기가 용이하다는 이점이 있었다. 때문에 대형 상점들에게 CD는 매우 매력적인 아이템이었다. 이들 대형 상점들은 손님을 끌기 위해 미끼 상품으로 타워레코드 같은 전문점보다 훨씬 싼 가격으로 판매했다. 타워레코드에서는 18.99달러에 판매되는 CD가 월마트에서는 13.99달러로 판매됐다. 타워레코드는 가격 경쟁력에서 이들 대형 상점들과 경쟁할 수 있는 상대가 될 수 없었다. 타워레코드 등 음반 전문점은 엄청난 타격을 입게 되는데 미국 음반 판매업자 협회의 마이크 드리즈 이사는 당시 상황을 **"조그만 물에서 혼자 놀고 있다 갑자기 800파운드**

짜리 고릴라가 뛰어든 격"이라고 표현했다. 이는 바로 영업실적 악화로 이어졌는데 타워레코드는 1994년에 1,730만 달러로 최고의 이익을 기록했지만 이후 3년 연속 이익이 하락하여 1997년에는 350만 달러로 떨어졌다. 위협은 그것이 끝이 아니었다. 타워레코드의 사업 기반을 뒤흔들 커다란 위협이 다가오고 있었다. 인터넷을 통한 온라인 판매였다. 온라인 서점 아마존닷컴이 CD를 판매하기 시작했다. 타워 레코드의 비즈니스에 엄청난 타격을 준 것이 바로 CD가 온라인에서 판매된다는 것이었다. 다양한 음반을 갖추고 있어 잘 알려지지 않은 CD를 사려고 하는 사람들이 갈 곳은 타워레코드뿐이었는데 이제 사정이 달라진 것이다. 더구나 1999년에는 노스이스턴 대학의 학생이던 숀 페닝(Shawn Fanning)이 무료로 음악을 다운로드하게 했던 웹사이트 **'냅스터(Napster)'**를 선보였다. 대부분의 사람들은 CD에 수록된 곡 중 일부를 듣고 싶어 하지만, 그 곡을 들으려면 여러 곡이 수록된 CD 앨범을 비싼 가격으로 사야만 했다. 이는 음반 유통산업의 일반적인 특징이었고 이를 통해 수익을 창출할 수 있었다. 그러나 사람들은 이제 자신이 듣고 싶어 하는 싱글곡을 비록 불법이라 할지라도 다운받을 수 있다면 기꺼이 받아들이고 있었다. 애플사의 아이튠즈(iTunes)와 같은 온라인 음악관련 숍을 통해 사람들은 자신들이 좋아하는 곡을 99센트만 지불하면 구입할 수 있게 되었다. 굳이 좋아하는 곡 하나를 얻으려고 앨범을 살 필요가 없게 된 것이다. 아이튠즈의 등장은 타워레코드에게는 치명타였고 온라인에서 불법으로 행해지는 불법적인 다운로드 사업자에게도 치명타였다. 결국 냅스터도 아이튠즈의 등장으로 중단하고 만다.

1999년에 타워레코드는 880만 달러의 첫 손실을 기록했다. 적자를 만회하려고 22개의 비디오 렌트 매장을 닫았지만 적자는

2000년에는 1,010만 달러, 그다음 해에는 9,030만 달러로 늘어갔다. 서점 대부분을 포함한 17개 매장을 닫으면서 4,600만 달러를 장부에서 삭제했지만 적자를 감당할 수 없는 상황에 이른다. 결국 2001년부터 파산 가능성을 저울질하던 타워레코드는 2004년 8월 델라웨어주 연방파산법원에 파산 신청을 냈다. 그리고 10월 법원이 타워레코드를 기업 청산회사인 그레이트 아메리칸 그룹에 매각하는 것을 승인함으로써 마침내 실질적인 청산 절차를 밟게 되었다.

타워레코드의 시대가 저문 데 지대한 영향을 준 건 음원 스트리밍 시대로의 변화보다는 온라인 쇼핑에 적응하지 못한 탓이 크다. 타워레코드 역시 아마존닷컴과 같은 인터넷 쇼핑몰이 등장하여 음반을 취급하면서부터 수지 구조가 점차 악화됐다. 여기에다 음악 소비가 mp3 다운로드 등 디지털 형식으로 전환되자 앨범 판매량이 줄면서 매출도 줄기 시작하고 적자가 누적, 부채를 감당하지 못하고 파산에 이르게 된 것이다. 이러한 문제점을 단편적으로 먼저 보여준 곳이 한국이라는 사실도 흥미롭다. 타워레코드가 처음 실패를 경험한 곳이 바로 한국이었기 때문이다. 강남역 부근에 자리해 한때 젊은이들 사이에서 만남의 장소로 인기를 끌었던 타워레코드가 수지 악화로 문을 닫은 것이 2000년. 이미 인터넷 관련하여 선진국 보다 앞서가던 국내에서 소비자들이 오프라인 매장보다는 온라인으로 돌아섬으로 인해 타워레코드 역시 어려움을 벗어날 수 없었던 것이다. 당시 세계 곳곳에서 성공 가도를 달리며 매장을 확장해 나가던 타워레코드는 처음으로 쓴잔을 들이켜며 한국에서 철수했다.

인터넷 때문에 상처받기 시작하면서도 타워레코드의 창립자인 러스 솔로몬은 웹은 결코 매장을 대신할 수 없을 것이라고 코웃음 쳤고, 2004년 파산으로 부채를 크게 줄일 수 있는데도 발 빠르게 디지털 다운로드 음악시장으로 진출해 새로이 출발할 기회를 잡지 못했다. 전국적으로 소매업종에 자문하는 조지 웨일린은 **"지난 30년간 타워레코드를 지켜본 사람은 이 회사처럼 변화하지 않은 기업도 없음을 안다"**고 말했다. 타워레코드의 몰락은 전통적인 오프라인 음반시장의 완전 붕괴가 현실로 다가왔다는 것을 의미한다. 그동안 대형 할인점과 인터넷 쇼핑몰의 시장 장악력이 커지면서 타워레코드 같은 전통적인 음반 전문점들은 점차 설 자리를 잃어왔던 게 사실이다. 더욱이 디지털 음원시장이 커짐과 반비례해 음반시장 자체가 축소 일로에 있었던 것을 감안하면 타워레코드의 몰락은 어느 정도는 예정됐던 것이라고 할 수 있다. 미국 음반 산업 협회는 CD의 판매량 감소가 단지 불법다운로드 때문이라고 주장했는데 한편 생각해 보면 이는 잘못된 판단이다. 새로운 포맷의 등장과 함께 각 제품이 대체되는 상황에서 불법다운로드가 등장한 것뿐이다. 불법다운로드와 CD 판매량의 감소는 상관성이 있었지만 인과성은 없었다. 만약 타워레코드가 불법다운로드 근절에 집중하는 대신 제품 교체주기임을 인지하고 그 음원을 디지털화하여 애플보다 먼저 아이튠즈를 만들었다면 상황은 바뀌지 않았을까. 타워레코드의 몰락이 **'오프라인 vs 온라인'** 대결에서 패배한 결과였다며 우리가 잃어버린 것은 단지 음악 매장이 아니라 음악의 다양성과 살아있는 교류였다. 그럼에도 시대적 흐름은 다양성보다는 단순성과 편의성을 선택했다. 타워레코드는 이러한 시대적 흐름을 간과하고 과거의 성공에 파묻혀 변화를 거부했다. 이미 타워레코드의 경쟁업체들을 여럿 집어삼킨 인터넷과 대형 할인점이라는 막강한 힘도 견디지 못했지만, 세상 모든 곳의 음반 가게들의 수익구조가 악화되고 있음에도 불구하고 과거의 방식대로 새 매장 여는 데만 매달리다가 실패를 자초하고 말았다.

English Patient

로버는 고급차 대신 대중차 시장을 겨냥했으나 자본과 기술에서 포드나 폭스바겐에 뒤져 쇄락의 길을 자초하고 만다.

로버(Rover)는 1877년 자전거를 제작하는 회사로 출발, 1904년 산업용 차량을 출시하면서 처음으로 자동차를 생산했다.

랜드로버(Land Rover) 시제품은 1946년 모리스 윌크스(Maurice Wilks)와 스펜서 윌크스(Spencer Wilks)에 의해 개발되어 1948년 암스테르담 모터쇼에 처음으로 선보였는데, 오프로드 성능과 신뢰도가 군용 지프에 비해 손색이 없어 본격적인 생산을 하기 시작했다.

영국의 아프리카 지역 식민지에 있는 험준한 오프로드에서 많이 이용되었기 때문에, 오프로드 기술이 독보적으로 뛰어나 **"사막의 롤스로이스"**라고 불렸다.

1950년대부터 로버는 4륜 구동차 랜드로버의 성공에 힘입어 성장기반을 구축한다.

영국은 산업혁명을 통해 발전된 기계공업을 기반으로 미국과 함께 자동차산업 발생지로 꼽힌다. 2차 세계대전 직후 영국은 재규어, 로버, 롤스로이스, MG 등의 고급 브랜드를 가진 세계 최대의 자동차 생산국이었다. 그러나 1960년대 들어 영국은 미국, 독일, 프랑스에 추월당하고 만다. 영국 자동차산업의 특징은 완성차 업체와 자동차 부품업체들이 효율성을 감안하지 않고 계획성 없이 무분별하게 난립해 있다는 점이었다.

영국의 소규모 자동차 업체들은 부품 조달, 디자인과 모델 개발에 적합한 시스템을 구축하고, 투자와 판로를 효율적으로 관리하고 있는 미국의 자동차회사들이나 초기부터 계획을 수립하여 설립된 독일과 프랑스의 자동차 회사들에 비해 불리한 여건에 처해 있었다.

영국은 장인적인 기술이 뛰어나 롤스로이스나 재규어 등 소규모 최고급 차는 국제적인 명성을 얻었지만, 대량생산에 있어서는 미국이나 독일 등에 뒤처져 있었다. 또 영국은 전통적으로 주식시장이 일찍부터 발달해 주주 자본주의 논리가 강했다. 따라서 배당률이 높고 단기 실적주의 풍조가 일반적이었으며, 장기적인 기술투자는 거의 이루어지지 않았다. 또한 사회 전반적으로 이공계를 경시하는 풍조 때문에 공학의 수준이 현저히 낮았고 엔지니어 양성과 교육에도 소홀히 했다.

자동차 산업에서의 경쟁력을 회복하기 위해 영국 정부는 합병정책을 주도했다.

로버와 트라이엄프를 생산하던 레이랜드(Leyland) 자동차와 오스틴, 모리스, MG, 재규어를 소유한 BMC(British Motor Corporation)를 합병시키는 등 지속적인 합병으로 1968년 영국을 대표하는 자동차 회사로 브리티시 레이랜드(British Leyland)가 탄생했다. 1979년 브리티시 레이랜드가 본격적인 구조조정에 들어가기 전까지 고용규모가 19만 2천 명에 달했다.

합병된 브리티시 레이랜드 공장은 과잉 인력, 투자 부진, 이전 모델과의 중복으로 곤경에 처한다. 거기에 영국 자동차산업의 특징이었던 노사분규까지 이어지자 1970년대 중반 브리티시 레이랜드는 도산 위기에 직면하게 된다. 결국 당시 노동당의 윌슨(Wilson) 정부는 24억 파운드라는 막대한 공공자금을 투입하여 브리티시 레이랜드를 국유화했다. 영국 중부의 미들랜드(Midlands) 지방에 백만 개의 일자리를 제공하고 있던 자동차 회사를 구제하지 않을 수 없었던 것이다.

영국 정부의 막대한 정책자금 투입과 자국 자동차 산업을 보호하기 위해 12.5%의 높은 관세를 부과함에도 불구하고, 1970년대 말에서 1980년대 초 브리티시 레이랜드는 막대한 적자를 기록한다.

영국 자동차 시장에서 브리티시 레이랜드와 그 후 신인 로버와 MG 로버의 시장 점유율은 지속적으로 하락했다. 1929년 모리스와 오스틴 자동차는 영국 자동차 시장의 60% 이상을 차지하고 있었고, 1975년 브리티시 레이랜드가 국유화될 당시만 해도 시장점유율이 40% 내외였으나 1990년대 초 14%로 곤두박질쳤다.

1986년 영국 정부는 로버를 민영화하기로 결정, 항공기 제조회사인 브리티시 에어로스페이스에 매각한다. 그러나 기대했던 시너지 효과는 나타나지 않고 적자가 누적되자 브리티시 에어로스페이스는 1994년 로버를 독일의 BMW에 매각한다. BMW는 중단되었던 로버 75 프로젝트를 재개하여 25부터 시작하여 75로 끝나는 로버 전 라인업을 구축하는 등 로버를 통해 대중적인 승용차 시장으로 진출하기 위해 42억 달러를 투자했다. 그러나 BMW 가 인수한 이후 로버 75의 판매량은 당 초 계획의 20%에 지나지 않아 로버 100년 역사상 최악의 굴욕을 맛보게 된다.

결국 쏟아붓는 만큼 성과는 나오지 않고, 자사의 생존까지 위협받을 수 있다는 위기감을 느낀 BMW는 2000년 영국의 피닉스 컨소시엄에 단돈 10파운드라는 전설적인 가격으로 로버를 매각한다.

BMW는 로버의 기술, 디자인과 생산기술 수준을 업그레이드하여 경쟁력 있는 흑자기업으로 전환시키기 불가능하다고 판단했던 것이다.

유명한 **"영국 환자(English Patient)"**라는 영화의 제목을 인용하여 독일 언론들은 BMW가 인수한 로버자동차가 엄청난 적자를 계속 내자 로버자동차를 구제하기 어려운 **'영국 환자'**라고 불렀다.

영국 내에서도 로버자동차의 부실한 운영을 빗대어 그렇게 부르게 되었다.

피닉스 컨소시엄은 영국의 자동차 산업을 구한 백기사로 칭송받았지만 이후 그릇된 경영으로 로버자동차를 벼랑 끝으로 내몬 주체로 평가받고 있다. 피닉스 컨소시엄의 4명의 이사들은 BMW로부터 빌려주는 돈을 포함하여 12억 파운드의 현금과 자산을 물려받았다. 로버자동차의 주식이 거래되고 있던 때, 노동자들이나 퇴직자들의 연금 적자분이 6,700만 파운드에 달했다.

그러나 공장을 폐쇄하는 경우 연금 적자분은 2억~4억 파운드로 증가할 수밖에 없었다. 27만 명의 로버자동차 주식 보유자들은 평균 2,000파운드의 손실을 보았다.

BMW로부터 로버자동차를 인수한 피닉스 컨소시엄이 로버자동차를 경영한 2000년 5월부터 2004년 말까지 기록한 적자는 9억 달러를 초과했다. 그런데도 피닉스 컨소시엄 이사들은 로버자동차의 몰락에 책임을 지기는커녕 월급, 연금, 차량 대출사업에서의 소득을 포함하여 최소한 각각 4,700만 파운드의 이익을 챙기고 떠났다. 이들이 투자한 돈은 겨우 124만 파운드였다.

영국을 대표하는 로버자동차는 20여 년 사이에 경쟁력을 완전히 상실한다. 한때 20만 명에 달하던 고용 규모가 1992년에는 33,550명으로 줄고 2005년 파산 직전에는 6,100명으로 줄어들었다. 차량 판매 대수는 2002년 145,000대, 2003년 116,000대, 2004년 110,000대로 계속 감소했다.

최소한의 수익구조를 유지하기 위해서는 연간 18만 대를 판매해야 했다. 반면 외국 자동차 회사가 영국 내에서 생산하는 자동차는 2004년도에만 165만 대에 달했다. 같은 영국이라는 토양에서 외국 자동차 회사들은 경쟁력 있는 차량을 생산한 반면, 로버자동차는 경쟁력을 잃고 오히려 축소된 것이다.

로버자동차의 실패 원인으로 정부 주도로 이루어진 합병이 우선적으로 지목된다. 제각각 설립되어 운영되던 자동차 회사들을 무작정 합병한 결정의 오류가 제기됐다. 당시 합병된 공장은 물리적으로 통합은 되었으나, 중복되는 설비가 많았고 인력은 과잉 상태였다. 구모델을 시급히 교체해야 하는 등 긴급한 투자가 요구되는 곳이 많아 정상화 실현에 애로를 겪고 있었다.

또한 브리티시 레이랜드의 전략이 고급차 시장을 겨냥하기보다 대중차 시장을 겨냥하여 이미 자본과 기술에서 앞서 있던 포드나 폭스바겐과의 경쟁에서 실패한 것이 뼈아픈 전략적 실책이었다.

1980년대 들어 경영진이 교체된 뒤 고급차 시장을 겨냥했으나 이미 로버자동차는 그런 시장에 진입하여 경쟁할 만한 역량과 기술

조직이 없었다. 혼다와의 합작을 통해 품질과 생산성을 높이려고 했으나 로버를 회생시키기에는 역부족이었다.

로버자동차는 생산방식에서 이제까지 유지해온 관행을 청산하지 못하고 단기적인 이익 추구에만 전념하여 자동차 산업에서 이미 세계적으로 일반화된 포드주의를 실현하지 못했다. 미국은 이미 1920년대에 포드주의를 확립했고 유럽 대륙 국가들도 제2차 세계대전 이후 대량 생산방식에 따른 효율성과 합리성을 도입하였지만, 영국의 경영자들은 전통과 관행을 중시하는 고루함에서 벗어나지 못하고 있었다.

로버 경영진은 낡은 시설과 모델을 교체하기 위해 좀 더 과감하게 투자를 해야 했고, 오래된 작업 관행의 혁파를 통한 생산성과 품질 향상을 도모해야 했으나 오로지 적자 폭 축소와 판매량 증대에만 신경을 썼다. 그 결과 로버자동차는 독일과 프랑스의 자동차 회사들에 비해 생산성에서 30%나 뒤지고 있었다.

로버자동차는 1980년대 이후 고가 정책을 고수하고 있어 상위 모델들의 가격은 프리미엄급 내지는 그 이상이었다. 최고급 소재 및 첨단 사양이 들어가 있지만 비슷한 가격의 차량들과 비교하면 질적으로 떨어졌다.

2018년 미국 JD 파워에서 조사한 IQS(초기결함) 100대당 고장 발생 건수는 160건으로 재규어와 함께 꼴찌에 랭크됐다.

VDS(중장기 결함)으로는 크라이슬러 다음으로 악명이 높았다.

로버자동차 생산 차량 전반적으로 나타나는 품질 문제점은 전자 장비의 잔고장이 끊임없이 발생하고 있으며, 큰 사건으로는 고가인 가변식 서스펜션, 엔진 꺼짐, 누수, 머플러 부식 문제 등이 발생했다.

로버자동차는 각 공장별로 발전한 독특한 작업과 임금 지급 관행을 통일하는 것이 쉽지 않았고, 여기에 노동조합은 좌파 지도자의 지도 아래 임금과 노동조건을 둘러싸고 파멸적인 파업을 벌려 생산 중단이 잦았다.

1979년 로빈슨이라는 노조 지도자가 해고되었는데 그때까지 그는 롱브리지 공장에서 523회 파업을 주도하여 약 2억 파운드의 생산 손실을 가져온 것으로 알려졌다.

이미 영국 자동차의 품질은 유럽 대륙에서 악명이 높았고, 더욱이 파업으로 인한 납기의 지연은 고객들을 멀어지게 했다. 이런 상황에서 신모델 출시의 지연은 정상적인 마케팅 전략을 불가능하게 했다.

영국의 자동차 시장의 구조는 기업이 집단적으로 차량을 구입하여 중간관리자 이상에게 지급하는 기업 차량 시장 규모가 큰 독특한 성격을 띠고 있었다.

로버는 여기에 의존하여 비교적 수월하게 사업을 운영하며 내부 혁신에 소홀했다.

결국 2005년 영국 최후의 국적 자동차 회사인 로버자동차는 파산을 면할 마지막 기회였던 상하이 소재 중국 국영 자동차 회사인 SAIC와의 합작이 무산되면서 법정관리로 넘어갔다.

청산을 위해 6천 명의 직원 중 5천 명을 해고하고 회사 자산은 분할 매각 절차에 들어갔다.

추락하는 American Classic

의류의 캐주얼화로 트랜드가 바뀌면서 브룩스브라더스는 파산절차를 밟게 된다.

브룩스브라더스(Brooks Brothers)는 세계 의복 역사의 증인이다.

1818년 헨리 샌드 브룩스(Henry Sanda Brooks)가 H&D. H Brooks & Co. 라는 회사를 설립하여 뉴욕에서 의류 사업을 시작했다. 당시 45세이던 헨리 브룩스는 **"최상의 품질로 옷을 만들어 적절한 가격에 판매하고, 이런 상품의 질을 인정하는 사람들을 상대한다"**는 모토로 점차 사업을 번창시켰다.

이후 그의 4명의 아들이 이 사업을 가업으로 물려받아 1850년, 오늘날 우리가 알고 있는 **'Brooks Brothers'**로 상호가 변경된다.

그들에게 사업을 확장할 결정적인 기회가 찾아왔다.

1848년 1월 24일, 제임스 마샬(James Marshall)이 캘리

포니아에서 금광을 발견한다. 이 소문은 뉴욕까지 퍼지게 되고 금에 관한 이야기는 전 미국을 휩쓸게 된다. 헨리 브룩스의 아들인 브룩스 형제는 금 때문에 사람들이 몰려드는 이 순간을 의류 사업이 확장할 수 있는 기회라고 생각한다. 이듬해 브룩스브라더스는 캘리포니아에서 기성복 정장을 최초로 광고하기 시작했다.

당시 의류들은 재단사에 의해 여러 번 가봉 과정을 거쳐 만들어졌기 때문에 옷 한 벌 사려면 많은 시간이 걸렸다. 기성복은 이런 시장의 흐름을 전환하는 획기적인 시도로 소비자가 상품을 구매할 수 있는 시간을 단축시켰다. 브룩스브라더스의 정장은 의류 산업의 터닝 포인트가 되었으며 뛰어난 제품을 빠르게 확산시키는 계기가 되었다.

브룩스브라더스는 American Classic을 대표하는 브랜드로 Sack Suit(신사복)을 처음 선보였고 1896년에는 존 브룩스가 영국의 폴로 선수들을 보고 아이디어를 얻어 처음으로 버튼다운 셔츠를 소개했다. Sack Suit는 소비자들의 가격 부담을 낮추려는 취지가 있었고 이를 위해 공통의 핏으로 최대한 여러 체형에 맞출 수 있도록 규모의 경제를 실현했다. 핏은 4가지로 구분했는데 밀라노, 리젠트, 피츠제럴드, 메디슨 순으로 슬림하게 만들어졌다.

브룩스브라더스가 유명해진 것은 많은 미국 대통령들이 브룩스브라더스의 정장을 이용했기 때문이다. 브룩스브라더스의 정장을 처음으로 착용한 대통령은 제임스 먼로이며 이외에도 에이브러햄 링컨, 율리시스 그랜트, 우드로 윌슨, 허버트 후버, 프랭클린 루스벨트, 존 F. 케네디, 리처드 닉슨, 제럴드 포드, 조지 H.W.부시, 빌 클린턴, 버락 오바마, 도널드 트럼프 대통령 등 총 4명의 미국 대통령이 브룩스브라더스의 옷을 착용했다.

브룩스브라더스는 미국 내 240여 개의 점포를 포함해 세계 17개국에서 500개 이상의 점포와 4,000명이 넘는 직원을 고용하여 년 매출 10억 달러를 올리는 글로벌 브랜드로 성장했다.

2018년에는 이탈리아의 안경테 제조사인 룩소티카 그룹이 브룩스브라더스를 인수하게 된다. 룩소티카 그룹의 창업주 2세인 클라우디오 델 베키오(Claudio Del Vecchio)는 브룩스브라더스의 미래에 대해 자신감을 피력했다. 그는 브룩스브라더스의 창업 200주년 기념행사 자리에서 브룩스브라더스의 전통과 문화를 강화하여 앞으로 다가올 20년을 준비하겠다고 말했다.

그러나 채 2년 남짓하여 브룩스브라더스의 위기설이 확산되었다. 실제로 미국 공장 3곳 중 1곳을 폐쇄했고, 나머지 2곳도 정장과 넥타이 대신 마스크를 생산했다. 결국 200년 이상 역사를 자랑하며 **'미국 대통령의 신사복'**으로 자리매김한 브룩스브라더스가 신종 코로나바이러스 감염증으로 인한 경기 침체 충격을 이겨내지 못하고 파산 신청을 하고 만다. 브룩스브라더스는 소매판매가 급격하게 줄어들면서 경영 위기를 맞았었다. 난관을 극복하기 위해 뉴욕 · 매사추세츠 · 노스캐롤라이나 공장을 매물로 내놨고 이들 공장 직원 700여 명도 해고 했지만 경영 위기를 극복하기엔 역부족이었다.

미국에서 가장 오래되고 상징적인 브랜드인 브룩스브라더스가 소매업 대재앙의 희생자가 된 이유는 몇 가지로 집약된다. 이미 정장의 몰락은 세계적인 흐름이었다. 재택근무의 확대와 의류의 캐주얼화로 정장의 시대는 가고 평상복의 시대가 온 것이다.

브룩스브라더스와 같이 정장 위주의 상품 포트폴리오를 구축한 기업의 경우 캐주얼로의 전환이 어렵기 때문에 트렌드의 변화에 적극적으로 대처할 수 없었다. 더욱이 정장은 제작이 까다로워서 오랜 업력을 가진 대기업만이 할 수 있는 분야였다. 당장 매출이 부진하다고 해서 사업을 중단하면 정체성이 훼손될 수 있기 때문에 쉽게 사업을 접을 수도 없었다.

비대면 쇼핑이 부상하면서 패션계의 온라인 전환이 급속히 이루어지는 것도 브룩스브라더스에게는 불리했다. 정장은 온라인에서 팔기 어렵기 때문이다. 일례로 한국의 경우 남성 소비자들에게 의류구매 선호 유통채널을 조사한 결과, 캐주얼과 스포츠의류 온라인 선호도는 각각 12.1%, 12%였지만, 정장은 1.9%에 불과했다.

더욱이 아마존이 브룩스브라더스의 버튼다운 옥스퍼드 셔츠와 경쟁하기 위하여 셔츠를 만들어 팔기 시작하면서 저가 경쟁에 뛰어들어야 했다. 브룩스브라더스는 역시즌 판매로 환절기 봄 시즌에는 마드라스 여름 셔츠를, 한 여름에는 겨울 코트를 팔면서 소비자에게 파격적인 할인 판매 정책을 들고나왔지만 결과는 기대에 못 미쳤다. 이 과정에서 브룩스브라더스는 결국 50달러 셔츠와 500달러 슈트 브랜드로 스스로의 고급적인 이미지를 깎아내렸다. 200년이 넘는 역사와 전통의 가치 있는 브랜드가 중저가 브랜드로 전환된 셈이다. 찰스 띠어릿(Charles Tyrwhitt), 언턱킷(Untuc Kit) 등 미국의 엔트리급 클래식 기반의 브랜드와 경쟁이 시작되면서 소비자들은 브룩스브라더스를 더욱 외면했다. 오히려 미국적인 스타일에서 희석된 이탈리안 클래식으로 점차적으로 브랜드 포지셔닝을 옮겼지만 이마저도 보기 좋게 실패했다. 겉보기에는 사소한 브랜드 조정 작업이었지만 그나마 남아있던 마니아들마저 등을 돌리게 한 것이다. 브룩스브라더스의 위기는 이전부터 조짐을 보였다.

기업의 브랜드 운영방식 때문이었다. 우선 오프라인 유통에서부터 문제가 생겼다. 오프라인 매장은 장기 임대 계약을 맺기 때문에 실적이 저조한 점포로 인해 회사가 감당해야 할 손실의 규모가 커졌다. 여기에 아웃렛 채널 의존도가 높아지면서 브랜드를 아끼는 브룩스브라더스의 충성 고객층의 이탈이 이어졌다.

브룩스브라더스는 200년에 걸쳐 흔히 박스 스타일로 불리는 Sack Suit만을 브랜드의 아이콘으로 고집했다. 색 슈트는 활동성을 강조하기 위해 정통 슈트에서 허리의 다트를 없앤 것이 가장 큰 특징으로 체형에 관계없이 누구나 입을 수 있도록 크게 재단되어 몸매가 드러나지 않은 실루엣의 정장이었다. 이후 브룩스부라더스는 버튼다운 셔츠와 아이비스타일 등을 개발하여 미국식 패션의 아이콘이 되었지만, 다른 한편으로는 미국인들에게 공식적인 **'Americsn classic business wear'**라는 이미지가 고착되었다.

브룩스브라더스는 2007년 디자이너 톰 브라운(Tom Brown)과 **'블랙 폴리스'**를, 2013년에는 캐주얼한 **'레드 폴리스'**를 출시했다. 2015년에는 미국에서 영향력이 있는 디자이너 잭 포즌(Zac Posen)을 크리에이티브 디렉터로 기용해 여성 컬렉션을 선보이는 등 브랜드 이미지를 전환하려고 노력했다. 그러나 브랜드 이미지 쇄신 작업은 오프라인 매장에서 고객들에게 전혀 전달되지 못했다.

매장 역시 어마어마한 규모에 기성복과 맞춤 슈트 진열 방식을 고집했던 것도 문제였다. 여기에 이제까지 확장해 온 셔츠 판매 사업을 포기하지 못해 공간 대비 매출 효율은 떨어진다는 지적이 많았다. 예를 들어 샌프란시스코에 있는 브룩스브라더스의 플래그십은 구찌와 삭스 5번가에서 한 블록 떨어진 역사적인 유니언 스퀘어 근처에 2,415평방미터의 4층 규모로 위치해 있다. 이처럼 미국 전역의 매장 중 브룩스브라더스의 풀 컬렉션을 보유하고 있는 점포 가운데 실적이 좋은 점포는 40여 개에 불과했다. 나머지 100여 개의 매장은 실적이 매우 저조했다. 이들 40개 매장의 판매 실적이 전체 매출의 80%를 차지했다. 브룩스브라더스를 인수한 후 델 베키오 대표는 미국 내 점포를 관리할지 고심하다가 장기 임대 방식으로 수익성이 낮은 오프라인 점포를 늘려 어려움을 가중시켰다. 수익성 낮은 이들 매장은 장기 임대 계약으로 철수할 수 없는 상황에 처한 데다가, 아웃렛 매장도 계속 늘려 나가 브룩스브라더스 브랜드 가치를 희석시켰다.공급망에서도 변화가 일어났다. 미국 내 생산을 중시하는 브랜드 철학 덕분에 마니아의 지지를 이끌어 냈던 브룩스브라더스는 그나마 꽤 잘 팔렸던 셔츠를 동남아 지역으로 생산처를 옮겼다. 또 상징적인 드레스 슈즈와 슬립온 스타일의 신발도 자국 신발 업체와의 거래를 끊고 이탈리아로 옮겼다. 모든 영역에서 미국이 지워졌던 것이다. 파산 신청을 앞두고 브랜드 매각을 추진했으나 수포로 돌아가자 브룩스브라더스의 경영진은 미국 공장 3곳을 모두 중단한다고 발표했다. 브룩스브라더스는 당시 보도자료를 통해 회사의 입장을 알렸다. 미국 내에서의 제조업은 비용이 많이 들기 때문에 공장을 폐쇄하는 것 이외에는 다른 방도가 없다고 설명했다. 그러나 가능한 방안이 있다면 공장 폐쇄를 막을 방침이지만 현재로서는 결정된 바가 없다고 발표하여 고객들의 신뢰를 더욱 잃게 되었다.

뉴욕타임스는 브룩스브라더스가 매사추세츠 등 3개 공장을 매각하거나 폐쇄할 경우 더 이상 **'메이드 인 아메리카'** 브랜드가 못 된다는 점을 아쉬워했다. 이미 전체 생산의 80% 이상을 중국 등 해외에 의존하고 있기 때문이다.

브룩스브라더스는 이제 더 이상 중류층 이상의 미국인들에게 미국을 상징하는 브랜드가 아니었다. 브룩스브라더스의 파산이 단순히 코로나19 탓으로만 볼 수 없는 이유이기도 하다.

잘못된 만남

테드터너는 타임워너와 AOL의 합병은 커다란 재앙이었으며, 이로 인해 자신은 80억 달러를 잃어 버렸다고 술회했다.

타임워너는 1966년 키니내셔널서비스(Kinney National Services, Inc.)를 모태로 탄생하였다. 키니내셔널서비스는 1967년 DC코믹스와 애슐리-페이머스(Ashley-Famous)를 인수하며 미디어/연예사업에 발을 들여놓았고 1969년 워너브라더스-세븐아츠(Warner Bros.-Seven Arts)를 인수하였다.

그러나 반독점법안으로 인해 애슐리-페이머스를 매각하였다. 워너브라더스-세븐아츠(Warner Bros.-Seven Arts)는 1970년 우드스탁의 뜻하지 않은 성공으로 인해 회생하며 워너 브라더스로 재출범하게 된다.

이와 함께 키니내셔널서비스는 엘렉트라 레코드(Elektra Records)와 논서치 레코드(Nonesuch Records)를 인수하며 음반 산업에도 진출, 워너 뮤직 그룹으로 발전하게 된다.

결국 1972년 키니내셔널서비스는 워너커뮤니케이션(Warner Communications Inc.)으로 사명을 변경하여 본격적인 워너 시대를 열게된다.

1990년 워너커뮤니케이션은 바이어컴의 파라마운트 픽처스와의 치열한 경합끝에 타임(Time Inc.)를 인수하여 합병하였고 1991년 회사명을 타임워너로 변경하였다.

1922년 설립된 타임은 미국 잡지 시장의 산 역사로 꼽힌다. 1923년 'Time' 첫 호를 발간하면서 시사주간지 시장의 지평을 새로이 열었다. 이후 타임은 경제전문 주간지 **'Fortune'**과 스포츠 잡지 **'Sports Illustrate'**와 **'life'**등을 연이어 창간하면서 잡지 시장의 리더로 혁신을 주도했다. 특히 'Time'은 전 세계적으로 폭넓은 독자층을 구축하여 인기를 구가해 왔다.

1996년 타임워너는 테드 터너가 운영하는 TBS(Turner Broadcasting System)를 인수하였다. 이 합병을 통해 타임워너는 케이블사업에 본격적으로 뛰어들게 되었으며 TBS가 보유하고 있던 1950년 이전의 영화 저작권을 인수하였다.

2000년 2월 타임워너와 AOL이 전격적으로 손을 잡는다. 1999년 가을, 스티브 케이스 AOL 창업주와 제럴드 레빈 타임워너 회장은 베이징에서 개최된 중국 정부 건립 50주년 기념 행사장에서 만났다.

이때는 합병에 관해 아무런 얘기를 나누지 않았다. 그러나 2000년 1월, 둘은 미국 뉴욕에서 다시 만나서 합병에 대해 본격적인 논의를 시작한다. 그리고 뉴 밀레니엄의 시작과 함께 **"21세기 최대 이벤트"**라고 일컬어지는 대형 인수합병이 성사된 것이다. 인터넷과 미디어의 컨버전스 서막을 알리는 중대 사건이라는 논평도 뒤따랐다. 모든 미국인의 생활에 어떤 식으로든 영향을 미칠 것이라는 보도도 나왔다. 무엇보다도 상상을 초월한 인수 금액이 화제를 끌었다. 1,650억 달러라는 역대 최고의 인수금액으로 천문학적인 돈이 오갔다. 1년 전 보다폰이 만네스만을 인수할 때 들인 1,486억 달러를 뛰어넘는 역대 최고 기록이었다.

합병 제의는 AOL이 먼저 했다. 우호적 인수합병 형태를 유지하면서 주식 교환을 통한 인수 방식을 제안했다. 최종 결정까지는 오래 걸리지 않았다. 2000년 1월 합병 발표 초기에 시장 반응은 폭발적이었다. 타임워너 주가가 하루에 40% 가까이 치솟았다.

회사 이름은 AOL 타임워너로 바꿨다. AOL이 합병회사 지분 55%를 갖는 조건으로 계약이 이뤄진 탓에 AOL이 타임워너를 인수하는 모양새였다. 어쨌든 두 회사는 직원 수 약 8만 명에 시가총액이 3,500억 달러(402조 1,500억 원)에 육박하는 메가톤급 회사로 다시 태어났다. 당초 두 회사는 엄청난 시너지를 발휘할 것으로 예상했다.

AOL은 당시 인터넷 접속 서비스(ISP) 시장에서 50% 점유율을 확보한 선두 인터넷 기업이었다. 광대역 서비스에 대한 강력한 하부조직과 기술을 보유하고 있다는 것도 강점이었다. 전화선으로 인터넷에 접속시켜주는 서비스로 3,000만 명의 회원을 확보한 AOL은 온라인의 절대 강자였고, CNN, 타임지, 워너브러더스 영화사 등을 보유한 타임워너는 독보적인 미디어그룹이었다.

미디어 왕국의 건설을 꿈꿨던 양측 경영진들은 타임워너의 풍부한 콘텐츠를 AOL의 막강 라인을 통해 내보내면 매년 33%의 성장을 하리라고 확신하며 계약서에 사인했다.

타임워너는 미디어 콘텐츠에 강했다. 타임워너가 거느리고 있는 CNN을 시청하는 이들은 10억 명에 달했다. 타임워너가 발행하는 잡지 구독자는 1억 2,000만 명에 달했다. 또 케이블 설비를 제공하는 타임워너 케이블은 AT&T에 이어 시장 2위 사업자였다. 점유율은 전체 20%에 달했다.

두 회사의 계산은 단순하지만 명료했다. AOL의 인터넷 서비스로 타임워너의 고품질 콘텐츠를 유통하면 어마어마한 시너지가 발휘될 것으로 내다봤다.

타임워너는 AOL 손을 잡고 올드 미디어에서 탈피해 인터넷 시대로 나아가고 싶어 했다. AOL은 타임워너의 콘텐츠가 이용자 확보에 따른 수익 극대화에 도움을 줄 것이라고 생각했다.

그러나 타임워너와 AOL의 동거는 비참한 실패로 끝나고 만다. 합병 이후 주가는 하락했고 AOL의 실적도 2002년 중반까지 30%나 하락했다.

결국 AOL-타임워너는 회사 이름에서 AOL을 빼버린 데 이어 2009년엔 다시 분사하는 수모를 겪었다. AOL과 타임워너의 합병은 사상 최악의 합병 사례로 평가될 뿐 아니라 오만으로 기업이 몰락한 대표 사례로 꼽힌다.

두 기업의 합병 계획은 원대했다. 1990년대 닷컴 붐을 타고 일약 거대 기업에 등극한 AOL의 인터넷 장악력과 잡지·영화 부문에 전통이 있는 타임워너의 콘텐츠를 합쳐 세계 최고의 미디어 제국을 건립하고자 했다.

그러나 합병은 시작부터 흔들렸다. 무엇보다 두 회사의 문화 차이가 가장 큰 장애물이었다. 사업 부문별로 자율권을 주는 분산형 경영 구조였던 타임워너와 달리 AOL은 철저한 중앙 통제형 경영 구조를 취하고 있었다. 두 기업은 마치 물과 기름처럼 서로를 거부했다. 게다가 한창 호시절을 구가하던 AOL 경영진은 자신들이 보기에 구세대 미디어 기업이었던 타임워너를 대놓고 무시했다.

합병 직후 밥 피트먼 AOL-타임워너 최고운영책임자(COO)는 타임워너에 대해 **"그들의 산업 기준으로는 제법 잘해왔지만 우리는 좀 더 성과를 끌어내려고 한다"**고 비하하는 발언까지 했다. 타임워너 측에서 **"우리는 (AOL의) 홍보 수단이 아니다"**라며 강한 반발이 나오는 것도 당연했다.

결국 피트먼은 합병 2년 만인 2002년 COO에서 내쫓기듯 물러났지만, 최악의 상황을 맞이한 그 시점에서도 스티브 케이스 당시 AOL-타임워너 회장은 **"소비자들의 습관이 변하고 있다"**며 실패를 인정하지 않고 버텼다.

영국 이코노미스트지는 2002년 7월 **'오만 뒤에 찾아온 응보'**라는 제하의 기사에서 합병을 주도한 케이스와 AOL 경영진의 오만을 합병 실패의 원인으로 지목했다. AOL의 기업가치가 지나치게 고평가됐다는 지적도 있다.

타임워너는 벤처 거품이 급격히 빠지기 직전에 공교롭게도 **'인터넷 기업'** AOL과 손을 잡았다. 그 시절 AOL의 매출 규모는 타임워너의 20%에 불과했다. 그럼에도 기업 가치는 AOL이 1,750억 달러(201조 1,600억 원)로 타임워너 900억 달러(103조 4,500억 원)의 2배에 달했다. 그런데도 두 회사는 거의 동등한 조건으로 합병에 합의했다. 타임워너가 AOL의 잠재력을 높이 평가했기 때문이다. 시장의 잘못된 평가였다. 인터넷 사용자가 초고속 인터넷으로 몰리기 시작한 시점에 사용자 대다수가 전화 접속 방식(모뎀)을 사용하는 AOL에 판돈을 걸었으니 말이다.

합병 조건도 불리하게 작용했다. 미국 규제당국은 6가지 규제를 전제로 AOL과 타임워너의 합병을 승인했다. 규제 내역에는 경쟁 케이블 사업자에 고속 서비스를 제공하고 AOL의 일부 서비스를 경쟁 인터넷 서비스 사업자에 제공해야 한다는 내용이 포함되어 있었다.

2002년에 합병회사가 엄청난 금액의 벌금을 물게 된 점도 악재였다. 당시 **〈워싱턴포스트〉**가 AOL의 광고 수입 부풀리기 행태를 폭로했다. 미 증권거래위원회와 법무부 등의 조사를 받게 됐고, 벌금 탓에 금전적 손실을 입게 됐다.

이 사건으로 타임워너 출신 인력이 강한 불만을 제기해 AOL을 창업한 케이스가 회사를 떠나게 됐다. 그러나 무엇보다 시너지가 부재했다는 점이 가장 치명적이었다.

결과론적인 얘기지만 두 회사는 합병 이전에 통합 시너지에 대해 냉철하게 분석하지 못했다. 과대 포장된 이상론에 휩싸여 역사의 주인공이 되려 했다. 철저한 사전조사 및 사업 전망에 대한 면밀한 분석은 M&A 과정에서 가장 중요한 관점이다.

타임워너는 인터넷 사용자들이 초고속 인터넷 사용으로 몰려가는 시점에 사용자 대다수가 전화 접속 방식을 사용하는 APL과 손을 잡았다. 데이터 용량이 큰 타임워너의 콘텐츠를 이를 통해 제공하는 것은 처음부터 한계가 있었다. 또한 인터넷 거품이 급격히 빠져나가기 시작한 시대적 흐름을 간과했다.

타임워너가 인터넷 시장 환경과 변화 추세 등을 철저히 검토했다면 AOL과의 합병은 일어나지 않았을 것이다.

게다가 두 회사의 문화적 차이는 양사의 융합을 저해하는 결정적인 약점이었다.

리처드 파슨스 전 타임워너 CEO는 **"합병 이후 타임워너 사람들은 완전히 새로운 생활에 직면해야 했습니다. 두 회사는 문화가 너무 달랐지요. 처음에 우린 그 차이를 너무 과소평가했습니다"** 라고 술회했다.

AOL은 하이테크 중심 회사였다. 회사 복장은 캐주얼했다. 경영 스타일은 상부에서 통제하는 톱 다운 방식이었다. 또 주가 상승에 큰 의미를 뒀다.

반면 타임워너는 전통과 안정을 중시하는 회사였다. 복장은 전통적인 양복과 타이였고 조직 규모가 AOL에 비해 컸다. 주가보다는 조직적 성장에 더 중점을 두고 있었다. 이 두 회사는 물과 기름처럼 섞일 수 없는 상이한 조직이었던 것이다.

이 합병으로 가장 큰돈을 잃은 사람은 CNN의 창업자로 합병회사의 최대 주주였던 테드 터너였다. 그는 NYT에 **"다시 아픈 상처를 파헤치고 싶은 생각이 없다. 타임워너와 AOL의 합병은 베트남 전쟁이나 이라크, 아프가니스탄 전쟁과 마찬가지로 역사 속에 흘려보내야 한다"**며 **"이 합병은 미국에서 발생했던 가장 큰 재앙들 중 하나였으며, 나는 80억 달러를 잃어 버렸다"**고 말했다.

무지와 오판

정책당국의 해운산업 중요성에 대한 인식 부족이 한진 사태의 주된 요인으로 지적됐다.

한진해운은 1977년 故 조중훈 한진그룹 창업주가 국내 최초의 컨테이너 전용선사로 설립했다. 1978년 중동 항로 개척, 1979년 북미 서안 항로와 1983년 북미 동안 항로 개설 등으로 해운업계의 새로운 역사를 써 내려갔다. 현대상선보다 1년 늦게 뛰어들었지만, 1940년대에 설립된 **'국내 1호 선사'** 대한상선(대한선주)을 1988년에 인수해 유럽 항로를 넘겨받으며 국내 1위 선사로 부상했다. 1992년에는 국적 선사 최초로 매출 1조 원을 돌파했고, 미국 시애틀과 롱비치 등 주요 항만에 전용 터미널을 세워 사세를 급속히 확장했다. 이어 1995년 거양해운과 1997년 독일 디에스아르(DSR)-세나토 등 굴지의 선사들을 인수·합병하는 등 공격적으로 덩치를 키워 세계 7위의 강자로 성장했다.

2002년 조중훈 회장 사후 4형제 간의 오랜 법정 분쟁 끝에 한진해운은 3남인 조수호 회장이 물려받게 된다. 그러나 얼마 지나지 않아 2006년 조수호 회장이 폐암으로 사망하자 부인인 최은영 회장이 경영을 맡게 된다. 국내 1위이자 세계 7위의 해운회사를 경영에 대한 경험이 전무한 최 회장이 회장직에 오르고, 최 회장을 보좌한 사장은 금융전문가로 해운업에 대한 경력이 전혀 없어서 많은 우려를 자아냈다. 때마침 2008년부터 전 세계 해운경기가 악화되면서 한진해운은 2011년 8,000억 원 적자, 2012년 6,000억 원 적자를 기록하는 등 2014년까지 4년 연속 적자를 기록하여 누적 손실 규모가 불어났다. 결국 최 회장 재임 7년간 회사의 부채비율은 150% 수준에서 1,445%로 폭증하여 재정적으로 상당한 압박을 받는 상황에 처하게 됐다. 그러나 정부의 잘못된 정책이 해운업의 위기를 자초한 바가 크다. IMF 위기 상황에서 1998년 3월, 정부는 국내 재벌기업에 1999년 말까지 부채비율을 200%로 낮출 것을 요구했다. 이른바 **'200% 룰'**은 한진해운이 몰락한 이유로 꼽힌다.

정부의 요구로 부채비율을 낮추기 위해 한진해운은 보유 선박 중 상당수를 처분하고 선주들로부터 선박을 빌려서 화물운송에 나섰다. 때문에 용선료로 비용을 많이 지불해야 했다. 당시 중국과 일본 등 경쟁국의 경우 국적 해운사들은 정부 지원을 받아 가며 선박을 매수해 경쟁력을 높여 나갈 때 한국은 부채비율을 맞추느라 이미 빚을 내어 산 선박조차도 싼값에 매각해야 했다. 외환위기가 어느 정도 극복되고 나자 선박 수요가 늘었는데 특히 2007년 반짝 호황으로 물동량이 급증했다. 특히 원자잿값이 폭등하면서 운임이 비정상적으로 치솟아 1,000에서 2,000 사이에서 움직이던 BDI(건화물선 운임지수)가 2008년 5월에는 12,000에 육박했다.

이때, 최 회장은 성급하게 공격적인 경영을 선언한다. 증가하는 물동량에 대응하기 위해 대형 선박을 주문하고 고가의 용선료를 지불하여 배를 빌려 왔다. 문제가 된 것은 용선 계약기간이었다. 대부분의 용선 계약은 15~20년간 이어지는 장기 계약으로 시황의 변동에 따른 위험성이 매우 컸다. 그러나 미국발 서브프라임 모기지 사태로 국제 외환위기가 발생하여 운임은 반으로 떨어진 반면, 당시 시가의 5배에 해당하는 용선료를 지급해야 했다.

결과적으로 수익구조에 절대적인 악영향을 끼친 것이다. 원자잿값이 폭락세로 반전하여 해운 수요가 감소한데다 초과 공급이 심해져 운임이 폭락한 것이다. 한진해운의 위기는 이미 외환위기 직후 정부가 무리하게 추진한 부채 감축 정책과 2008년 운임이 피크에 달했을 때 용선을 장기계약으로 가져간 데 있다. 운임은 변동 요금인데 고정된 용선료를 지급하면서 수입과 지출의 괴리가 발생한 것이다. 결국 위험관리의 실패로 귀결된다. 결국 2014년 최 회장은 경영권을 한진그룹에 넘겼다. 경영권을 넘겨받은 조양호 회장은 한진해운의 회생을 위해 대수술을 해가며 나름의 노력을 했지만 회사는 이미 재기 불능의 상황에 빠진 상태였다.

결국 2016년 4월 조양호 회장은 한진해운 경영을 포기하고 자율 협약을 신청하는 절차를 밟게 된다. 한진해운은 유동성 해결을 위해 용선료 조정 등 자율적으로 경영정상화 작업을 추진하고 터미널이나 사옥과 같은 자산을 매각 추진하는 등 자구안을 산업은행에 제출했지만 거절당하면서 바로 법정관리에 들어갔다.

이러한 과정에서 최은영 회장의 비도덕적인 행동이 여론의 질타를 받게 된다. 회사를 어렵게 만든 장본인으로 책임 있는 행동을 하기는커녕 오히려 급여와 퇴직금 명목으로 97억 원과 시가 2,000억 원이 넘는 한진해운 사옥주 유수홀딩스 등 회사에 알짜로 남아있는 자산을 자신의 몫으로 챙긴다. 또한 자율 협약 발표 이틀 전에 주식을 매각하여 10억 원 이상의 손실을 보전하게 된다. 최 회장의 이러한 행동은 결과적으로 여론의 직격탄을 맞게 되는 계기가 되고 이후 한진 여론의 회생 노력에 찬물을 붓는 격이 되고 만다.

한진해운은 물론 현대상선까지 풍전등화의 위기에 처하게 되자 정부는 대규모 자본 확충과 구조조정에 전력을 기울였다. 이미 엎질러진 물이었지만, 자구노력에 적극적이었던 현대상선은 회생할 수 있었다. 그러나 오너조차 주식을 처분한 한진해운은 회생 불능 상태에 빠졌다. 공급과잉이 심각해 구조조정이 불가피한 해운, 조선, 철강, 유화, 건설 등 5대 산업이 전체적으로 위기에 처한 상황에서 어느 한 기업을 살리는 것은 사실상 불가능했다. 한진해운의 파산과 관련해서 정부의 정책적 결정에 대한 과오가 있었는지 살펴볼 필요가 있다. 최 회장을 비롯한 경영진의 부도덕성과 결정적으로 한진해운에서 손을 떼기로 한 조양호 한진그룹 회장의 선택에도 책임이 없다고 할 수 없지만, 국적 해운사이자 해운동맹(CKYHE)의 정회원이던 한진해운의 위상을 고려하면 정부의 결정은 아쉬움이 남는다. 업계 1위였던 한진해운을 파산시키고 현대상선을 지원한 결정에 대해서는 많은 사람들이 의아해했다. 현대상선이 한진해운보다 더 어려운 상황이었기 때문이다. 이와 관련하여 우선적으로 지적되는 것은 정책당국의 무능이다. 당시 많은 전문가들의 의견은 한진해운과 현대상선의 합병 필요성을 제기했고, 이 합병 법인에 대해 정부가 지원해야 한다는 것이 그들의 주장이었다. 그러나 공무원들은 책임이 귀책될 결정을 회피하는 행태를 보였다. 이는 관련 기업 고위 임원, 정부 및 공공기관 협의회 등 관계자, 학계 및 언론인 등의 전문가를 대상으로 한 설문조사에서도 가장 많은 20%가 해운, 금융 정책당국의 해운산업 중요성에 대한 인식 부족을 한진 사태의 주된 요인으로 꼽았다는 사실에서도 나타났다. 어려운 문제에 말려들기 싫어하는 정책당국자들의 무책임과 무소신의 결과였던 것이다. 경쟁국 역시 해운업의 위기를 겪었지만 우리나라 정부와는 대응 방법이 확연히 달랐다. 어설픈 논리로 시장원리대로 맡겨야 한다고 방관하지 않았다. 정부가 일단 지원해서 살리고 나서 구조조정을 통해 경쟁력을 강화한다는 것이었다. Maersk는 오히려 이때를 기회로 삼아 사상 최대 규모의 인수 합병에 성공한다. 그리고 세계 시장 점유율을 18.6%로 수직 상승하여 독보적인 위치를 구축하는 계기로 삼았다. 일본 해운 3사도 이런 위기를 맞아 컨테이너 부문 합병을 결정했다. 대만 정부는 저금리 대출 등 금융지원을 통해 해운사의 회생을 도왔다. 정부는 결국 적절한 구조조정 타이밍을 놓친 과오를 범했다.

한진해운을 파산시키고 현대상선을 살리는 결정을 한 것은 정부가 아니라 경쟁사인 Maersk Line에서 했다는 의혹도 제기된다.

이는 정부 정책 당국자들이 정부의 전략을 그대로 노출시키는 우를 범했기 때문이다. 정부와 산업은행은 한진해운과 현대상선 모두에게 자구책을 요청했다. 그리고 정부와 채권자의 지원을 받으려면 세 가지 조건을 충족할 것을 주문했다. 전략적 제휴(Alliance) 가입, 용선료 인하, 그리고 채무조정을 하라는 것이었다. 그러나 기계약된 용선료를 인하해 줄 선주는 없다고 보는 것이 합당하다. 일정 기간은 용선료를 낮추되 추후 용선료를 높이는 변형된 방식으로 계약 내용을 변경하여 오히려 선사들로하여금 적자의 늪에서 빠져나오기 힘들게 하는 원인을 제공했다. 한진해운은 'The Alliance'에 가입했고, 현대상선은 제외돼 있었다. 정부의 입장은 이와는 관계없이 위의 세 가지 조건을 충족하는 선사 중 한 곳에만 지원하겠다는 입장이었다. 이런 상황에서 Maersk와 MSC는 당연히 한진해운과 현대상선 중 어느 선사를 도태시키는 것이 자기들에게 유리할 것인지를 당연히 검토했을 것이다. 경쟁력 있던 한진해운을 도태시키는 것이 유리할 것으로 판단하고 현대상선은 2M에 가입시키고 한진해운을 파산으로 내몰았을 가능성이 농후하다. 정부의 결정은 국민 여론을 고려한 것으로 볼 수 있다. 한진해운의 파산으로 인한 실업자 증가가 그리 크지 않다는 정치권에서 해운업을 살려야 한다는 당위성은 점차 설 자리를 잃어가고 있었다. 해운업의 중요성과 한진해운의 파산으로 인한 국가적 손실이 얼마나 될 것인지에 대해 조사 분석하여 국민들에게 상황의 심각성을 알리려는 노력조차도 하지 않았다.

한진해운 파산의 여파는 심각한 상황을 초래했다. 한국을 떠난 선박이 세계 주요 항만에 묶였다. 어렵게 입항해도 하역 작업을 거부당해 장기간 정박 대기상태로 있어야만 했다. 당시 한진해운이 집계한 선박 억류 현황에 따르면 이들 선박에 실린 화물량은 12만 TEU였다. 금액으로는 140억 달러어치의 화물이 바다를 떠돌았다. 설상가상으로 한진해운이 속한 해운동맹은 한진해운 화물을 싣지 않기로 하면서 물류 혼란을 부채질했다. 이 여파로 일시적으로 배를 구하지 못해 운임이 50% 이상 폭등하기도 했다. 정부는 비상대책반을 구성해 사태를 수습하려고 노력했지만 조기에 수습하지 못했다.

삼성전자는 해상 물동량의 43~45%, LG 전자는 20%를 한진해운을 통해 운송해 왔으나 한국의 수출 맥박은 느려질 수밖에 없었다. 치밀한 사후 대책 없이 한진해운을 법정관리에 밀어 넣은 뒤 혼란을 수습하지 못한 대가는 너무 컸다. 어설픈 대처로 물류대란을 일으켜 국제적으로 국가 망신을 시킨 것은 물론이다.

중국판 대마불패의 허상

헝다그룹은 국가 경제 등에 미칠 파급효과를 감안한다면 중국 정부가 망하게 하지는 않을 것이라고 확신했다.

1958년 중국 허난성에서 태어난 쉬자인은 갓난아기 때 어머니를 잃고, 식초를 직접 만들어 팔아 생계를 유지하던 할머니 밑에서 가난하게 자랐다. 1982년 우한과기대를 졸업하여 제철소와 무역회사를 다니다 1996년 광저우에서 헝다(恒大)를 창업했다. 헝다는 주로 값이 싼 부동산을 매입하여 아파트를 지어 파는 부동산 개발회사였다. 중국은 1998년 이후 공공주택과 신규 주택을 개인이 거래하는 것을 허용함에 따라 새로이 주택 시장이 형성됐다. 부동산 개발 사업이 급속히 성장하자 쉬자인은 새로운 사업 기회를 정확히 포착했던 것이다.

2008년 미국발 세계 금융 위기는 헝다에 도약할 기회를 가져다주었다. 중국 정부는 경기 부양을 목적으로 대규모 자금을 푸는데 이를 활용해 헝다는 중국 280개 도시에서 1,300개가 넘는 부동산 개발 프로젝트를 벌렸다. 쉬자인은 부동산 가격이 상승할 것으로 판단했다. 그의 예상대로 중국 부동산 시장은 2000년대에 최고의 호황을 맞으며 헝다그룹은 급성장했다. 2020년 중국 건설사 중 자산규모 1위를 기록했고, 포춘이 선정한 글로벌 500대 기업 중 122위를 차지했다.

헝다는 2009년 10월 홍콩 증시에 상장했고, 이후 지분 70%를 보유한 쉬자인은 막대한 배당금을 챙겼다. 2017년 중국 부호 리스트에서 순자산 가치 425억 달러로 1위에 올랐다. 그는 부동산에 그치지 않고 사업을 확장해나갔다. 2019년 3월 향후 5년 이내에 헝다가 테슬라를 제치고 세계 최고의 전기 자동차 회사가 될 것이라고 장담했다. 스웨덴 NEVS, 네덜런드의 이트랙션, 영국의 프로틴 등 전기차 관련회사의 지분을 사들이며, 2022년 연간 100만 대의 전기차를 생산한다고 발표했다.

그러나 2021년 9월 문어발식 확장과 차입 경영으로 한 중국식 기업 성장모델이던 헝다그룹이 파산 위기에 빠졌다. 2021년 9월, 10월에 도래한 달러채권 이자를 지급하지 못했다. 게다가 지불해야 할 부채는 105조 원으로 이중 1년 내 만기 도래분이 44조이나 가용 현금성 자산은 16조 원에 불과해 디폴트리스크에 봉착하여 이제 그룹의 존폐는 중국 정부의 손으로 넘어갔다. 헝다그룹의 파산 위기는 세 가지 요인으로 압축해 생각해 볼 수 있다.

첫째, 창업자인 쉬자인의 모럴해저드다. 쉬자인은 2015년부터 2020년까지 11회에 걸쳐 500억 위안(9조 2천억 원)을 주주들에게 배당했다. 배당은 영업이익을 주주들과 공유한다는 장점이 있지만 미래의 현금흐름을 악화시킬 수 있는 리스크도 있다. 쉬자인은 헝다의 지분 70%를 보유하고 있으므로 대부분의 배당금을 본인이 챙기는 구조였다. 쉬자인이 고배당을 결정하던 당시 헝다의 부채비율은 780%에 달하고 있었으며, 해외에서 13%의 고리성 달러채권을 발행하는 등 회사의 전반적인 자금 상황이 좋지 않았다는 점을 감안하면 고배당은 결코 있을 수 없는 일이었다.

헝다의 위기가 결국 몰락으로 이어지는 게 확실해지자 쉬자인의 부인과 친인척, 가까운 투자자들은 서둘러 투자금을 회수하거나 환매했으며 고위급 임직원 역시 투자금을 환수하는 행태를 보여 많은 투자자들의 지탄을 받았다.

둘째, 무분별한 사업 확장은 헝다의 유동성 위기를 재촉했다.

쉬자인은 창업 초기, 공산당 정책의 흐름을 정확히 파악하여 선택과 집중을 통한 노선을 견지할 수 있었다. 개방 개혁의 거점 지역 진출, 회전율이 빠른 소형 주택에 집중, 모범적인 주거 환경 건설이라는 전략을 통해 공산당의 정책 목표인 소강사회(小康社會), 즉 모두가 여유 있는 문화사회를 만들자는 캐치프레이즈를 내걸었고 이는 결과적으로 큰 성공을 이루었다. 그러나 부동산 사업을 기반으로 한 헝다의 성장세는 부동산 시장의 침체와 더불어 정체되기 시작했다. 그동안 이룬 성공을 유지하기 위해 쉬자인은 과감한 사업 확장을 추진했다. 헝다는 적극적인 인수합병으로 규모를 키우기 시작했다. 전기 자동차, 스포츠, 헬스케어, 첨단 기술, 식음료, 보험회사, 테마파크 등 새로운 사업에 600억 위안(11조 원)을 투자했다. 부동산 개발회사의 특성상 부채비율이 높으므로 신규사업 투자에 있어서는 자금 선순환 구조가 최우선적으로 고려되어야 할 사항이었다. 헝다그룹은 사업 확장을 도모하면서도 그에 따른 전략을 전혀 고려하지 않았다. 투자수익률이나 볼트온 전략과 같은 현실적인 대책도 전혀 없었다. 부동산 사업과 거리가 먼 사업에 치중하다 보니 자신의 핵심 역량과는 관련 없는 사업으로 뛰어들었다.

정부 보조금에 기대어 끝물로 향해 가던 전기 자동차 사업에 뛰어든 것도 쉬자인의 실책이었다. 헝다는 전기차 개발 및 생산을 위해 474억 위안(8조 7천억 원)을 투입했음에도 그에 상응하는 실적을 내지 못했다. 그가 테슬라를 능가할 것이라고 장담했던 것과는 달리 전기 자동차를 한 대도 판매하지 못하고 핵심 사업부를 영국 회사에 매각하고 말았다.

중국 기업들은 대형 자본을 갖추면 불패 신화를 써 내려갈 수 있다는 인식이 바탕에 깔려 있다. 헝다그룹은 대마불사라는 최후의 보루가 있었고, 연관 사업이나 국가 경제 등에 미칠 파급효과를 감안한다면 중국 공산당이 절대로 망하게 하지는 않을 것이라는 확신을 갖고 있었다. 헝다그룹이 파산하면 중국 부동산 업계는 큰 충격에 빠질 수밖에 없다고 판단했다. 부동산 개발 사업이 중국 GDP의 30%를 차지하고 있는 만큼 중국 경제의 근간이 흔들릴 수 있기 때문이었다. 자금 상황이 열악해지는 가운데도 전기 자동차 사업에 뛰어든 이유도 그러한 배경이 있었기 때문이었다. 그러나 대마불사의 원칙이 깨지고 말았다. 공산당이 시작한 부실기업 정리 과정에서 화천 자동차, 베이따 판정, HNA 그룹 등이 퇴출됐다. 게다가 헝다는 시진핑의 태자당이 아닌 상하이방과 공청단과 협력관계에 있었기 때문에 공산당의 구제를 기대할 수 없었다.

마지막으로 정책적 리스크를 들 수 있다. 중국은 공산당의 정책 기조에 따라 기업들의 운명이 바뀌는 일당제 사회주의 국가다. 더욱이 공산당의 정책 기조는 최고 권력자의 말 한마디에 바뀔 수 있기 때문에 중국기업은 잠재력이 큰 반면 위험성도 높았다. 헝다가 중국 정부의 부동산 정책으로 수혜를 입어 급성장했지만 역설적으로 헝다가 몰락의 길을 걷게 된 것도 부동산 정책이었다.

2014년 중국은 전국적으로 부동산 시장의 침체기를 맞았다. 그간 유례없는 고도의 경제성장으로 붐을 이뤘던 부동산 열풍이 점차 가라앉은 것이다. 부동산 재고에 대한 중국 정부의 불안감이 부동산 안정화 정책으로 전환되면서 부동산 가격이 추락하기 시작했다. 이러한 상황을 지켜보던 쉬자인은 하락하는 부동산을 매입하는 배팅을 했다. 그의 판단은 적중하여 2016년 중국 정부가 갑작스러운 경기 침체를 돌파하기 위해 부동산 부양책을 시행하면서 헝다는 막대한 이익을 얻었다. 그러나 그는 멈추지 않았다. 지속해서 토지를 매입했고, 이에 따라 부채비율은 800%에 근접하게 되었다.

그러나 중국 정부가 부동산 투기 방지책을 발표하면서 중국 인민은행 총재가 과도한 부채는 경기 호황이 끝나면 채무자들의 부채 상환능력은 한계에 달할 것이라는 발언을 하며 민스키 모멘트를 경고했다. 2020년 7월 중국 공산당은 삼도홍선(三道紅線)이라고 불리는 경고 기준을 선정하여 시행한다고 발표했다. 선급금을 제외한 자산 대비 부채비율 70% 초과, 순부채 비율 100% 초과, 현금의 단기 부채비율 1 미만이라는 세 개의 레드라인을 설정하고 이 기준에 해당하는 부동산 개발 기업을 대상으로 대출 규제를 실시한다는 것이었다. 2021년 1월부터는 부동산 대출 총량 규제에도 나섰다.

대형 은행의 전체 대출에서 주택담보대출과 부동산 개발회사에 대한 대출 합계가 차지하는 비중을 40%로 제한하는 조치를 시행했다. 이에 따라 상당수의 중국은행이 부동산 대출 비중이 40%를 초과함에 따라 채권을 회수하기 시작하여 헝다를 더욱 압박했다. 중국 부동산 개발 기업들은 일제히 사업 확장에 브레이크를 걸었고 디레

버리징을 실시했다. 그러나 헝다는 국외 고금리 채권을 발행하면서까지 레드라인을 넘어선 배팅을 했다.

쉬자인의 도박이었지만 중국 정부는 대동 사회 건설이라는 슬로건을 앞세워 더욱 강력해진 부동산 대출 규제를 실시했다. 2020년 1월부터는 반독점법의 수정 초안을 발표하여 중국의 시장경제 체제 가속화의 제도적 기반을 다지겠다고 발표했다. 이는 사실상 공산당 주류 세력을 위협하거나 세를 키우는 기업들을 분해하는 도구로 활용되었다.

이러한 상황에서 정부의 레드라인을 거스르던 헝다그룹은 정책 역주행으로 증가한 부채를 끌어안은 채 허무한 종말을 맞았다. 헝다그룹이 중국 금융당국의 규제 기준을 모두 무시했고, 부동산을 억제하라는 지시를 간과했기 때문에 중국 정부의 입장에서는 결코 그냥 지나칠 수는 없었다. 그러나 분양한 아파트에 선수금을 내고 입주를 기다리는 피해자들이 수십만에 달하기 때문에, 이들을 구제하기 위해서라도 중국 정부가 공적 자금을 투입하고, 부채는 금융기관의 출자로 전환하여 주택부문은 살릴 가능성이 가장 유력하다.

쉬자인 및 여러 대주주의 주식은 소각될 것이고, 전기차나 식품 등 비주력 업체들은 대부분 매각되어 헝다그룹은 공중분해 될 것이다. 쉬자인 역시 개인재산을 부채 갚는 데에 써야 할 것으로 보인다.

연쇄적인 경제위기를 불러올 가능성이 있기는 하지만, 그렇다고 그냥 놔두기에는 중국 경제에 부실한 면이 있는지라, 중국 정부는 어떻게든 차입경영 및 문어발 확장을 하는 기업들을 향한 본보기로 헝다그룹을 처리할 것이다.

확신의 함정

사브는 안전한 고성능 자동차 이미지를 구축했지만, 디자인에 대한 소비자들의 욕구를 간과하며 결국 몰락의 길을 밟는다.

독일의 BMW는 항공기 엔진을 일본의 스바루와 미쓰비시는 항공기 제작을 하던 기업에서 자동차 제조사로 전환한 공통점이 있다. 2차 세계대전 이후 연합국에 의해 항공기 개발 및 제작이 금지되자 생존을 위해 자동차 제조로 눈을 돌렸다.

비행기 제작에서 자동차 제조로 전환한 기업으로 가장 유명한 회사는 스웨덴의 SAAB를 꼽지 않을 수 없다. **'Svenska Aeroplan Actie Bolaget'**, 즉 **'스웨덴 항공 제작 유한회사'**인데 이니셜만 따와 **'사브(SAAB)'**로 불린다.

사브는 1891년 필립 베르센이 설립한 회사로부터 출발했다. 필립은 산업화의 진전으로 철로가 확장됨에 따라 철도 궤도차에 대한 수요가 증가할 것으로 판단했는데, 그의 예상은 적중했다.

그는 10년간 궤도 열차 1,740대를 제작하여 유럽 전역에 판매하여 큰 성공을 거두었다. 이후 필립은 자전거에 주목했다. 자동차는 값이 비싸서 대중교통 수단으로는 적절치 않다는 점에 착안한 것이다. 이 역시 예상대로 큰 성공을 거두게 된다.

그러다 자동차의 보급이 점차로 확산되자 필립은 자동차에 관심을 갖는다. 실험용으로 자동차 한 대와 트럭 한 대를 제작하지만 회사의 형편상 둘 다 생산할 수 없어 상용차 제작으로 방향을 잡았다. 이 시기에 **'스카니아(Scania)'**도 자동차 제작에 성공을 거둔다.

두 회사는 좁은 스웨덴에서 시장을 양분하면 수익성이 떨어진다고 판단, 1911년 합병하여 **'바비스-스카니아 AB'**로 출범했다. 바비스-스카니아는 트럭과 버스 생산에 주력하여 스웨덴 시장을 독점하며 기반을 다졌다.

바비스-스카니아가 항공기 분야에 진출하게 된 계기는 1차 세계대전으로, 1916년~1918년 사이에 전투기 제작에 필요한 항공기 엔진을 제작하기 시작 하면서다. 미국 등으로부터의 주문이 쇄도하면서 스웨덴 공군이 주축이 된 항공기 제작사에 주력기업으로 선정된다. 바비스-스카니아는 6기통 110마력의 항공기 엔진 개발에도 성공하여 연합군과 스웨덴 공군에 납품한다. 항공기 엔진 사업의 성공에 고무된 바비스-스카니아는 주력사업을 항공기 엔진 제작으로 정하고 회사명도 사브로 바꿨다. 2차 세계대전으로 사브는 더욱 번창하게 된다. 1940년에는 항공기 독자 모델인 B17 싱글 엔진 폭격기를 개발하여 판매하는 등 호황이 지속됐다.

그러나 전쟁이 끝나면서 방위산업에 위기가 찾아왔다. 전쟁으로 인한 특수가 사라지고 민간 항공기를 제작하여 돌파구를 찾으려 했지만 이마저 여의치 않았다. 전쟁 당시의 특수로 채용한 직원이 많아 무언가 새로운 돌파구가 필요한 시점이었다.

여러 가지 상황을 고려한 끝에 사브가 새로이 진출한 분야는 승용차 제작이었다. 항공기 제작 사업 이전에 상용차 제작 경험도 있었으며 무엇보다 전쟁이 끝나면서 승용차에 대한 수요가 증가하고 있다는 점도 착안했다. 항공기 제작 기술진에 상용차 제작 기술을 접목시키면 승용차 개발도 쉬울 것으로 판단했다.

15명의 항공기 엔지니어가 6개월 연구 끝에 1947년 내놓은 사브의 첫차는 **'사브 92'**였다. 스웨덴의 특성상 눈이 많은 점을 고려하여 앞바퀴 굴림 방식을 선택했고, 항공기 엔지니어가 만든 차답게 특유의 유선형 스타일, 그리고 764cc 25마력 독일제 엔진을 사용했지만 엔진 튜닝을 통해 소형차임에도 시속 105km를 낼 정도로 성능이 뛰어났다. 특히 공기 저항 계수는 0.30으로 당시 최소 수준이었다. 이들 엔지니어는 자동차 개발 경험이 전무했지만, 사브는 이들에게 형식에 구애받지 말고 자유로운 발상으로 마음껏 만들도록 배려했다. 많은 사람들이 **'사브 92'**를 두고 가장 항공기에 가까운 자동차라고 불렀는데 이들 15명의 항공 엔지니어들의 창의적 시도에 대한 적절한 평가였다.

'사브 92'는 1950년 양산되며 시장에 출시됐다. 특히 **'사브 92'**는 적절한 앞뒤 무게 배분에 따른 안정된 성능이 특징으로 부각되면서 유럽 일대에서 큰 반향을 가져왔다. 1950년 **'사브 92'**는 몬테카를로 랠리에 출전하여 좋은 성적을 거두게 된다. 1960년대에는 핀란드 100호 랠리에서 우승을 차지했으며, 이후에도 영국 RAC 랠리, 몬테카를로 랠리 등 유럽은 물론 미국 랠리에서도 우승을 차지하며 전 세계적으로 사브라는 브랜드를 알렸다.

사브의 성공 스토리는 이후에도 계속되었다. 1977년, 항공기의 터빈에 적용한 터보 승용차를 개발했고, 2.0리터 엔진으로 145 마력을 내어 뛰어난 성능을 과시했다. 안전성에도 힘을 기울여 새로운 안전장치 개발에 전력했다. 이 때문에 소비자들에게는 사브는 고성능에 안전성을 더한 브랜드로 각인되었다.

그러나 1980년대 후반부터 사브는 쇠락의 길을 걷기 시작했다. 안전한 고성능 자동차 이미지를 구축했지만, 디자인에 대한 소비자들의 욕구가 점차로 커져감에 따라 그에 대한 대응이 필요했다.

그러나 당시 사브의 경영진은 소비자들의 디자인 선호 경향을 일시적인 것으로 판단했다. 그들은 소비자들이 전통을 중시하는 성향으로 회귀할 것이라고 확신했다. 적절한 변화의 시점에서 실기한 것이다.

1986년 47,000대를 판매한 것을 정점으로 판매 대수가 매년 감소하였으며 특히 미국 시장에서의 판매량 감소가 급속히 진행되고 있었다. 1996년 사브의 판매 대수는 2만대로 떨어졌다. 사브의 판매량 감소는 소비자 요구에 대한 무관심과 고비용 구조, 그리고 협소한 스웨덴 시장을 꼽는 시각이 주를 이룬다.

사브는 BMW3 시리즈와 비슷한 크기로 스포츠카 이미지를 갖는 SAAB 900에 양산 차로는 최초로 터보차저를 달면서 기술적으로 앞서간다는 평가를 받았다. SAAB 900의 성공 이후 본격적인 경쟁을 위해 피아트와 공동으로 더 큰 차량의 플랫폼을 개발하고 SAAB 9000이라는 중형급 세단을 출시했지만, 기존의 SAAB 고객을 지키지 못했고 생산비용 측면에서 경쟁력을 상실하여 개발비용을 회수하지 못해 재정적인 압박을 받게 된다.

BMW5 시리즈와 동급인 SAAB 9000은 대당 제작 시간이 70시간인 반면, 동급 GM 자동차는 50시간, 일본 차들은 그 절반인

35시간이 걸려 SAAB 자동차의 생산비용이 훨씬 높았다. 때문에 일부 자동차 관련 전문지에서는 생산비 절감을 제대로 하지 못해 몰락한 기업의 대표적인 회사로 SAAB를 꼽기도 했다.

1989년, 사브의 자동차 부문은 GM에 합병되었다. 그러나 GM에 합병된 이후에도 사브는 시간이 지날수록 더욱 침체되어 갔다. 협소한 자국 시장만을 고려한 제품 개발을 고집하고, 트렌디한 외관을 요구하는 소비자 요구를 무시하는가 하면, GM으로부터의 비용 절감 요구도 따르지 않았다. GM은 사브가 디자인에 문제가 있다는 것을 알았지만 기존 고객층을 유지하기 위하여 성능만을 중시했다. 그러나 이는 시장에서 좋은 반응을 얻지 못했다.

사브는 1990년대를 전후하여 GM식의 뱃지 엔지니어링과 그를 통한 모델 라인업 확대를 시도했다. 이렇게 해서 출시한 자동차가 '9-2X'와 '9-7X' 등이었는데, 이들 차종은 사브의 강렬한 개성과는 전혀 어울리지 않는 차량이었다. 오히려 사브의 이미지만 실추시키는 역효과만 내고 처절하게 실패했다.

2000년대 후반 들어서도 사브는 침체를 벗어나지 못하고 오히려 퇴행하고 있었다. 2007년에 12만 대였던 생산량은 2008년에는 9만대로 떨어졌고 2009년에는 2만대로 급락했다. 2010년에는 3만대로 잠시 증가했지만, 2009년 이래 포르쉐의 절반에도 못 미치는 판매량을 기록하면서 회생 불가의 상태로 빠졌다.

판매량 저조로 적자가 누적되자 GM은 스웨덴 정부에 구제금융을 요청하기에 이른다. 그러나 스웨덴 정부는 이를 거절했다. 2008년, GM은 사브를 매물로 내놓았다. 이 당시 사브는 그야말로 만신창이었는데, 전통과 정체성을 잃고 새로운 돌파구도 찾지 못한 상태였다.

결국 사브는 2011년, 파산 보호 신청을 냈다. 2012년 당시 사브는 약 15억 달러 상당하는 부채를 가지고 있었다. 급성장 중에 있던 중국 자동차 회사들이 사브에 눈독을 들였으나 GM은 중국으로의 기술 유출을 우려해 중국 자동차 회사 두 곳으로부터의 인수 제의를 거절하고 2011년 12월 파산하고 말았다. 2012년 중국계 대체 에너지 기업인 모던 에너지 홀딩스와 일본의 투자기업인 선 인베스트먼트가 합작으로 세운 법인 NEVS(National Electric Vehicle Sweden, AB)가 파산하고 빈털터리가 된 사브를 인수하려고 나섰다. 이들은 사브가 생산했던 중형 승용차 **'9-3'**를 기반으로 한 전기 자동차를 제작하려는 계획이었고 GM은 사브를 NEVS에 넘겼다.

그러나 이들은 사브 브랜드를 사용하지 못하고, NEVS 자체 브랜드로 차량을 생산해야 했다. GM이 사브 브랜드 사용을 거부하고 있고, 사브의 본가에 해당하는 사브AB가 자체적으로 자동차 사업에 재도전할 의사를 밝히는 등 사태가 복잡하게 얽히고 있는 상황이다. 게다가 NEVS의 최대주주는 중국의 헝다그룹으로 2021년 세계 금융가를 떠들썩하게 하며 파산 위기에 봉착해있기 때문에 사브의 미래는 아직 불투명한 상황이다.

비록 사브 브랜드는 사라졌지만, 사브가 남긴 기술은 역사의 한 획을 그은 것으로 평가받는다.

터보차저 장착, 전투기 비상탈출장치에서 영감을 받은 선루프 최초 개발, 비행기 착륙과 고도 조절을 목적으로 활용되는 스포일러를 자동차에 처음 적용한 것이다.

그리고 최근에는 일반화되었지만 블랙박스를 처음 장착한 자동차도 사브였다.

자멸의 덫

시어즈는 온라인 유통에 진입하기 위한 가장 큰 경쟁력을 가지고 있었음에도 스스로 이를 포기했다.

1893년 리처드 시어즈(Richard W. Sears)와 앨바 로벅(Alvah C. Roebuck)은 시어즈 로벅사(Sears, Roebuck and Company)를 설립하여 우편 주문 유통업을 시작했다. 그들은 우편 주문으로 시계를 판매하는 사업을 한 경험을 바탕으로 처음에는 시계와 귀금속 위주로 취급했지만, 점차로 아이템을 확장하여 옷, 인형, 건축 재료에 이르는 다양한 상품을 취급했다. 1895년 의류 제조업으로 성공한 Julius Rosenwald가 로벅의 지분을 매입하고 우편 주문 사업을 재편한다. 이때 시어즈는 판매 상품 목록을 취합하여 500페이지의 **'시어즈 카탈로그'**를 배포했다. 이를 통해 시어즈는 소매점에 쉽게 접근할 수 없는 농장과 마을에 다양한 상품을 저렴한 가격에 판매함으로써 급성장하게 되었다.

지금은 오래된 유통방법으로 평가되지만 당시에는 가장 뜨거운 혁신 기업으로 등장한 시어즈의 전략은 유통 분야에 일대 변혁을 가져왔다. 최근 들어 유통업계의 거인으로 등장한 아마존과 비교하며 뉴욕타임스는 시어즈를 **'그 당시의 아마존'**으로 표현했다.

실제 시어즈와 아마존은 태동기에 여러 면에서 유사성이 많은데, 점차로 취급 품목이 확대되는 것과 변화하는 고객의 요구에 적극적으로 대처하여 성공을 거둘 수 있었다는 점에서 그렇다.

시어즈는 1920년대 위기를 맞는다. 1차대전이 끝나고 찾아온 대공황으로 농민들이 도시로 몰려든 것이다. 이는 우편 주문 유통의 핵심 수요자인 농촌인구의 감소로 이어졌다. 위기의 시어즈를 구한 것은 로버트 우드였다. 그는 미국의 도시화, 그리고 남부 · 서부로의 확장이라는 새로운 사회적 흐름을 파악했다. 그는 시어즈의 유통구조를 기존의 우편 주문 중심에서 도심 곳곳에 상점을 설치한 유통 체인으로 바꾸어 나갔다. 1925년 시어즈는 첫 지점을 개점했고, 불과 4년 만에 상점수는 전국적으로 300개까지 증가했다.

자동차의 보급이 점차로 확대되자 시어즈는 자동차가 미국인의 생활에 중요한 부분을 차지하리라는 것을 간파했다. 자동차 부품과 수리용 공구, 그리고 자동차 보험을 각 상점에서 팔아 대성공을 거뒀다. 소비자의 욕구를 파악하여 선점적으로 대응한 결과 시어즈는 미국 최고 유통기업으로 입지를 굳건히 했다.

1970년대 시어즈는 시카고에 108층 높이의 세계 최고층 빌딩을 세웠고, 최고 전성기에는 시어즈 매출이 미국 국내총생산(GDP)의 1%에 이르렀으며, 미국과 캐나다에 2,300개가 넘는 브랜드와 제휴 매장을 확보했다. 그러나 시어즈는 1970년대 이후 새로운 트렌드를 읽고 대응하는데 실패를 반복한다. 회사는 점차적으로 경쟁력을 상실했고, 이는 곧 소비자들의 외면으로 이어지는 악순환이 반복되면서 적자가 누적되었다. 1980년대 중반 630억 달러에 달하던 매출은 2016년 150억 달러로 감소했으며, 2011년부터 2016년까지의 누적 적자 규모는 980억 달러에 달했다. 2016년 9월 비즈니스 인사이더의 할리 피터슨(Harley Peterson) 기자는 시어즈 매장을 둘러보고 마치 유령도시에 온 것 같다고 하고, 판매하는 물건의 질도 떨어질 뿐만 아니라 점차로 망해가는 시어즈에 물건을 공급하려는 업체가 없다 보니 제품의 구색도 제대로 갖추지 못하여 **"시어즈가 자살하고 있다(They are committing suicide)"**라고 표현했다.

결국 미국 최고의 소매기업으로 한 획을 그었던 시어즈는 120년의 전통을 뒤로하고 2018년 10월 파산보호 신청을 하면서 역사 속으로 사라졌다.

시어즈가 몰락한 요인의 **첫째는 할인점과 온라인 쇼핑이라는 커다란 트렌드 변화를 제대로 대응하지 못하고 무시했다는 점**이다. 시어즈는 혁신을 바탕으로 유통산업을 리드할 수 있었다.

그러나 1972년 월마트(Wal-Mart)가 할인점이라는 새로운 업태를 선보이고 이를 토대로 영역을 넓혀갔지만 시어즈는 이러한 변화를 무시했다. 월마트는 대도시 대신 지방, 1년 365일 할인이라는 캐치프레이즈를 걸고 시어즈를 따라붙었다.

월마트는 1992년 시어즈의 매출을 능가하는 670억 달러의 매출을 올리며 시어즈의 시대가 끝났음을 알렸다. 할인점이 태동해 본격적인 성장을 시작하기까지는 10년 이상의 세월이 걸렸음에도 시어즈는 이에 대한 대비를 전혀 하지 않은 것이다.

시어즈가 월마트에 역전을 허용한 것은 무엇보다도 1960년대 이후 경제성장으로 미국 중산층의 소비 패턴이 간접 구매보다는 직접 구매로 급격하게 이동하고 있다는 사실을 간과했기 때문이다.

당시 미국의 인구의 중심은 도심에서 다시 근교로 이동하고 있었다. 월마트가 중소도시에 거점을 두어 성장할 수 있었던 배경이다. 또한 더 싼 땅을 매입하여 상점을 세우고, 더 낮은 급료로 직원을 고용할 수 있는 이점이 있었기 때문에 더 싼 가격으로 고객에게 다가갈 수 있었던 것이다.

월마트나 타겟 같은 대형 매장 외에도 베스트바이, 홈디포와 같은 전문점(Category Killers)도 시어즈를 압박하고 있었다. 아마존 등장 이전에 등장했지만 이들 기업들은 온라인 시대에서도 꾸준한 성장을 보이고 있는 오프라인의 강자로 군림하고 있다. 월마트는 좋은 제품을 저가에 판매하는 할인매장으로써의 입지를 다지면서 소비자들의 트렌드를 파악하고 급변하는 유통시장에서 자신들의 브랜드 가치를 높이며 차츰 시장을 잠식했다.

결국 시어즈는 할인점으로 변화를 무시하다 2005년 할인점 업체인 케이마트(Kmart)에 인수됐다. 2005년은 온라인 쇼핑이 성장하는 시기로 또 다른 새로운 경쟁 시대로 접어들고 있었다. 할인점 경쟁에서 패한 케이마트와 유통의 흐름을 읽지 못하고 몰락하고 있었던 시어즈의 만남은 패자끼리의 만남으로 유통시장을 변화시키기에는 역부족이었다.

시어즈는 1990년대 후반 온라인 쇼핑이 시작될 때도 이러한 변화를 외면했다. 1995년 아마존(Amazon)이 온라인 서점을 시발로 온라인 비즈니스를 시작한 후 근 10년 이상이 되어서야 본격적으로 성장했다. 유통산업의 리더였던 시어즈는 온라인 유통이라는 변곡점에서 변화를 주도할 수 있는 기회가 있었지만, 그렇게 하지 않았다. 시어즈는 1993년 한 세기를 풍미했던 카탈로그 판매사업을 접는다.

매스미디어로 대표되는 새로운 판매채널의 등장과 채널 쇠퇴로 인한 결정이었다. 시어즈는 이와 함께 카탈로그 판매를 위해 미국 전역에 구축한 물류센터 네트워크를 폐쇄하는 조치를 단행한다. 이는 시어즈의 가장 큰 패착으로 지적된다. 아마존으로 대표되는 온라인 유통업체가 가장 필요로 하는 것이 물류센터였다.

시어즈는 온라인 유통에 진입하기 위한 가장 큰 경쟁력을 가지고 있었음에도 스스로 이를 포기한 것이다. 시어즈는 온라인 사업 기회를 포착하지 못했다. 물류센터를 모두 정리하고 나서 2년 뒤인 1995년 아마존이 온라인으로 첫 번째 도서 배송을 시작했다.

1990년대 온라인 판매 시대의 도래는 시어즈에게 지난 몇십 년간의 변화와 혁신에 실패했던 부분을 만회할 수 있는 마지막 기회였다. 급변하는 시대적 흐름을 재빨리 파악하고 이러한 변화에 능동적으로 대응해야 했지만, 이번에도 시어즈는 무시하고 말았다. 압도적인 인프라를 갖고도 한 치 앞을 내다보지 못한 결과는 너무나 치명적이었다.

두 번째 실패 요인으로 시어즈 자체의 독자적인 포지셔닝을 만들지 못한 점이다. 급변하는 유통 환경에서 자기만의 독특한 포지셔닝을 강화한 업체는 어느 정도 살아남았고 그렇지 못한 업체는 점차 사라져가고 있다.

월마트는 저가에 좋은 제품을 판매하는 할인점의 대표 유통기업으로 포지셔닝했고, 코스트코는 회원제 할인점이라는 코스트코만의 독특한 포지셔닝으로 자리를 잡았다. 그러나 시어즈는 백화점으로 출발했지만 점차 백화점으로서의 고급감을 잃어버리고 정체성의 혼란을 겪었다.

2014년 언론에 유출된 1978년 시어즈(Sears) 내부 문건을 보면 시어즈는 소비자들의 절대적 지지를 받고 있다고 믿었고, 이를 기반으로 큰 변화 없이 중산층을 대변하는 유통기업으로 남고자 했다. 이러한 전략적 판단에 따라 시어즈는 중산층 소비자의 니즈를 제대로 충족시키는 데에 집중했다. 그러나 이런 중산층 중심 전략은 산업 구조가 변하고, 소비 성향이 변하면서 중산층이 몰락하고, 중하층이 소비주도 세력으로 등장하는 가운데 월마트나 홈데포, 타겟 같은 유통기업이 성장할 수 있는 여지를 만들어 주었다.

세 번째 요인으로 브랜드 관리의 실패를 지적할 수 있다. 시어즈는 중산층을 대변하는 브랜드로서 그들이 필요로 하는 모든 것을 제공하는 브랜드가 되려고 했다. 그러기 위해서 시어즈라는 브랜드를 확장시키는 전략을 채택했다. 중산층이 필요로 하는 것을 제공하기 위해 다양한 분야로 다각화를 시도하면서 잦은 실패가 발생했다. 이는 시어즈브랜드 약화를 초래했다.

예를 들어 점포 안에서 다양한 금융 서비스를 제공할 목적으로 Coldwell Banker, Allstate Insurance Group과 Dean Witter Financial Services Group 등을 인수해 시어즈 브랜드 확장으로 도모했으나 매장에서 금융업무를 보는 것에 대한 소비자의 냉담한 반응에 따라 실패하고 철수했다. 한때 가장 혁신적인 기업이었던 시어즈는 소비자의 변화를 읽지 못하고 막연한 외연 확장으로 사업을 꾸려 나가려는 구태의연한 기업으로 전락하고 있었다.

월마트가 시어즈를 제치고 미국 유통산업의 최강자로 등극하고, 신흥 온라인 유통업체 아마존 등의 성장이 결정타를 날렸지만, 시어즈는 이미 20세기 말부터 침몰하고 있었다. 2004년 헤지펀드 투자가 에드워드 램퍼드가 인수하면서 잠시 기대했지만 **'시어즈 카탈로그'**의 영광을 재현할 수는 없었다.

샐러리맨 신화의 몰락

STX가 추진했던 부채를 통한 인수합병이 2008년 금융위기로 그룹 전체의 유동성 위기를 빠져 결국 몰락하고 만다.

STX 그룹이 혜성처럼 등장하여 성장하기까지의 신드롬은 서민들에게 꿈과 희망을 안겨준 '샐러리맨 신화'의 표증이었다. 말단 직원으로 입사하여 그룹 총수가 되기까지 맨손으로 기업을 일군 한 인간의 성공 신화를 보며 많은 직장인들은 희망을 가질 수 있었다.

STX를 창업한 신화의 주인공은 강덕수 회장이다. 강 회장은 1973년 쌍용양회에 입사해 특유의 성실함과 재능으로 쌍용중공업의 CFO까지 오른다. IMF 여파로 쌍용중공업이 어렵게 되자 자신의 개인 자산을 담보로 운영자금을 마련할 정도로 회사에 대한 애착이 컸다. 그럼에도 회사가 회생 조짐을 보이지 않게 되자 강 회장은 사재 20억 원과 펀드를 끌어들여 2001년 쌍용중공업의 경영권을 획득하게 된다. 이후 강 회장은 선박용 엔진을 생산하던 쌍용중공업의 사명을 STX로 변경했다. 그리고 2001년 10월 법정관리에 있던 대동조선을 시작으로 2002년 열병합발전소인 산단에너지, 2004년 범양상선을 차례로 인수했다. 또한 항법장치 제조업체인 STX 레이더스를 설립한다. 주업종인 조선과 관련된 기업들을 과감히 인수함으로써 STX는 수직계열화를 도모했다. 이후 국외로 눈을 돌려 2007년 노르웨이의 크루즈 건조업체인 아커야즈를 인수하고 2008년에는 3조 원을 투자하여 중국의 다롄에 조선소를 짓고 국외에서 배를 진수하기에 이른다. STX조선해양의 급부상은 국내 조선업계에 있어 일대 파란이었다. 당시 국내 조선업계는 현대중공업, 삼성중공업, 대우조선해양 등 소위 빅 3의 영향력이 컸던 시기였다. 일개 중소 조선소에 불과하던 STX조선해양이 갑자기 등장하여 이런 대형 조선업체들과 경쟁한다는 것은 상상할 수 없던 일이었다. 하지만 STX조선해양에게는 **'해운 · 조선 수직계열화'**라는 무기가 있었다. STX조선해양은 모회사인 STX그룹의 성장과 함께 국내 조선업계의 다크호스로 등장했다. 실제로 지난 2009년에는 글로벌 조선업체 중 수주잔량 기준 세계 4위에 오르기도 했다.

STX조선해양이 성공 가도를 달릴 수 있었던 것은 수직계열화의 선순환 구조 때문이었다. STX그룹의 수직계열화는 **'조선 기자재→엔진 제조→선박 · 플랜트 건조→자원 개발→해상 운송'**으로 이뤄져 있다. STX팬오션이 선박을 발주하고 STX조선해양이 선박을 만든다. STX엔진과 STX중공업은 STX조선해양에 조선 기자재를 납품한다. 이런 구조는 해운업과 조선업 활황에 힘입어 톱니바퀴처럼 돌아갔다. 수직계열화의 성공으로 STX그룹은 회사 출범 7년 만에 매출 61배, 자산 26배가 늘어 재계 순위 12위로 뛰어올랐다.

그리고 STX그룹 성공의 핵심은 주력 계열사였던 STX조선해양의 덕이 컸다 특히 2004년 이후 국내 조선 및 해운업이 호황기에 들면서 STX는 호기를 맞는다. 더구나 수직계열화를 완성한 STX는 가장 큰 수혜를 입게 되었다. 2001년 STX 조선해양은 건조 능력 14척에 매출 4,000억 원대의 기업이었지만 불과 5년 만에 건조 능력 47척, 매출 1조 6,000억 원대의 기업으로 성장했다.

이후에도 STX그룹은 급성장 가도를 달렸다. 창립 후 10년간 매출은 100배, 임직원수는 75배 증가했으며 재계 서열도 거듭해서 상승했다. 과감한 인수합병으로 사세를 키운 STX 그룹은 2007년 재계 순위 18위에서, 2009년 12위를 기록했다.

2011년 무렵에는 자산규모가 22조 원까지 불어나면서 두산, 금호, CJ 등과 어깨를 나란히 했다. 창립 10년 만에 연매출액 18조 원을 달성하는 등 대기업집단으로 성장한 것이다.

STX 그룹은 STX 조선해양, STX 팬오션을 중심으로 사업을 벌였다. 그러나 2008년 미국발 금융 위기는 STX가 급성장했던 환경과는 전혀 다른 모습의 난관이었다. 주력사업인 조선업과 해운업은 경기에 민감한 업종이기 때문에 금융 위기는 자연스럽게 조선업과 해운업의 위축으로 이어졌다. 이는 곧 STX 그룹에게는 치명적인 타격이었다. 2012년에만 STX 그룹은 1조 4,000억 원의 적자를 기록했다. STX 그룹을 막다른 길로 몬 것은 STX가 성공적으로 추진했던 인수합병 방식이었다. STX그룹은 회사채 발행, 인수기업 지분매각을 통해 자금을 확보했다. 이후 인수기업에서 발생한 수익으로 새로운 인수를 위한 자금을 확보하는 방식이었다. 그러나 2008년 금융위기 이후 자본시장의 침체로 이러한 방식은 더 이상 통용될 수 없었다. 결과적으로 각 계열사들의 재무 상태가 악화되면서 그룹 전체가 유동성 위기에 처한 것이다.

STX 조선해양의 경우 2007년 말 차입금 대비 현금흐름 비율은 40%였지만 2010년 11.9%로 떨어졌다. STX 팬오션의 경우는 더욱 심각했는데 2007년 말 차입금 대비 현금흐름 비율이 102.8%에서 2010년 9.4%로 떨어졌다. STX를 견인하던 두 핵심 회사의 재무구조가 악화되고 있었다. 그러나 강 회장은 더욱 공격적인 경영을 택했다. 그는 글로벌 금융위기 속에서도 새로운 성장 사업에 투자할 것과 세계 시장에 과감히 도전할 것을 주문했다. 동시에 유동성 위기를 불식시키려는 듯 현대산업개발, 대우건설 등의 인수를 계속 시도했다. 그리고 2011년 하이닉스 반도체 인수전에도 나섰다. 당시 하이닉스 반도체는 인수금액이 3조 원이 넘는 대형 매물이었다. 당시 증권사 애널리스트의 리포트를 살펴보면 **"유동성 개선이 시급하다"**는 지적이 줄을 이었다. 이런 상황에서도 STX그룹은 M&A 시장을 기웃거렸다. 이는 시장의 신뢰를 잃는 결정적 계기가 됐다. STX 그룹은 30년 이래의 최대 조선업 호황이라는 파도에 편승하여 성장했다. 특히 STX 그룹이 완성한 수직계열화는 경기가 좋을 때는 커다란 시너지를 내지만 경기가 불황일 때는 위기가 전염되는 역효과를 가져왔다. 세계 최대 해운사인 AP 몰러 머스크도 자회사로 있던 조선소를 매각하는 상황이었다. 머스크는 좋은 배를 만드는 조선소에 발주하는 것이 훨씬 더 경제적이라고 판단한 것이다. 조선소 간의 경쟁으로 가격이 인하되면서 이른바 저가수주가 대세였다. 글로벌 금융위기로 조선업과 해운업의 상황은 달라졌다. 전 세계 물동량이 줄어들고 해운업은 불황에 빠졌다. 벌크선 운임지수 BDI는 2007년 7,071포인트에서 2012년 920포인트로 1/7 수준으로 줄어들었다. 해운업 불황은 곧 조선업 불황으로 이어졌다.

국내 주요 해운사들도 2011년을 분기점으로 적자로 전환됐다.

STX 팬오션도 예외는 아니었다. 2011년 219억 원의 순손실을 기록했고 2012년 4,668억 원이라는 대규모 적자를 기록했다. 결국 STX그룹은 STX 팬오션 매각에 나서야 했다. 이런 상황에서 다롄조선소 건설 등에 자금을 쏟아붓는 바람에 STX 그룹은 치명타를 입게 된다. 조선업이 호황이던 시기에 미래를 너무 낙관적으로 전망하면서 다롄에 조선소를 세웠지만, 결국 불황이 다가오면서 금융비용을 감당하지 못하게 된 것이다. 다롄조선소는 처음부터 경보신호가 있었음에도 강 회장이 이에 대한 집착이 강했던 것으로 알려졌다. STX 그룹은 나중에야 사업다각화를 추진하지만 이미 실기한 이후였다. 새로운 회사를 인수할 자금도 없었고 주변 여건도 마땅치 않았다. 더구나 STX가 야커야즈와 다롄조선소에 투자한 돈은 조선 · 해운 업황이 좋을 때 들어온 선수금이었다. 선수금 규모는 4조 원 정도였는데 이 중 3조 7천억 원을 해외투자에 사용했던 것이다. 선수금은 선주로부터 배를 건조하는 데 들어가는 비용을 미리 받은 것이다. 그런데 업황 악화로 수익성이 악화되자 정작 선박 제조에 써야 할 비용을 조달할 수 없었다. 할 수 없이 회사채를 발행해야 했다. 2~3년짜리 회사채 만기가 2011~2013년 사이에 집중됐고 이는 곧 STX의 유동성 위기로 직결됐다. 당시 6%대의 금리로 회사채를 발행하여 자금을 조달했는데 STX 그룹의 영업이익률이 6%가 안 되는 상황이었다. 그만큼 무리하게 회사채를 발행했다는 의미다. STX그룹은 위기관리에도 실패했다. 2008년 글로벌 금융 위기로 인해 부채가 급격하게 늘어나면서 재무 상태는 계속 악화되고 있었지만, STX그룹 내부에서는 근거 없는 낙관적인 분위기가 우세했다. STX그룹은 2009년 STX다롄에 2조 원을 투자할 때만 해도 업황을 긍정적으로 보고 있었다. STX 그룹은 해운과 조선 시황은 완만한 회복세라고 예측했다. 그리고 STX유럽이 OSV 부문 증권시장 상장을 2009년에 마무리하고 이어서 STX중공업과 STX다롄이 각각 2011년, 2012년 증권시장에 상장되면 재무 건전성이 크게 개선될 것으로 장담했다. 그러나 STX유럽과 STX다롄은 이후 투자금도 회수하지 못했다. 2011년 4월 중국 다롄에서 가진 **'그룹 출범 10주년 기념 및 비전 선포식'**에서 강 회장은 2020년 그룹 매출 120조 원을 달성하겠다는 내용의 **'비전 2020'**을 선포했다. 2012년 매출이 18조 원 정도였는데 불과 7년 만에 6배나 성장시키겠다는 것이었다. 당시 그룹의 부채 규모가 이미 10조 원을 넘어선 상황이었다. 불가능한 목표를 정했거나 그때까지도 시장 상황을 정확하게 인식하지 못한 것일 수도 있다. 또한 신성장 동력으로 태양광 사업과 자원 · 에너지 개발을 제시한 것도 **'잘못된 선택'**으로 남았다.

태양광 사업은 투자하는 기업마다 낭패를 보고 있었다. 웅진그룹이 대표적이다. 자원 · 에너지 개발은 위험부담이 크다는 것은 상식에 속한다. STX 그룹이 시장에 제시하는 유도성 위기 자구책은 현실적인 대안이 되지 못했다. 짐 콜린스는 3단계 **'위기와 위기 가능성을 부정하는 단계'**에서 4단계인 **'구원을 찾아 헤매는 단계'**로 넘어가는 배경 중 하나로 경영진이 **"자신들의 책임으로 받아들이는 대신 외부 요인에 의한 차질 때문으로 돌리는 것"**이라고 지적했다. STX그룹은 강 회장이 기득권을 내려놓고 백의종군의 자세로 회사를 살리겠다는 의지를 나타냈다. 집까지 모두 팔아 수중에 남은 재산이 아무것도 없다고 전해진다. 채권단이 강 회장의 경영권을 모두 가져가겠다 할 때도 강 회장은 **"회사를 살리는 길이라면 무엇이든 못하겠느냐"**며 채권단에 모든 걸 양보했다. 판단을 잘못해 짧은 여정을 마쳤지만 한때는 샐러리맨들의 꿈이었기에 아쉬움이 더 크다.

추락한 미국의 날개

두 번의 항공사고와 연이은 테러를 겪으며 심각한 재정 위기를 극복하지 못하고 결국 팬암은 1991년 12월 파산을 결정한다.

금융업에 종사하던 사업가인 **후안 트리페(Juan Terry Trippe)는 1920년대 당시 태동기였던 항공업에 큰 관심을 갖고** 있었다.

결국 그는 무모하다는 소리를 들어가면서 항공 운수업에 도전하게 된다. 항공기는 국가 차원에서 관리하는 전략적인 물자인 동시에 군사적 정찰 목적으로 이용이 가능하기 때문에 민간인이 항공기 관련 사업을 한다는 것은 결코 쉬운 일이 아니었다.

트리퍼는 미국 공군 원수였던 헨리 아놀드(Henry Harley Arnold)를 비롯한 공군 출신 인사들과의 교류를 맺으며 기회를 노렸다. 1927년 독일계 회사인 SCADTA가 미국-콜롬비아 간의 우편 계약을 따내는데, 이 회사를 통해 미국의 정보가 유출될 수 있다고 판단한 아놀드가 정부의 지원을 얻어 팬암의 설립을 주도한다.

다만 아놀드는 설립자이긴 했지만 경영에는 관여하지 않았다.

설립 초기 팬암은 정부의 적극적인 지원 속에 성장해 나갔다. 유럽 항공 업체들이 지속적으로 항공 노선을 개척하는 추세여서 미국 정부는 이들을 견제하기 위해 항공업을 적극적으로 지원했다. 팬암은 1930년대부터 항공 여객 업무를 본격화하는데, 국제노선을 위주로 운영하면서 점차로 사업 기반을 확장해 나갔다.

제2차 세계대전은 팬암이 도약하게 된 기회였다. 팬암은 자사 항공기를 이용해 유럽 및 아시아의 주요 거점에 군수물을 운송하는 등 다양한 활동을 하는 한편, 노선을 운영하면서 얻은 항공 운항 관련 노하우를 미군과 공유하며 정부에 적극적으로 협조했다. 이에 따라 정부의 전폭적인 지원에 힘입어 종전 후 다양한 국제 항공로에 관련된 독점권을 취득하게 된다. 팬암은 선도적인 항공사로 성장하며 업계에서 그 입지를 탄탄히 구축해 나갔다. 1935년 11월 록히드 마틴에서 제작한 M-130 3대를 투입하여 세계 최초로 환태평양 정기 노선 운항을 시작한데 이어 1939년 1월 보잉에서 제작한 보잉 314를 인도받아 영국의 사우스햄프턴과 뉴욕 간 세계 최초의 대서양 정기 횡단 노선 운항을 개시했다. 또한 1947년 TWA, 아메리칸 항공 등 국내 경쟁사와 BOAC 등 해외 경쟁사들과의 경쟁에서 독보적인 위치를 구축하기 위해 세계 일주 노선을 최초로 개통했다. 팬암의 차별화 전략은 지속되어 1955년 B707 20대와 DC-8 25대를 구매하여 1958년 10월 뉴욕에서 파리로 향하는 PA160편으로 미국 항공사 최초로 제트 서비스를 시작했다. 1960년대 말까지 팬암은 137대의 B707, 25대의 B727 그리고 20대의 DC-8을 국내외 노선에 투입하여 미국 최대 항공사로의 이미지를 굳혀 나갔다.

팬암은 1976년 B747SP로 세계 첫 장거리 직항 노선이 가능한 시대를 열었다. 기존 항공기로는 태평양 노선도 힘든 상황이었지만 팬암은 보잉, 록히드, 맥도넬 더글라스 등 3사에 미국에서 테헤란, 도쿄, 시드니 등으로 직항이 가능한 항공기 개발을 요구했다. 이 중 보잉이 개발에 박차를 가한 끝에 1976년 3월 B747SP를 인도받음으로써 새로운 지평을 열게 되었다. 팬암은 항공기 개발에서 자사의 니즈를 최대한 반영하는 선례를 남기게 된다.

그러나 미국을 대표하는 항공사이자 20세기 항공산업의 상징이었던 팬암이 1991년 12월 경영 부실로 인한 누적된 적자를 이기지 못하고 파산하고 만다. 러셀 레이 팬암 항공사 회장은 **"오늘 우리는 그 이름이 미국 역사에 영원히 남게 될 한 항공사의 종말을 보고 있습니다"**라고 울먹이는 목소리로 팬암의 마지막을 공식화했다.

팬암이 도산하게 된 이유로 먼저 수익성 악화를 꼽을 수 있다. 팬암은 태평양 노선과 북대서양 노선에 B747을 투입했으며, 개인 수하물 무게가 기준을 초과할 시에도 추가 요금을 부과하지 않았다. 팬암은 항공산업이 성장할 당시 B707 같은 대형기를 노선에 투입하면 수요가 자동적으로 증가하는 것을 경험했다. 때문에 대형 여객기를 투입하면 승객이 증가할 것으로 예상했다. 다른 항공사들이 오일쇼크를 거치면서 팔아버린 B747을 가져와 기존 노선에 투입했다. 그러나 유럽 노선은 영국과 프랑스에 주로 한정되어 있었고, 태평양 노선에는 일본을 제외하면 그다지 수요가 많지 않았다.

따라서 여객기 대형화에 부응하지 못한 수요의 정체는 필연적으로 수익성 악화를 야기할 수밖에 없었다. 수요를 감안 한다면 400명 정도의 승객을 수용할 수 있는 DC-10, L-1011로 한 체급을 낮추어 B747 대신 투입하는 것이 나았을 것이다. 대형 항공기 운영으로 인한 유지비가 증가하여 흑자의 규모가 점점 줄어드는 상황에서

1973년, 제4차 중동전쟁이 발발했다. 배럴당 2.9달러였던 두바이유는 11.6달러까지 4배가량 폭등했고, 1978년 이란혁명으로 국제유가는 40달러까지 상승했다. 막대한 유지비에 유가까지 치솟자 팬암을 비롯한 항공 업계가 휘청거렸다. 이런 상황에서 팬암은 오히려 투자에 나섰다. 국제노선에서는 독보적인 위치였으나 다소 취약했던 국내선 보완에 나선 것이다. 당시 중견 항공사였던 **'내셔널 항공(National Airlines)'**을 무리한 가격에 인수했다.

인수금도 문제였지만 팬암과 내셔널 항공은 기종은 물론 운행방식까지도 너무 달랐다. 내셔널 항공으로 벌어들인 수익보다 유지비와 인건비가 더 나가는 상황이었고, 이로 인해 재정에도 위기가 찾아왔다. 그로 인해 1981년에는 당시 뉴욕에서 가장 큰 빌딩을 자랑했던 팬암의 본사 건물마저 매각해야 했다.

팬암은 운영비용 절감을 위해 1980년에 들어와 중대형 기종을 투입하기로 결정했다. 이때 팬암이 선택한 기종은 L-1011-500 트라이스타이다. 그러나 문제가 된 것은 이 기종을 도입할 당시 팬암은 내셔널 항공을 인수한 직후였다는 점이다. 이미 내셔널 DC-10이 팬암항공 소속으로 편입되어 L-1011과 DC-10이 동시에 들어오는 상황이 펼쳐졌다. 이에 따라 팬암에는 당시 취항하던 모든 광동체 기체들이 넘쳐났으며 자연히 유지비가 폭증할 수밖에 없었다. 경영진도 이를 인식하여 DC-10과 L-1011 등을 순차적으로 매각했다. 팬암으로부터 L-1011을 인수한 델타항공과 유나이티드 항공은 이를 적절히 운영하여 본격적으로 사세를 확장했지만, 팬암은 잘못된 판단으로 재정적 압박을 가중하는 결과를 초래했다. 팬암은 1930년대부터 국내선 확충을 위해 힘을 기울였다.

그러나 1970년대 중반까지 알래스카나 하와이 같은 일부 노선을 제외하고는 어떠한 국내선도 가지고 있지 않았다. 팬암은 1978년 내셔널 항공을 인수하기 전까지 30년 가까이 국내선 항공 노선 개설과 국내선 업체 인수에 차별적으로 제한당해 왔다. 제2차 세계대전이 끝난 후 17개의 국내선 항공사는 국회에 로비를 하여 2개의 법안을 통과시켰다. **첫째**는 국내선 항공사가 점진적으로 해외 운항이 가능하도록 허가해 주는 것이고, **둘째**는 팬암이 점진적으로 국내선 운항이 가능하도록 허가해주는 것이었다. 첫 번째 법안은 국회를 통과하여 즉시 시행되었으나 두 번째 법안은 1978년 카터 정부의 **'항공노선 개설 자율화'** 이른바 'Deregulation' 조치가 시행되기 전까지는 효력을 발휘하지 못했다. 당시 국내선 항공사들의 논리는 팬암에게 국내선 운영권까지 주면 독과점이 발생한다는 것이었다. 오히려 팬암은 신규 개설 노선을 다른 항공사에 빼앗기는 불이익을 당했다. 뉴욕-멕시코 노선은 이스턴 항공으로, 마이애미-런던 노선은 내셔널 항공에, 그리고 달라스-파리 노선은 델타항공에 빼앗겼다. 국내노선이 수익성에서 월등했지만 팬암은 대형 항공사라는 이유로 역차별 당한 것이다. 국내선 항공사들은 1978년 항공산업에서의 규제가 철폐될 당시 이미 팬암과 경쟁할 정도로 성장했지만 팬암은 국내선 확충이 시급한 상황에 직면했다. 이들 국내선 항공사는 이미 국내선 기반이 탄탄했기 때문에 유럽에서 미국의 주요 도시로 가려고 하면 환승을 하지 않고 간편하게 목적지에 도달할 수 있었지만, 팬암은 국내선이 없었기 때문에 JFK 공항에 도착하여 거기서 환승해야만 하므로 이미 경쟁력을 잃어가고 있었다. 항공사고 및 테러에 따른 팬암의 이미지 추락도 회사의 경영 악화에 지대한 영향을 미치게 된다. 1977년 대서양의 스페인령 카나리아제도 테네리페공항에서 착륙하던 팬암 항공기와 이륙하던 네덜란드 KLM 항공기가 정면

충돌했다. 이로 인해 583명이 사망하면서 항공 역사상 가장 많은 사망자를 낸 최악의 사고로 기록됐다. KLM 항공 측의 실수로 밝혀지긴 했으나 이 사건 이후에도 내셔널 항공이 천재지변으로 153명의 사망 사고를 내는 등 사고가 연이어 터지면서 팬암에 대한 신뢰도가 점점 하락했다. 팬암은 두 사고를 겪으면서 무너지기 시작했다. 본사 빌딩 매각을 시작으로 1985년부터는 태평양 노선을 유나이티드 항공에 매각하면서 노선마저 다른 항공사에 넘겨줬다.

다음 해에는 델타 항공에 대서양 노선을 매각해 1986년 팬암은 결국 국내선과 남미 노선만 남게 된다. 그러나 팬암은 여전히 미국의 상징적인 항공사였고, 반미 테러리스트들은 팬암을 표적으로 삼았다. 1986년 9월 파키스탄 국제공항에서 팬암 73편이 팔레스타인 테러리스트들에게 납치되는 사건이 발생했다. 뒤이어 1988년 서독 프랑크푸르트 암마인 공항을 이륙해 런던 히드로 공항과 뉴욕 존 F.케네디 공항을 경유해 디트로이트 메트로 공항에 착륙 예정이었던 팬암 103편 항공이 스코틀랜드 남부 로커비 마을 상공에서 폭파했다. 이 사고로 탑승자 259명과 마을 주민 11명이 희생되었다.

리비아 정보요원이 카세트 녹음기에 폭탄을 장착한 것으로 알려졌다. 두 번의 항공사고와 연이은 테러를 겪으며 심각한 재정 위기를 극복하지 못하고 결국 팬암은 1991년 12월 파산을 결정하며 64년의 족적을 남기고 역사 속으로 사라지게 된다.

팬암이 사라진 지는 오래지만 아직도 상당수의 미국인들은 1980년대의 **'위대한 미국'**을 그리워하며, 당시의 상징 중 하나였던 팬암을 기억하고 있다. 설립자인 후안 트리페는 평상시에 **"내 인생이 성공이라는 확실한 증거는 팬암항공은 내가 사라지면 파산한다는 것이다"**라고 했다는데 그의 말대로 되었다.

막 내린 아메리칸 드림

포에버21의 최대 몰락 이유는 경영진의 오만함과 교만이었다.

1981년 미국으로 이민을 간 장도원, 김진숙 부부는 갖가지 잡일을 하면서 모은 종잣돈으로 LA 한인타운에 '패션21'이라는 옷 가게를 차렸다. 이름도 없는 허름한 옷 가게였지만 이들 부부는 특유의 성실함으로 열심히 노력했다. 특히 패션계의 흐름을 놓치지 않으려고 정성을 기울였다. 또한 가난한 형편에 아이들의 세탁비도 부담이 되자, 몇 번 입고 버릴 옷이 오히려 가성비가 크다는 점을 눈여겨보고 있었다. 이들 부부는 2주일 만에 옷을 생산하는 패스트패션을 활용하여 의류 제작에 뛰어들었다. 이는 최신 유행을 바로 적용할 수 있다는 장점이 있었고, 가격도 저렴했기 때문에 미국 젊은이들 사이에서 큰 반응을 얻게 되었다. 소비자의 욕구를 재빠르게 파악하고 반영한 전략은 이들 부부에게 큰 성공을 안기게 된다.

저가 의류의 대중화로 지속적인 성장을 하며 **'포에버21'**으로 이름을 바꿨다. 이후 H&M, 유니클로 등 세계적인 SPA 브랜드와 경쟁을 하며 이들을 제치기도 하는 등 사세를 확장했다. 미국을 넘어 유럽, 아시아, 중남미 등으로 매장을 늘려가며 공격적인 경영전략을 펼쳤다. 세계 57개국에 800개가 넘는 매장을 열 정도로 성장하며, 2015년에는 매출이 44억 달러에 달했다. 미국 경제 전문지 포브스는 2011년 장 씨 부부를 **'미국 400대 부호 리스트'**에 올리고 2016년에는 표지모델로 선정하기도 했다. 2015년 기준 이들 부부의 자산은 59억 달러로 LA 지역 부호 10위 안에 꼽히기도 했다. 그러나 포에버21은 2019년 9월 30일 미국 델라웨어주의 연방파산법원에 파산법11조(Chapter11)에 따라 파산신청서를 제출했다.

미국판 동대문 신화의 주인공으로 무일푼에서 시작하여 큰 기업을 이뤄낸 어메리칸 드림이라는 찬사를 받은 입지전적인 인물이어서 포에버21의 파산은 커다란 안타까움을 주었다.

포에버21의 몰락은 변화하는 시장의 트렌드를 제대로 간파하지 못한 탓이 크다. 패스트패션의 장점에도 불구하고 한 시즌만 입고 버리는 옷이라는 이미지가 정착되어 소비자들로부터 과소비를 조장한다는 비판에 직면했다. 이에 반해 유행과 상관없이 오랫동안 입을 수 있는 옷을 구매한다는 슬로패션이 등장하기도 했다.

이러한 상황에서도 포에버21은 매장을 계속 확장하는 전략을 펼쳤다. 마크 코언 컬럼비아대 경영학과 교수가 지적하듯이 포에버21은 확장에 치중한 나머지 구매력이 약한 패션몰에 너무 많은 매장을 냈다고 지적했다. 날이 갈수록 쇼핑몰에서 구매하는 고객들이 줄어들었고, 지점에 대한 관리를 효율적으로 하지 못해 회사에 큰 부담이 되고 있었다.

게다가 **'매장 크기'**에 집착한 점도 문제였다. 오프라인 매장의 구매력이 떨어지고 있는 상황에서도 큰 매장을 고집했다. 실제로 포에버21의 전 세계 매장 평균 크기는 1,058평(3,500m²)에 달한다. 결국 높은 임대료 대비 매출 감소로 경영난에 시달려야 했다. 린다 장 부회장도 최근 외신과의 인터뷰에서 **"6년 동안 7개국에서 47개국으로 확장했다. 이때 많은 문제가 생겼다"**고 고백했다.

특히 중국 시장에서의 실패는 치명적이었다. 포에버21은 자신의 브랜드를 입증할 수 있는 곳으로 중국을 택했다. 첫 매장을 장쑤성에 열었는데 패스트패션에 익숙한 도시가 아니었다. 이후 포에버21은 대도시를 중심으로 오프라인 지점을 확대했다. 홍콩의 플래그십 스토어를 시작으로 베이징의 유명 쇼핑몰인 APM, 상하이의 난징둥루 등에 입점했다. 중국의 패스트패션 시장은 이미 유니클로, 자라, H&M 등이 장악하고 있어 내륙 1선 도시로 진출하는 데 어려움을 겪었다. 또한 포에버21의 장점인 가성비에 입각한 상품은 더 이상 중국 시장에서 메리트를 잃고 있었다. 이미 중국 자체 의류 브랜드가 성장하여 포에버21을 구매할 필요가 없어지면서 포에버21은 점차로 중국 시장에서 설 자리를 잃고 있었다.

포에버21이 초창기 큰 성공을 이룰 수 있었던 것은 패스트패션이었다. 이는 유행을 바로 쫓아가는 **'패스트 팔로어'**로 이어졌다. 그러나 유행을 재빠르게 쫓는다는 것은 결국 치명적인 약점으로 부각될 수밖에 없었다. 회사만의 독특한 디자인으로 소비자들에게 다가가는 것이 아니라 명품 브랜드를 카피하여 저가에 내놓기 때문에 표절 논란에서 자유로울 수가 없었다. 이러한 표절 논란이 일면서부터 한때 포에버21에 열광하던 젊은이들이 점차 등을 돌리기 시작했다. 짝퉁보다 심각한 것이 카피 상품이다.

업계 일각에서는 디자인 도용을 일종의 관행으로 생각하지만 디자인 카피도 명백한 법적 처벌의 대상이다. 포에버21은 구찌 제품 디자인을 도용했다고 격렬한 소송 공방을 벌여야 했다.

아디다스는 자사의 브랜드 상징인 삼선 줄무늬 디자인을 도용했다면서 포에버21을 상대로 소송을 제기했다. 미국의 팝스타 아리아나 그란데는 이미지와 비디오를 허가 없이 사용했다며 포에버21에 1,000만 달러의 손해배상을 청구하기도 했다.

포에버21은 상표권 침해 소송만 무려 50여 차례 당한 것으로 알려졌다. 이렇듯 카피 의혹 상품은 넘쳤으나 정작 브랜드 고유의 색깔을 담은 상품은 부족했다. 아메리칸드림인 포에버21을 무너뜨린 이유 중의 하나가 자신들이 대량으로 생산하여 유통했던 카피 의혹 제품이었다. 그뿐 아니라 패스트패션은 환경 오염을 일으키는 주된 원인으로 여겨져 점차로 그 인기가 하락하고 있었다.

한 시즌 정도만 입고 버려야 하는 옷을 만들기 위해 저가의 옷을 대량 생산하는 시스템은 과다한 의류 폐기물 배출은 물론 원단생산 과정에서의 환경 오염 배출물 등 끊임없이 환경 오염을 악화시키는 원인으로 주목됐다. 여기에 더욱 독이 된 것은 독선적인 경영이었다. 임직원이 뽑은 포에버21의 최대 몰락 이유는 경영진의 오만함과 교만이었다. 이들 부부와 자식들에 의한 폐쇄적인 경영은 여러 가지 사례로 드러났다. 변호사 선임 시, 자기들이 무슨 말을 하는지 모르게 하기 위하여 한국말을 알아듣는 변호사를 배제하는 등 이들에 의한 갑질이 폭로되었다.

포에버21의 내부 직원 평가도는 최악이었다. 미국 기업들 상대로 실시한 설문조사 결과 포에버21은 5점 만점에 2.5점으로 미국 내 모든 기업 중에서 최악의 직장에 꼽혔다. 응답자들은 일에 비해 낮은 급여, 직원들의 희생을 강요하는 불공평한 규정, 그리고 강압적인 문화를 최저 평점의 이유로 꼽았다.

여기에 노동법 위반 소송도 끊이지 않았다. 한창 성장해 가던 2001년에는 19명의 계약직 직원들이 최저 임금 미만의 월급을 받고 일했으며, 이에 불만을 제기한 직원은 해고됐다고 주장했다. 이에 포에버21은 불매 운동까지 겪었으나 2012년, 2014년에도 이와 비슷한 노동 관련 소송이 이어졌다. 이런 과정에서 포에버21은 이미지가 크게 훼손됐고 결국 소비자들은 포에버21을 외면했다.

최근의 트렌드는 젊은 층들이 온라인이나 개인 마켓과 같은 다른 소매업체들을 통해 옷을 구매하는 추세이다. 그들은 유행과는 별개로 자신들만의 개성을 살리는 독특한 옷을 찾기 시작했다.

이에 반해 포에버21은 오히려 더 많은 사람들에게 같은 디자인의 옷을 판매하는 전략을 택해 현재의 소비 트렌드와 역행하고 있었다. 이러한 전략은 직접적으로 회사의 매출 하락으로 이어졌다. 포에버21의 주 고객층이었던 미국 Z세대는 소비 과정에서 가치를 최우선으로 고려한다. 브랜드 정체성이 모호한 포에버21의 제품을 사는 게 지속 가능한 소비인지 회의적일 수밖에 없었다. 포에버21이 Z세대를 잡지 못한 것이 가장 결정적인 파산 요인으로 지적되는 까닭이다. Z세대는 어릴 때부터 디지털 환경에서 자란 **'디지털 네이티브'** 세대라는 점인데, 포에버21은 이를 무시하고 오프라인 확장에만 몰두했다. 아마존의 등장 이후 온라인 거래가 활성화되면서 경쟁 SPA 브랜드들은 온라인에 적극적으로 대응한 반면 포에버21은 2016년까지도 오프라인 매장을 확장했다.

포에버21의 경영전략은 색감과 색상이 독특하고 트렌디한 제품을 다양하게 저가에 사들여 판매하는 것이었다. 이러한 전략은 거의 변하지 않았다. 반면 글로벌 경쟁자인 자라, 유니클로, H&M 등은 비교적 빠르게 자신만의 전략으로 포지셔닝 했다.

자라는 수백 명의 디자이너를 동원해 스타일로 승부했다. 명품 브랜드인 셀린과 프라다의 컬렉션을 참고한 제품을 신속히 매장에 내놓았다. 독창성은 부족했지만 유명 디자이너 패션을 대중에게 선보였다는 찬사를 받았다.

유니클로는 소재와 개발의 힘으로 맞섰다. 2006년 시장에 내놓은 발열 속옷 **'히트텍'**이 대표적이다. 유니클로의 인기 상품 대부분은 경쟁력과 기술력을 갖춘 섬유회사와의 공동 연구개발을 통해서 이루어졌다.

H&M의 경우 패스트패션에 컬래버레이션을 도입한 선구자로 평가받는다. 이 회사는 2004년부터 10여 년간 최소 17회의 컬래버레이션을 진행했다. 유명디자이너와의 협업 9회, 스타일 아이콘 협업 2회, 브랜드와의 협업 6회 등이다. 거의 매년 열린 H&M의 이런 컬래버레이션은 상대적으로 싼값에 명품을 갖고 싶은 소비자 공략에 주효했다. 이처럼 경쟁사들은 패스트패션이 고객을 길들일 수 없는 대표적인 비즈니스라는 점을 면밀히 파악하고 끊임없이 변화하려고 애썼으나 포에버21은 매우 소극적이었다. 매일 400개의 신상품을 출시했지만 전문 디자이너조차 없이 작업한 결과였다.

포에버21에는 전문 디자이너로 구성된 팀조차 없었다. 이미 소비자들에게는 포에버21을 굳이 찾을 이유가 없는 요인들이 많아지고 있었다. 저렴하다는 이유 하나로 버텼지만, 2010년대로 접어들면서 저렴하지도 않다고 혹평하기 시작했다. 때마침 불어닥친 온라인마켓의 성장은 포에버21에게는 직격탄이었다. 반면 경쟁사들은 이미 슬로우패션이라는 새로운 배로 갈아타고 있었다.

잡지시대의 종언

리더스다이제스트는 인터넷 시대에 자립할 수 있는 콘텐츠 개발에 실패하면서 역사의 뒤안길로 사라졌다.

중년 세대라면 학창 시절에 영어 공부 교재로 인기가 있었던 '리더스 다이제스트'를 기억할 것이다. 지난 수십 년간 한국을 비롯한 전 세계인들은 작은 책 속에 가득한 촌철살인의 유머, 가슴을 울리는 휴먼 스토리, 세계 곳곳의 생생한 풍물, 실용적인 건강 상식에 매료돼 습관처럼 이 잡지를 손에 쥐곤 했다. 젊은 세대에게는 생소하겠지만 은행이나 관공서에서 순번을 기다리며 이 책을 들춰 본 경험은 누구나 갖고 있는 친숙한 잡지였다.

전성기였던 1970~80년대 당시 리더스 다이제스트는 미국에서만 1,800만 부가 발행되는 등 전 세계적으로 매달 3,000만 부가 팔려 나갔으며, 독자 수는 1억 명에 달했다.

리더스 다이제스트의 창업자인 드윗 월리스는 미국 미네소타주

세인트폴에서 장로교 목사의 아들로 태어났다. 대학을 중퇴한 그는 아버지 소개로 농업 서적 출판사에서 근무했다. 그때 농사 기술에 관한 여러 책자를 요약해 한 권으로 만들면 좋겠다는 생각을 하게 되었다. 자비를 털어 만든 책은 실패했지만 이를 계기로 유명 잡지들에 실린 기사들을 요약해 모으려는 아이디어를 얻게 된다.

1차 세계대전 당시 미 육군 병사로 프랑스 전선에 투입됐다가 목, 코, 복부, 폐에 파편이 박히는 부상을 당한 그는 4개월간 프랑스 동부 엑스레뱅 군 병원에서 입원했다. 이 기간 동안 병원으로 공수돼 온 미국의 유명 잡지들을 탐독하면서 기사들을 요약하여 압축하는 작업에 열중했다. 제대 후에도 도서관에서 살다시피 하며 온갖 잡지에 실린 읽을 만한 기사들을 압축해 나갔다.

오랜 작업 끝에 그는 **"모든 기사는 4분의 1로 줄일 수 있다"**는 결론에 이르렀다. 월리스는 여러 기사 가운데 불후의 가치와 재미가 담긴 31편을 모아 1920년 1월 포켓 사이즈의 책을 인쇄하고 이를 **'리더스 다이제스트(Reader's Digest)'**라고 명명했다. 그러나 이 책을 출판해 주겠다고 선뜻 나서는 사람이 없었다. 낙담해 있던 차에 월리스는 어릴 적 친구 바클레이 애치슨의 여동생 라일라를 만난다.

첫눈에 반해 청혼을 한 월리스는 라일라에게 자기가 인쇄한 리더스 다이제스트를 보여줬다. 라일라는 그가 작업한 책을 보고 매우 좋은 아이디어라고 말하고 성공을 직감했다고 한다.

라일라의 뜨거운 성원에 힘입어 월리스는 잡지를 독자들에게 직접 판매하기로 결심했다. 결혼식 직전 4,000달러를 빌려 지인들과 전문직 종사자들의 주소로 수천 통의 구독 권유 편지를 발송했다. 신혼여행을 마치고 돌아왔을 때 월리스 부부 앞으로는 구독료 3달러를 동봉한 1,500통의 편지가 도착해 있었다.

1922년 2월, 월리스 부부는 이 돈으로 **'리더스 다이제스트'** 첫 호 5,000부를 인쇄했다.

리더스 다이제스트는 독자들의 입소문을 타면서 구독 요청이 쇄도했다. 1925년 16,000부, 가판대 판매가 시작된 1929년에는 216,190부로 구독자가 급증했다. 1933년부터는 다른 잡지사 기사 외에 자체적으로 프리랜서 작가들을 고용해 리더스 다이제스트만의 고유 기사를 내보내기 시작했다. 그리고 1934년에는 발행 부수 100만 부를 돌파했다. 경제 대공황으로 어려운 시기임에도 리더스 다이제스트는 성장을 지속하여 1937년에는 247만 부를 발행했다. 리더스 다이제스트는 서서히 대중 잡지로 입지를 굳혀갔다.

2차 세계대전 중에도 리더스 다이제스트는 해외에 나가 있던 군인들에게 큰 인기를 끌었고, 전쟁이 끝날 무렵 발행 부수는 900만 부를 돌파했다. 전쟁 전후를 기해 리더스 다이제스트는 영국, 중남미, 스페인 등 해외 시장으로 적극 진출했다.

이후 21개 언어로 50개 판이 발행되었다. 또한 독자층이 확산되자 시각장애인을 위한 점자판, 외국어로 녹음된 오디오판이 등장했다. 특히 교도소에는 무료로 배포되어 리더스 다이제스트는 많은 수감자들을 열독자로 만들었다.

특이한 것은 1950년대까지 구독료가 리더스 다이제스트의 유일한 수입원이었다는 점이다. 광고는 잡지의 주 수입원이었기 때문이다. 리더스 다이제스트는 독자들을 대상으로 한 설문조사를 거쳐 1955년에 이르러야 처음으로 광고를 실었다. 그러나 건강을 생각하는 잡지의 성격상 술과 담배의 광고는 일절 싣지 않았다. 술은 1979년부터 광고에 포함시켰지만 담배는 그 이후에도 금지했다.

리더스 다이제스트의 성공으로 막대한 부를 축적한 월리스 부부는 자신들의 재산 중 상당 부분을 자선 단체 등에 기부해 사회 활동에 힘을 쏟았다. 또한 유명 예술가들의 작품을 뒤표지에 소개하는 등 독자들의 교양을 높이고자 노력했다.

그러나 20세기 미국이 낳은 최고의 걸작품으로 불리며 87년간 전 세계인과 호흡을 같이 한 리더스 다이제스트가 2009년 8월 17일 뉴욕 파산법원에 파산 보호 신청을 했다. 인터넷 시대의 도래에 따른 발행 부수 감소와 자금난을 견디지 못한 것이다. 한때 1,800만 부에 달하던 미국 내 발행 부수는 820만 부로 지속적으로 감소하는 추세였으며, 발행 횟수를 줄이는 등 자구노력을 벌였으나 과다한 부채와 광고 수입의 감소에 따른 적자가 누적되면서 재정적인 압박을 감당할 수 없었다.

리더스 다이제스트의 경영난은 1990년대 처음 일어났다. 1998년 고육지책으로 창업주 윌리스의 애장품인 모딜리아니, 마티스, 세잔 등 유명 화가의 미술품 약 1억 달러어치를 소더비 경매에 내놓기도 했다. 대규모 정리해고와 사업 부문 통폐합, 회사 전용 제트기 매각 등 강력한 구조조정이 이루어졌다.

그럼에도 21세기 들어 잡지를 읽는 사람 자체가 줄어들고 있는 게 세계적인 현상이었다. 독자가 사라지면서 문을 닫는 잡지 수도 계속 늘어나고 있었다. 2007년 미국에서 출판된 잡지의 매출 총계는 493억 불이었으나 2015년에는 283억 불로 무려 43%나 감소했다. 이에 따라 잡지사들은 어떻게 생존해야 하는지를 걱정하는 상황이었고, 잡지 왕국이라는 일본도 잡지 판매액이 연속적으로 감소하는 추세를 보이고 있었다. 리더스 다이제스트의 매출도 큰 폭으로 감소하고 있었다.

인터넷의 출현은 잡지 시장을 침체로 빠지게 한 직접적인 원인으로 지목된다. 그러나 인터넷의 등장과 함께 잡지는 선택을 할 수 있었다. 정치, 경제, 대중문화 잡지는 온라인에 공을 들였다.

반면 패션지와 주부를 대상으로 한 잡지는 인쇄 매체의 특성을 살리는 데 주력했다. 잡지에 화려함을 더한 사진과 값비싼 물건을 실었다. 이후 시간이 지나면서 그 결과는 극명하게 갈렸다. 정치, 경제, 대중문화 잡지는 경영난에 허덕이고 있다. 온라인에서 수익원을 창출하는 데 실패한 것이다. 독자의 이목은 포털에 빼앗겼다.

이미 리더스 다이제스트는 2006년 인기 TV 요리사인 레이첼 레이와 요리 잡지인 'Every Day with Rachael Ray'를 창간하여 큰 반향을 얻은 바 있고, 2008년에는 초대형 베스트셀러 **"목적이 이끄는 삶"**의 저자인 릭 워런 목사와도 파트너십을 맺어 잡지 발행을 비롯해 다양한 사업을 펼치는 등 21세기에도 생존할 수 있는 잠재력을 스스로 증명해 보였지만 그뿐이었다. 리더스 다이제스트의 파산과 관련하여 잡지의 내용이 너무 식상하기 때문이라는 의견도 있었기 때문에 콘텐츠 다양화를 위한 노력이 지속되어야 했다.

때문에 인터넷 시대로의 흐름에 편승하지 못했다는 것보다는 인터넷 시대에 자립할 수 있는 콘텐츠 개발에 실패했다는 것이 오히려 적당한 표현일지 모른다. 신문이나 방송 등 다른 매체에 밀리는 잡지는 이제까지는 각 분야의 전문 내용을 다루면서 성장했지만 점차로 그 기능을 전문적인 블로그 들에게 빼앗기고 있다.

무엇보다도 복잡한 얘기를 단순 명료한 형태로 압축하는 데 장기를 가진 리더스 다이제스트의 저력은 오늘날처럼 온갖 정보들이 흘러넘치는 시대에는 더욱 가치를 인정받을 수 있다고 이코노미스트가 평가한다. 실제로 아마존닷컴이 내놓은 전자책 단말기 **'킨들'**에서 구독할 수 있는 잡지 책 수십 종 가운데 리더스 다이제스트는 타임, 뉴스위크, 뉴요커와 더불어 가장 인기있는 4대 잡지에 선정됐다고 한다. 그럼에도 리더스 다이제스트가 파산에 이른 것은 최근 들어 본업 외에 다른 곳으로 눈을 돌린 탓이 크다. 실제로 리더스 다이제스트는 젊은 독자를 잡기 위해서 연예인 소식을 전하는 등 과거와는 다른 시도를 벌이다가 기존 독자들의 외면을 받았다는 지적이 있었다. 리더스 다이제스트가 추구하는 전통적인 가치인 가족과 실용주의로부터 벗어났기 때문이다.

리더스 다이제스트는 보수적인 색채를 띤 잡지였다. 소련과의 관계가 개선될 무렵 리더스 다이제스트는 미국인들이 소련이 얼마나 위험한 나라인지 간과하고 있다는 사실을 우려했다. 소련은 결코 변하지 않을 것이라는 기사를 잡지에 실어 독자들에게 경각심을 불어넣고자 노력했다. 그러나 베를린 장벽의 붕괴는 리더스 다이제스트의 도덕적인 확신을 무너지게 하는 계기가 됐다. 냉전의 쇠퇴는 리더스 다이제스트가 미국과 자신의 역사적인 사명을 대체할 새로운 이미지가 필요했지만 결론적으로는 실패하고 말았다.

세상에서 바뀌지 않는 것은 오직 하나뿐이다. 그것은 모든 것이 변한다는 사실이다. 잡지 전체의 독자가 줄어드는 환경에서 높은 인기를 유지한다는 것은 쉬운 일이 아니다. 실제로 고소득층과 젊은 소비층들을 대상으로 한 매체가 우후죽순 격으로 생겨나고 있어 경쟁이 치열해지고 있다. 잡지가 단순히 트렌드를 좇아 발간과 폐간을 하는 것보다는 진정한 진화를 해야 한다는 의견이 나오는 이유이다. 어떤 매체도 가질 수 없는 자신만의 특성을 개발하여 시장을 공략해야 한다. 비록 리더스 다이제스트의 파산이 미국에 국한된 것이지만 리더스 다이제스트의 몰락이 잡지 시대의 끝을 알리는 사인이 되지 않기 바란다.

빛의 제국의 부침

윤리적인 자본가의 전형이었던 웨스팅하우스였지만 오만의 함정에 빠진 결과는 너무 암울했다.

1886년 조지 웨스팅하우스는 피츠버그에 '웨스팅하우스'라는 전기 회사를 설립한다. 웨스팅하우스는 발전소와 설비 등의 전기 관련 인프라 사업으로 시작했다. 이후 산업화 붐을 타고 회사는 급성장하게 된다. 1940년대에는 방위사업에 진출하였고, 이어서 백색가전으로도 사업영역을 넓혀갔다. 품질과 인지도를 바탕으로 소비자들의 높은 호응을 받으며 성장을 지속했다.

특히 2차 세계대전 이후 원자력과 관련한 사업 부문에 진출하여 세계 최고의 기술력을 보유하면서 시장을 주도했다. 국내의 고리 원자력 발전소 1호기가 웨스팅하우스의 기술 지원으로 건설된 바 있다. 이렇듯 성장과 수익을 실현하던 가운데 경영진은 신규 사업으로의 진출에 힘을 쏟았다.

웨스팅하우스는 엔터테인먼트 회사, 부동산 개발회사와 장난감 회사 등 주력사업과는 전혀 시너지를 기대할 수 없는 사업으로 진출한다. 원자력 사업에 대한 높은 기대감으로 방만한 경영이 이어졌다. 그러던 중 그간 야심 차게 추진하던 에너지 관련 프로젝트가 오일 쇼크로 막대한 타격을 입게 된다. 게다가 1979년 발생한 스리마일 아일랜드 원자력 발전소 사고는 미국에서만 30년간 원자력 발전소 신규 건설을 중단하는 결과를 초래하여 회사의 주력사업인 원자력 사업은 결정적인 한방을 맞게 된다.

1970년 이후로는 미 해군에 함정용 원자로를 납품하는 사업이 니미츠급 항공모함과 시울프급 잠수함을 제외하고는 GE에 연속적으로 빼앗기며 신제품 개발 의욕마저 상실하는 등 수렁에서 벗어나지 못했다. 그리고 소련 연방의 해체로 국방비가 감소하면서 방위사업의 주력 분야인 레이더 개발도 지체되고 말았다. 이로 인해 1986년 가전 부문을 일렉트로룩스에 넘기는 등 굵직한 사업 부문을 매각하면서 회사의 외형은 대폭 감소했다.

웨스팅하우스는 1980년대 중반부터 1997년까지 최고경영자(CEO)가 4차례나 바뀌는 혼란을 겪으며 일관성없는 M&A 전략으로 지리멸렬했다. 위기의식을 갖고 철저히 미래 먹거리 사업을 준비해야 할 시기였지만 웨스팅하우스는 1995년 CBS를 인수하면서 자금난에 봉착했다.

이를 극복하기 위해 과거 주력사업이었던 전력 사업을 독일의 지멘스에 매각하는 등 악수를 두더니, 결국 1998년에는 원전과 관련된 사업을 영국의 BNFL에 매각하기에 이른다. BNFL도 오래 버티지 못하고 2006년 도시바에 54억 달러에 넘어갔다.

도시바는 웨스팅하우스를 사들인 덕택에 프랑스 아레바, 미국

GE와 함께 글로벌 원전건설을 이끄는 선두그룹으로 발돋움했다.

웨스팅하우스도 미국과 중국에서 잇따라 원전 수주를 하는 등 성공 스토리를 한동안 이어갔다. 하지만 도시바는 대규모 적자에 허덕이는 웨스팅하우스를 인수한지 12년 만에 포기했다.

웨스팅하우스는 전 세계 원자력 발전소 건설 역사상 가장 큰 업체로 군림했지만 2017년 3월 29일 미국 뉴욕 남부지방법원의 파산법원에 법정관리를 위한 파산 보호를 신청하게 된다. 도시바는 웨스팅하우스의 70억 달러의 손실과 부채를 떠안게 됐다. 웨스팅하우스가 파산에 이르게 된 가장 기본적인 요인은 웨스팅하우스와 도시바가 선택한 베팅 때문이었다.

첫 번째 베팅은 원전 시장이 성장을 지속할 것이라고 예상했던 것이다. 도시바가 BNFL로부터 웨스팅하우스를 인수하면서 언론에 발표한 자료에 따르면 2020년까지 전 세계 원전 시장은 50% 이상 성장할 것으로 내다봤다. 도시바는 매년 10곳의 대형(1GM 급) 원전이 건설되어 2020년까지 총 130GM에 달하는 신규 원자력 발전 용량이 추가될 것으로 전망했는데 결과적으로는 그 예상에는 훨씬 못 미치고 있었다.

웨스팅하우스 임직원 등 많은 사람들이 원전의 르네상스가 올 것이라는 낙관적인 기대감에 부풀어 있었다. 또한 당시 일본 경제산업성은 **'원자력 르네상스'**라는 기치를 내걸고 원자력 발전 사업을 주력 수출산업으로 육성하려고 했다. 당시 도시바의 니시다 아츠토시 사장은 2015년까지 원자력 발전 매출을 최대 3.5배 늘리겠다고 호언 했다.

그러나 원자력은 그렇게 장래가 유망한 사업이 아니었다. GE, 지멘스 등 세계적인 원자력 발전 기업들은 향후 원자력 사업 전망을 비관적으로 보고 있었고 경쟁사인 미쓰비시 중공업도 비싼 매물이라며 웨스팅하우스 인수를 포기한 상황이었다.

그럼에도 불구하고 도시바는 정부 정책에 부응하기 위해 무모한 인수를 강행했다.

웨스팅하우스와 도시바의 두 번째 베팅은 원전 건설상의 추가 비용 문제와 너무 긴 건설 공기 문제를 자기들의 AP1000 원전 설계로 해결할 수 있다고 판단한 것이다. 원전 건설의 추가 비용 문제를 다룬 연구보고서에 따르면, 조사한 전체 180개 원전 공사 가운데 175곳에서 처음 책정한 예산을 평균 177% 초과한 것으로 나타났다. 또 공기는 당 초 계획보다 평균 64% 늘어난 것으로 조사되었다. 그럼에도 웨스팅하우스는 대폭 단순화한 원전 설계와 모듈 방식의 건설 기술을 채택하여 비용 및 공기와 관련된 모든 문제를 해결할 수 있을 것으로 장담했다. 이를 근거로 웨스팅하우스는 원자로 2기 원전의 전력 단가를 kWh당 3.0에서 3.5센트로 예상했다.

그리고 AP1000 원자로의 경우 시공부터 핵연료 장전까지 건설 공기를 36개월가량 단축시킬 수 있다고 발표했다. 그러나 웨스팅하우스의 예상은 빗나가서 중국은 물론 미국 내의 모든 공사에서 실패하고 말았다. 모듈 공법 역시 기존의 문제점을 원전 건설 현장에서 모듈 제조공장으로 옮긴 것에 불과하다는 혹평을 받았다.

상하이 남쪽 해변에 건설 중이던 산멘 원자로는 웨스팅하우스가 최첨단이라고 자랑하는 AP1000 기술에 의해 최초로 건설되는 원자로였다. AP1000 원자로는 밸브와 펌프, 그리고 여러 가동 장치를 대폭 줄여 운영요원을 감축하고, 공기를 획기적으로 단축하는 기술이라고 웨스팅하우스는 자랑했다.

입찰 당시부터 웨스팅하우스는 프랑스의 경쟁사인 아레바가 엄두도 못 낼 신기술이라는 점을 부각시켜 중국 원자력 당국도 이를 수용했던 것이다. 원자력 안전을 위해 중력과 같은 자연의 힘을 이용했고, 비상 상황에서도 대형 탱크에서 자동적으로 물을 뿜어 내려 원자로를 냉각시키는 안전성과 비상시에도 자동으로 가동되는 특성을 부각시켰다.

2013년 웨스팅하우스는 세계적인 원자력 발전 기술자인 제프 벤자민을 중국으로 파견하여 AP1000으로 건설 중인 원자로를 검사하게 했다. 그는 결정적인 기술적 결함을 발견했다. 시험 가동 중에 원자력 압력용기를 둘러싼 보호막이 예상외로 팽창하고 있다는 사실을 찾아낸 것이다. 이는 원자로 안전에 핵심적인 사항이었다.

그는 원자로 내부를 들어가 팽창 물에 의한 다량의 불순물을 목격했다. 벤자민을 비롯한 웨스팅하우스의 연구진은 기술적 결함을 해결하기 위해 2년여를 노력했다. 웨스팅하우스는 당 초 2015년 말로 잡았던 농축 우라늄 주입이 3년이나 지연된 것이다.

공사 지연에 따른 손실로 웨스팅하우스의 존립 자체가 흔들렸다. 이는 비단 산멘 원자로에만 해당되는 것이 아니라 웨스팅하우스가 전 세계에 건설하고 있는 원자로가 거의 대부분 공기 지연이라는 악재를 만난 것이다.

중국의 원전 관련 당국자들은 산멘 원자로와 관련하여 심각한 우려를 표명했다. 2013년 중국 핵 공업 집단공사의 전임 부사장과 원자력 에너지 차관 등이 한 언론과의 인터뷰에서 웨스팅하우스가 원전 공사를 수행하는 데 있어 안전 우선주의에 대한 이해도가 떨어지는 것 같다고 불만을 나타냈다.

샤먼대학 내 중국 에너지 경제연구소 린 보치앙 소장은 블룸버그와의 회견에서 웨스팅하우스가 중국에서 원전 계약을 딸 수 있는 유일한 길은 중국 원전 시장의 경쟁 속에서 더 빠르고 더 적은 비용으로 원전을 건설할 수 있다는 말이 아닌 행동으로 증명해 중국인의 마음을 얻어내는 것이라고 말했다. 미국에서 시행한 AP1000 프로젝트의 결과는 더욱 끔찍해서 프로젝트의 포기 선언 만이 유일한 해결 방법으로 보인다.

조지아주에서 건설 중인 Vogtle 원전의 경우, 조지아주 공익사업위원회 스탠 와이즈 위원장은 Vogtle 원전 프로젝트는 이제 완공되지 못하고 끝날 가능성이 크다고 말했다.

이 프로젝트는 실현 가능성이 높고 다음 세기까지도 이어질 수 있는 가장 바람직한 에너지사업이 될 것으로 믿고 추진했지만, Vogtle 원전 프로젝트는 물거품이 될 처지에 놓이게 됐다고 아쉬움을 표했다.

그는 Vogtle 원전 건설이 처음 허가된 이후로 천연가스의 가격은 떨어지고 태양광이나 충전기 분야의 기술이 발전하면서 에너지원에 대한 전망이 바뀌었다. 그는 이런 변화를 10년 전에 예상했다면 그때는 원전을 선택하지 않았을 것이라고 말했다.

2011년 3월 11일은 일본 역사에 비극으로 기억되는 날이다.

일본 동북부 이바라키현(縣)과 이와테현을 중심으로 규모 9.0의 대규모 지진이 일어나 1만 5,894명이 죽고 2,562명이 행방불명됐다.

엎친 데 덮친 격으로 후쿠시마 원자력 발전소 가동이 멈춰 방사능이 누출되는 사상 초유의 사태가 일어났다. 사고 후 일본은 가동중인 50개 원자로를 폐쇄했고, 다른 국가들도 원전 계획을 재검토했다. 이 사건을 계기로 세계적으로 반핵 운동이 일어났다.

독일은 2020년까지 원전 17기를 모두 폐기하기로 했고, 프랑스는 원전 비율을 끌어내리는 법안을 통과시켰다.

미국에서도 반핵 여론이 확산돼 미국원자력규제위원회(NRC)를 중심으로 각 주 정부가 원전 규제 정책들을 내놓기 시작했다. 원전의 암흑기가 시작된 것이다.

19세기 말 전기의 힘으로 자신만의 에너지 왕국을 꿈꿨던 세 명의 야심가가 있었다. 백열전구의 발명가로 유명한 토마스 에디슨, 지구의 진동파로 전기를 발전하는 아이디어를 낸 니콜라 테슬라, 값싼 전기로 동력을 전달받는 세계를 상상한 발명가이자 기업가인 조지 웨스팅하우스가 바로 그들이다.

최초로 비번제를 도입하는 등 기업가로서 흔치 않은 윤리적인 자본가의 모습을 보여준 웨스팅하우스가 미국을 대표하는 기업으로 키웠지만 오만의 함정에 빠진 결과는 너무 암울했다.

그러나 원천기술을 갖고 있어 재기를 도모할 수 있을 것으로 보인다. BBP가 46억 달러에 인수했지만 최근 100억 달러 이상을 요구하고 있는 것으로 알려졌다.

최근 경험이 부족한 건설 기술이나 기계 · 배관 쪽에선 한국의 도움을 받기 위해 사장단이 직접 한국을 방문해 귀추가 주목되고 있다.

자웨팅의 자멸

자웨팅은 너무 성급하게 일을 벌이면서 자멸했다.

시장분석업체인 블룸버그NEF는 올해 전 세계 전기차 판매량이 플러그인 하이브리드를 포함해 사상 처음으로 1천만 대를 넘어 1,050만 대에 이를 것으로 예상된다고 밝혔다. 이는 2021년 660만 대보다 60%나 많은 것이다. 이에 따라 전기차가 전체 자동차 시장에서 차지하는 비중도 14%로 높아질 전망이다. 2017년 100만 대를 넘어선 지 불과 5년 만에 10배가 되는 폭발적인 성장세다.

전기차란 **새로운 패러다임으로 자동차 시장은 격변기를 맞고** 있다. 선발 주자인 테슬라를 필두로 루시드, 리비안 등 경쟁력을 갖춘 대기업으로부터 스타트업들도 당차게 뛰어들고 있다. 그러나 모든 회사들이 성공할 수는 없다. 특히 이제 막 뛰어든 스타트업들의 경우 어느 순간 사라지고 만다. 패러데이 퓨처는 얼마 전까지 연이은 화제와 훌륭한 상품성으로 최고의 전기차라는 찬사를 들었지만 지금은 몰락한 대표적인 스타트업이라고 할 수 있다.

중국에서 큰 성공을 거둔 사업가인 자웨팅은 2014년 4월 미국 캘리포니아에 패러데이 퓨처를 설립한다. 그는 1995년 산시성 지방 세무국 공무원으로 사회생활을 시작했다. 일 년여만에 직장을 그만두고 사업에 뛰어들었지만 처음에는 고전을 한다. 그러나 2002년 산시 시베이얼 커뮤니케이션 테크놀로지라는 회사를 설립, 차이나유니콤에 기지국 설비를 공급하면서 성공을 거둔다.

2004년 11월 온라인 동영상서비스 업체인 러스왕을 설립하여 연이어 대박을 친다. 2007년에는 싱가포르 시장에 상장하여 2억 위안을 확보했다. 이를 기반으로 폭스콘과 제휴하여 스마트 TV 제작에도 나섰다. 특히 중국 정부가 저작권 권리를 강화하면서 러스왕은 엄청난 호재를 맞는다.

2010년 자웨팅은 중국의 콘텐츠 회사인 러에코를 설립해 중국 촹예반에 상장하면서 막대한 부를 축적했다. 2016년 중국 잡지 신차이푸가 발표한 중국 500대 부호 리스트에서 9위를 차지한다. 러에코는 중국판 넷플릭스에 워너브라더스까지 더한 회사로 불렸다. 그는 이에 만족하지 않고 러에코를 중국의 애플로 키우고자 무리하게 확장한다. 스트리밍을 넘어 하드웨어 제조까지 손을 댔지만 결코 애플과 같은 경쟁력을 갖출 수는 없었다. 결국 러에코의 수익은 떨어지기 시작하고 회사는 점차 어려운 상황으로 몰리게 된다. 이러한 시기에 자웨팅은 미국으로 건너가 패러데이 퓨처를 설립한 것이다.

패러데이 퓨처는 18세기 영국의 과학자 마이클 패러데이로부터 유래한다. 테슬라가 기술자이자 발명가였던 니콜라 테슬라한테서 사명을 따왔던 것과 같다. 마이클 패러데이는 전기차의 아버지라고 불릴만한 사람인데 전기모터의 작동 원리와 전자기 유도의 원리를 규명했기 때문이다.

설립 초기에는 패러데이 퓨처에 대한 평가가 상당히 좋았다. 자웨팅은 미국과 유럽의 자동차 업계에서 인정받던 최고의 전문가를 스카우트했다. 이들이 주축이 되어 개발한 컨셉카들은 상당한 반향을 일으켰다. 만일 이때 이미지마저 좋지 않았다면 패러데이 퓨처는 벌써 사라졌을 것이다.

특히 양산차의 베이스가 된 FF91은 뛰어난 자동차였다. 차 자체는 성능이나 디자인 모두 경쟁력을 갖추고 있었다.

40대 초반에 성공한 사업가 자웨팅은 2016년 CES에서 선보인 자동차로 세계를 놀라게 했다. 설립한지 2년도 안된 패러데이 퓨처가 내놓은 컨셉카 FF01의 스펙이 최고 출력 1,000마력, 최대 시속 321km, 제로백 3초였다. 언론은 패러데이 퓨처를 **'테슬라의 대항마'**, **'제2의 테슬라'**, **'중국의 테슬라'**라고 평했다. 패러데이 퓨처와 자웨팅은 단번에 테슬라와 일론 머스크에 비교되었다.

2017년 CES에는 컨셉카의 양산모델인 FF91이 공개됐다. 이 차는 사흘 만에 사전 계약만 64,214대를 기록하는 폭발적인 인기를 끌었다.

2015년 패러데이 퓨처는 1조 원 이상의 자금을 투자하여 네바다 사막 한 가운데 공장을 짓는다고 발표했다. 당시 실무자들의 반대가 심했지만 자웨팅은 이를 무시하고 밀어붙였다. 미쓰비시나 혼다가 버리고 간 공장을 리모델링하여 쓰는 것이 낫다는 건의에도 불구하고 착공했으나 2017년 재정 문제로 중단되었다.

자웨팅은 테슬라의 기가팩토리를 의식하여 사막에 초현대적인 미래형 공장을 짓겠다고 추진했지만 결국 잔뜩 돈만 들어가고 아무런 결과를 이루어 내지 못했다. 이 시점에 자웨팅은 중국에 있는 자기 회사 러에코의 CEO자리에서 쫓겨나게 된다. 지나친 문어발식 확장으로 재정난에 몰린 책임을 추궁받았다. 러에코의 부진으로 금융사기 혐의까지 받게 되면서 모든 자금줄이 막히게 됐다.

설상가상으로 중국의 헝다그룹에 지분 45%를 넘기는 조건으로 12억 달러를 투자받기로 했으나 헝다그룹 역시 경영 위기로 위태해짐에 따라 취소되자 패러데이 퓨처는 그야말로 난관에 봉착하게 된다. 이는 직접적으로 패러데이 퓨처의 자금난으로 이어지게 될 수밖에 없었다.

이를 극복하기 위하여 패러데이 퓨처는 직원들의 급여를 삭감하거나 강제 무급 휴가를 주어 자금난을 타개할 방법을 찾았지만 해결의 실마리를 찾지 못했다. 결국 자웨팅은 미국에서 파산신청을 한다. 부채를 청산하기 위해 자신이 보유하고 있던 지분을 모두 매각하고 CEO 자리에서 물러났다.

미국에서 파산신청을 하게 되고, 이어 2021년 4월 중국 증권감독관리위원회가 반부정경쟁법 위반 혐의로 자웨팅과 러스왕 법인에 대해 400억 원이 넘는 벌금을 부과했다. 그리고 중국 증시에서 완전 퇴출되고 말았다.

자웨팅의 사치스러운 생활도 연일 구설수에 올랐다. 캘리포니아에서 생활하면서 월 5,000만 원이 넘는 초호화 맨션에 거주하면서 심한 낭비벽으로 비판이 끊이지 않았다.

그뿐만 아니라 업무 측면에서도 말이 많았다. 전문가 그룹을 스카우트했지만 회사의 고위 직책은 그가 중국에서 데려온 사람들을 기용하면서 전문가 그룹의 의견은 배제되고 그들만의 의사로 회사를 경영했다.

하지만 CEO에서 물러난 자웨팅은 패러데이 퓨처가 어려운 상황에 빠졌음에도 포기하지 않았다. 후임 CEO로 카스텐 브라이펠트가 취임했다. 자웨팅은 스스로 **'최고 제품 및 사용자 책임자'**가 됐다. 새로 부임한 CEO는 BMW에서만 20년 넘게 일한 자동차 분야 전문가로 BMW의 전기차 서브 브랜드 I를 론칭하고 i3, i8을 선보인 인물이었다.

2021년 7월 23일 패러데이 퓨처는 기업인수목적회사와의 합병으로 미국 나스닥에 우회상장 한다. 이를 통해 약 10억 달러의 자금을 확보했다. 그리고 1년 이내에 인도하는 조건으로 FF91의 예약 판매에 들어갔다. 일부는 임대한 미국 공장에서 짓기로 하고 한국에서도 위탁 생산하겠다는 계획을 밝힌다. 한국의 엠에스오토텍이라는 곳이 차를 만든다는 보도가 나왔고, 올해 계열사인 명신이 위탁생산한다고 발표했다. 패러데이 퓨처의 배터리는 엘지 에너지 솔루션 제품이 들어간다고 하여 많은 관심을 불러일으켰다.

패러데이 퓨처가 우회 상장하면서 차량 인도 시점으로 약속한 시간이 다가오자 회사는 엉뚱한 발표를 한다. 원래는 미국에서 생산한 미국 자동차로 전 세계 시장을 공략할 계획이었지만 공장 지을 자금이 없는 상황에서 패러데이 퓨처는 중국 위탁 생산으로 방향을 바꾼 것이다. 패러데이 퓨처가 내세운 법인은 파파 자동차였다. 중국의 지리자동차와의 협력 계획도 밝혔지만 석연치 않은 점은 파파 자동차의 대표가 자웨팅의 사위라는 점이었다. 이를 두고 제이 캐피털 리서치라는 행동주의 공매도 투자자 업체가 패러데이 퓨처를 향해 사기 의혹을 제기한다.

미국 자동차란 이미지를 버리고 중국 생산을 강행하는 것도 패러데이 퓨처가 감수해야 할 리스크였다.

전 세계적으로 중국산 제품에 대한 이미지가 좋지 않은 데다가 코로나 이후로 반중국 감정이 고조되었기 때문이다. 패러데이 퓨처는 중국 시장이 방대하기 때문에 글로벌 시장과 중국 시장을 노리기 위해서는 중국에서의 생산이 바람직하다고 주장했지만, 중국 자동차라는 틀에 갇히고 만다.

발표된 차량의 가격이 2억 원 넘는 고가라는 점도 패러데이 퓨처의 발목을 잡았다. 중국에서는 이 가격에 팔리지 않을 거라는 견해가 지배적이었다. 미국 자동차라고 했지만 중국에서 생산되는 자동차로는 너무 가격이 높다는 것이다. 일부 시장 전문가들은 중국에서 경쟁력을 가지려면 5,000만 원까지 가격을 낮추어야 한다고 전망했다.

패러데이 퓨처가 예정대로 자동차를 출시했다면 현재 중국에서 자리를 잡은 3대 스타트업 전기차 업체인 니어, 리오토, 엑스펑보다 더 빠르게 자리 잡았을 것이다. 사막에 공장을 짓는다고 쏟아부은 돈으로 문 닫은 공장을 인수하여 양산을 준비했다면 전기 자동차 시장의 판도는 변했을 지도 모른다.

FF91은 전기 자동차로서 뛰어난 경쟁력을 갖춘 컨셉카로 손색이 없는 퀄리티를 갖춘 것으로 전문가들의 의견은 일치한다.

자웨팅은 좋은 의미든 나쁜 의미든 패러데이 퓨처에 있어서는 중요한 인물이다. 그러나 기실 미국으로 와 패러데이 퓨처를 설립한 이유는 이미 중국에서의 사업이 점차 어려워지고 있음을 직감하고 자신이 이룬 업적을 기반과 뛰어난 전문가들을 스카우트하여 전기 자동차의 새로운 버전을 제시함으로써 재기할 목적이 있지 않았나 하는 의혹이 짙다. 그래서 그는 성급하게 일을 벌였고 결과는 자멸한 셈이다.

Bed-in-a-box의 부침

'Bed in a Box'가 핵심 역량을 강화하지 않고 제품의 다양화에 노력을 기울인 것이 패착이었다.

불과 20여 년 전에도 매트리스를 사려면 멀리 떨어진 곳에 있는 가구점으로 가야만 했다. 그러나 2007년 빌 브래들리는 배송용 박스에 넣을 수 있도록 압축형 발포 매트리스를 제조하는 기계를 선보여 매트리스를 구매하기 위해 더 이상 가구점으로 가지 않아도 된다는 가능성을 처음으로 제시했다. 그는 'Bed in a Box'라는 회사를 설립하여 소비자들에게 다가갔다. 그러나 소비자들부터의 관심을 얻는 데는 실패했다. 비록 아이디어는 출중했지만 사업화에 적합한 타이밍은 아니었다. 최초의 개발자가 항상 성공하지는 않는다. 때론 첫 번째로 선보인 아이디어를 모방하여 시장에 진출한 후발 사업자가 성공의 타이밍을 갖게 되는 경우도 흔히 볼 수 있다.

bed-in-a-box 개념은 비교적 간단했다. 중간 유통채널을 줄여 소비자가격을 낮추고, 가구점에서 구매하려면 번거로웠던 단점을 해결할 수 있었다. 통상적으로 대부분의 소비자가 가구점에 가서 매트리스를 구매하려면, 여러 가지 제품의 품질과 가격 등을 비교하는데 꽤 오랜 시간과 노력을 기울여야만 했다. 이는 캐스퍼가 출발한 배경이기도 했다. 캐스퍼의 설립자인 채핀은 회사를 설립하기 전에 미국 매트리스 시장을 분석했다. 그는 매트리스의 종류가 너무 다양해 소비자들이 구매하는데 상당한 시간이 소요된다는 점, 환불 조건도 가지각색이어서 소비자들이 혼동스러워 한다는 점, 그리고 제품 구매 후 고객 서비스가 제대로 이루어지지 않는다는 점에 주목했다. 많은 현대인들이 수면 부족이나 불면증으로 고통받고 있는 점에도 착안, 캐스퍼의 매트리스는 8개월에 걸쳐 수백 개의 매트리스와 수면 패턴을 연구하여 최종적으로 고안된 제품이었다.

또한 큰 부피 때문에 배송이 어려운 기존 매트리스의 단점을 극복하기 위해 매트리스를 손상 없이 작은 박스에 넣을 수 있는 압축기술을 사용하여 고객에게 배송할 수 있도록 했다. 캐스퍼는 매트리스의 품질을 하나로 통일시키고 반품을 간소화했다.

그리고 매트리스의 가격을 트윈 사이즈는 500달러, 킹사이즈는 950달러로 정해 가격을 단순화시키는 한편 다른 경쟁사 제품보다 저렴한 가격을 제시했다. 캐스퍼는 D2C(Direct to Customer) 비즈니스 모델을 대표하는 브랜드로, 기존 매트리스로는 상상할 수 없었던 bed-in-a-box라는 컨셉을 대중화시키는데 성공했다.

일반적으로 백화점과 같은 유통채널을 통해 제품을 팔려면 낮은 마진을 받아들이고 복잡한 규칙이나 조건을 따라야만 했다.

이에 반해 D2C는 기존의 유통 방식에서 과감하게 벗어나 자신의 온라인 플랫폼을 통해 고객들을 직접 만난다. 온라인이라는 가상의 매장을 통해 즉각적으로 소비자들이 무엇에 공감하는지, 무엇이 그들에게 영향력을 미치는지를 실시간으로 분석해 고객의 니즈에 맞춘 상품을 직접 제공하는 것이다. 캐스퍼는 거품을 뺀 질 좋고 저렴한 매트리스를 고객에게 직접 판매하는 D2C 방식을 채택했다.

5명의 공동 설립자들이 온라인 매트리스 시장의 가능성을 보고 투자자들을 대상으로 설득했지만 누구도 관심을 기울이지 않았다. 투자자들의 전반적인 견해는 어느 누구도 온라인에서 매트리스를 구매하지 않을 거라는 점이었다. 그러나 이들은 고품질의 맞춤형 디자인과 1미터가 조금 넘는 높이의 상자에 들어갈 수 있는 다중형 매트리스로 390억 달러에 달하는 전 세계 매트리스 시장에 변혁을 가져올 것이라고 자신했다. 2014년 1월 캐스퍼는 벤처캐피털로부터 185만 달러를 투자받으면서 공식적으로 자신들의 제품을 런칭할 수 있었다. 그리고 웹사이트를 통해 판매를 시작한 첫날 캐스퍼는 창고에 있던 매트리스 40개를 모두 판매하는 기염을 토했다.

캐스퍼의 마케팅 전략은 매우 적극적이었다. 소비자는 100일간 사용해 보고 만일 마음에 들지 않는다면 직원이 방문하여 매트리스를 수거해갔다. 지불한 금액도 100% 환불해 주었고 반품된 매트리스는 모두 불우이웃에게 기증했다. 첫해의 예상 매출을 180만 달러로 예상했지만 이를 2개월 만에 달성했다. 캐스퍼는 시장에 큰 반향을 일으켰다. 유명한 배우인 레오나르도 디카프리오와 애쉬톤 커쳐 등이 투자했고, 2017년에는 미국의 유통거인인 타겟이 캐스퍼를 1조 원에 인수한다는 보도가 나오기도 했지만 인수 대신 7,500만 달러를 투자하고 캐스퍼의 제품을 타겟 매장에서 판매하기로 결정했다. 캐스퍼는 기존 매트리스의 불편함을 해결한 박스형 매트리스로 혁신을 불러일으키며 급성장했다.

2014년 설립하여 온라인 쇼핑으로 첫 3년간 누적 매출은 3억 달러 이상을 기록했다. 2019년에는 1억 달러의 투자 유치에 성공하며 기업 가치는 11억 불에 달했다. 이러한 성공을 바탕으로 캐스퍼는 2020년 2월, 기업공개에 나섰다. 그러나 전혀 예상과는 다른 일이 발생했다. 당 초 월가의 예상 시가총액은 11억 달러였는데 그에 훨씬 못 미치는 7억 7천만 달러로 시작하더니 시가총액이 3.46억 달러로 추락하여 당 초 기대가의 1/3에 불과한 초라한 성적을 거두었다. 많은 애널리스트들의 예상과는 다른 성적표를 받아든 이유에 대해서 월스트리트저널은 낮은 수익성을 지적했다. 월스트리트저널은 **"캐스퍼는 큰 꿈을 꾸고 있지만, 월가는 오히려 꿈에서 깨어나고 있다"**라고 꼬집었다. 캐스퍼 사례는 수익성이 없는 다른 스타트업의 미래가 어떤지를 알려주는 시그널이라는 것이다.

캐스퍼가 마케팅 위주의 양적 성장에만 몰두한 것이 이러한 결과를 초래했다고 전문가들의 의견이 일치된다. 실제로 캐스퍼는 마케팅에 엄청난 비용을 쏟아부었다. 2016년부터 2019년 9월까지 지출한 마케팅 비용이 무려 4.2억 달러에 달했다. 2019년 9월에만 순수 광고비로 지출한 돈이 매출액의 36.5%인 1억 달러에 달했다. 캐스퍼가 제출한 IPO 자료를 근거로 환산하면 매트리스 1개 판매할 때마다 349달러의 손실을 보고 있었다.

캐스퍼가 마케팅에 치중할 수밖에 없었던 이유는 매출을 창출하기 위해서는 캐스퍼 기업 이미지를 끊임없이 부각시켜야 했기 때문이었다. 매트리스의 사용기간은 평균 7년이지만 D2C를 통해 구매한 고객의 16%만이 D2C로 재구매하므로 재구매율을 높이기 위해서 마케팅을 지속적으로 해야 할 필요성이 있었다. 캐스퍼는 나름대로의 고객층을 형성하고 있었지만, 수익을 내려면 고객층 외연을 확장해야만 했다. 온라인 매트리스 기업들의 매출은 180억 달러로 추정되는 미국 매트리스 시장의 10%를 점할 정도로 미미했다. 캐스퍼에 뒤이어 온라인 매트리스 판매에 뛰어든 경쟁기업이 점차로 증가하여 경쟁이 치열해지는 상황에서 월마트와 아마존과 같은 거대 유통기업마저 자체 브랜드로 저가 매트리스를 출시하는 상황이었다. 이에 따라 캐스퍼와 비슷한 비즈니스 모델을 표방한 경쟁기업의 출현으로 온라인 매트리스 시장은 이미 레드오션으로 변하고 있었다. 캐스퍼가 타겟과 제휴하여 타겟 매장에서 판매하기 시작하자, 온라인 경쟁기업인 퍼플은 매트리스펌과 제휴했고, 리사는 웨스트엘름과 제휴했다. 터프앤니들은 서타시몬스와 합병하여 오프라인 시장에 진출했다.

2020년 2월 기업공개할 때까지 대부분의 하이테크 기업과 같이 캐스퍼는 매 분기마다 계속 손실을 기록했다. 과다한 경쟁을 피할 수 없는 상황에서 캐스퍼의 이미지를 구축하기 위해 지출한 과다한 마케팅 비용이 손실의 가장 큰 요인이었다. 2017년에는 2.51억 달러의 매출에서 2019년에는 4.39억 달러로 증가했지만, 손실 폭은 2017년 73백만 달러에서 2019년에는 93백만 달러로 오히려 늘어나고 있었다. 캐스퍼가 외형상으로는 성장하는 듯이 보였지만 내실은 그렇지 못했다는 점과 그러한 추세의 반전이 쉽지 않을 것이라는 전망으로 시장에서의 가치평가는 계속 추락했다. 이렇게 어려운 상황에서 캐스퍼의 대응이 잘못된 점도 월가로부터 부정적인 평가를 받게 된다. 캐스퍼는 내실을 기하는 전략 대신 **'수면 경제(Sleep Economy)'**라는 캐치프레이즈를 내걸고 더 큰 회사로 성장한다는 비전을 제시했다. 침구, 베개, 침대 프레임, 수면등 등 제품 라인업을 확장하는 한편 수면을 돕는 각종 의료기기 시장에까지 진출을 모색하며 사세 확장에 치중했다. 캐스퍼의 전략적 미스는 직접적으로 회사의 시장가치의 하락을 재촉하는 결과를 초래했다.

스타트업 기업으로 가장 중요한 것은 핵심 역량을 견고하게 다지는 것임에도 주력 제품의 침체에 대한 대안으로 제품의 다양화에 노력을 기울인 것은 결국 패착이었다. 다른 경쟁자들이 쉽게 카피할 수 없는 핵심 역량을 기반으로 성장하는 것이 중요하며, 수익성을 높일 수 있는 비즈니스 모델의 혁신이 제품 라인업 확장보다도 더욱 중요하다는 사실을 무시한 것이다.

D2C 산업이란 생산자가 직접 소비자에게 물품을 판매하는 구조이기 때문에 소비자에게 집중하는 제품을 만들 수 있고, 부수적인 지출을 줄일 수 있으므로 이상적인 형태의 제조업일 수 있다. 그러나 기업 자체로 본다면 여건은 간단치 않다. 가성비 측면으로 상품 개발에 집중하는 탓에 연구 및 개발에는 자연히 등한할 수밖에 없다. 또한 제품 차별화가 불가능한 상태에서 그간 쌓아온 기업 이미지와 소비자에게 쌓은 신뢰에만 의존해야 한다. 미국에서 캐스퍼와 같이 온라인 매트리스를 판매하는 회사는 2021년 기준으로 127개사에 달한다. 전통적인 매트리스 제조 및 판매회사는 별도로 하다라도 이런 기업과의 경쟁에서 우위를 차지한다는 것은 결코 쉬운 일은 아니었다. 캐스퍼는 2017년 타겟이 제시했던 10억 달러의 인수안을 받아들였어야 했다는 의견도 있다. 성장에 대한 지나친 확신도 문제로 지적되지만, 경쟁기업의 출현을 충분히 예상할 수 있었음에도 그에 대한 대응 방안이 전혀 고려되지 않았다. 기술과 연관되어 미래에는 수면 추적기, 열 센서, 알람이나 매트리스 견고도를 조정하는 기기를 부착한 스마트 캐트리스로 주력 상품의 차별화가 캐스퍼의 미래 경쟁력이 아니었을까 생각해 본다.

애플의 벽

소니의 아성을 무너뜨린 아이리버가 아이러니하게도 소니의 워크맨이 취했던 전략을 답습하는 모습을 보였다.

음악은 **"국가가 인간에게 허락한 유일한 마약"**이라는 말처럼 삶에서 음악은 매우 중요한 의미를 갖는다. 1990년대가 소니 워크맨의 시대였다면 2000년대는 MP3 플레이어의 시대였다. 1998년 세계 최초로 MP3를 휴대용 기기에서 재생할 수 있는 MP3 플레이어를 발표한 기업은 새한정보통신이었다. 당시 MP3는 PC에서 주로 사용하던 음악 포맷이었으며, CD 플레이어를 통해서 음악을 감상하는 것이 일반적이었다. 새한정보통신의 **'엠피맨 F10'** 은 16M의 저장용량에 5곡 정도의 MP3 음악을 저장할 수 있었으며, 아주 간단한 인터페이스를 제공하는 제품이었지만 CD 없이도 고음질의 음악을 들을 수 있다는 점에서 크게 주목을 끌었다.

MP3의 탄생은 본격적인 디지털 음악의 시대를 알린다. 많은 기업들이 너도나도 MP3 플레이어 시장에 뛰어들었지만 그중에서도 레인콤에서 만든 아이리버가 MP3의 대명사로 자리 잡게 된다. 1999년 직원 7명으로 출발한 레인콤은 출범 1년 만에 국내 MP3 플레이어 시장과 세계 시장에서 존재감을 드러냈다.

레인콤의 성공 요인으로 아이리버의 독특한 디자인을 손꼽는다. 레인콤 양덕준 대표의 경영철학은 세계 시장에서 성공하려면 기술력은 물론 디자인의 차별성을 가져야 한다는 것이었다. 제품 개발은 마쳤지만 디자인을 위해 양 대표는 미국으로 갔다. 교포가 설립한 이노디자인을 방문해서 어디서도 본 적이 없는 독특한 스타일의 MP3 플레이어를 만들어달라고 부탁했다. 그들이 합력하여 만들어낸 첫 제품이 iFP100 시리즈였다. LCD 화면에 직관적인 인터페이스를 갖춘 이 제품은 삼각형 형태의 작은 크기와 독특하고 매력적인 디자인으로 2002년 출시하자마자 시장에서 선풍적인 인기를 끌었다. 이후에도 목걸이형 MP3 플레이어와 미키마우스를 연상시키는 예쁜 디자인의 MP3 플레이어도 선보여 성공을 거뒀다.

다음으로 유통망의 혁신을 들 수 있다. 이 당시만 해도 전자제품의 주요 유통 경로는 용산 전자상가 등 대형 도매상이었다. 대부분의 제품들이 이들의 손을 거쳐 유통되는 구조였다. 그러나 레인콤은 기존의 유통채널을 고집하지 않고 온라인 판매를 적극적으로 활용했다. 다른 가전제품과는 달리 MP3의 주 수요층이 10대 후반에서 20대 후반이기 때문에 컴퓨터 문화에 익숙한 이들 세대를 대상으로 온라인 판매에 승부를 건 것이다. 레인콤은 인터넷, 홈쇼핑 등 온라인 채널을 통해 이들에게 접근했다. 인터넷을 통해 실시간으로 불편한 점을 청취했고, 기존 제품의 성능을 보강하는 펌웨어를 제공하는 등 이들 젊은 세대와의 소통에 적극적으로 나섰다.

이런 노력을 통해 레인콤은 거침없는 성장가도를 달린다.

2001년 미국 시장 진출 6개월 만에 시장점유율 1위를 차지했고 2003년에는 매출액 2,000억 원을 돌파했다. 2001년 애플이 아이팟을 출시하면서 MP3 플레이어 시장에 뛰어들었을 때 자신들의 라이벌로 아이리버를 지목하기도 했다. 2004년에는 **'아이리버 프리즘'**이라는 뛰어난 디자인과 휴대성을 지닌 MP3 플레이어를 선보였다. 이 제품의 성공으로 레인콤은 국내 1위 업체로 등극했다. 또한 잠수함 모양의 후속 모델인 **'크레프트'**가 단일 품목 100만대 판매 기록을 수립하게 된다.

아이리버의 MP3 플레이어는 국내 시장의 75%, 세계 시장의 25%를 점유하면서 가장 혁신적인 기업으로 주목받으면서 코스닥 시장에 입성한다. 2003년 12월 코스닥에 상장하면서 105,200원이라는 기록적인 공모가를 기록했다. 당시 양 대표의 주식 평가액은 1,639억 원으로 다음 커뮤니케이션의 이재웅 대표, 효성그룹의 조석래 회장, 태영그룹의 윤세영 회장 등을 앞질렀다.

빌 게이츠가 최고의 혁신이라고 극찬했고, 미국 현지에서 사과를 씹어먹는 광고를 내며 애플과의 정면승부를 선언하던 아이리버는 애플에 밀려 점차로 하락의 길을 걷게 된다. 아이리버가 애플에 밀린 이유는 플랫폼의 변화에서 찾을 수 있다. 애플이 아이팟을 출시할 당시 디지털 음원 시장은 소니가 장악하고 있었고, 하드웨어인 뮤직 플레이어 시장은 레인콤이 선두주자였다. 애플은 음원시장과 하드웨어 시장을 아우르기 위해 새로운 시도를 했다. 디지털 음원을 사고파는 **'아이튠즈'**라는 플랫폼을 개설한 것이다.

세계 음반업계는 불법 복제 파일로 골머리를 앓고 있었는데, 애플은 음반사들과 저작권 계약을 맺고 음악 파일을 곡당 99센트 받고 팔기 시작했다. 소비자들은 99센트라는 가격에 큰 부담 없이 아이튠즈를 이용한 음악 거래를 시작했고, 음원시장에서의 애플의 입지는 점차로 높아졌다. 이와 동시에 애플은 혁신적인 뮤직 플레이어인 **'아이팟'**을 출시하며 하드웨어 시장 공략에 나선다. 아이튠즈를 통한 음악 콘텐츠 유통에 익숙해진 소비자들은 아이팟의 인터페이스에도 쉽게 적응했다. 동일한 기능을 가진 MP3 플레이어지만 아이튠즈라는 플랫폼이 더해지면서 누구도 따라 하지 못한 혁신에 성공한 것이다.

애플의 스티브 잡스가 추구하는 제품 개발의 원칙은 단순한 디자인과 사용의 편리성으로 요약된다. 미국인들은 우리나라 사람들보다 기계를 다루는 능력이 떨어진다. 애플이 주목한 것은 MP3 플레이어에 너무 많은 기능을 넣으면 사용자가 혼돈을 느낀다는 점이었다. 애플은 MP3 플레이어에서 플레이리스트를 고치거나 곡을 삭제하지 못하고, 아이튠즈라는 전용 프로그램에서만 다룰 수 있도록 하였다. 이런 작은 변화가 미국인들의 사용 방식에 딱 들어맞았다.

디자인 측면에서 애플의 아이팟은 두 개의 네모와 하나의 원을 기초로 한다. 1세대 아이팟에서 아이팟 클래식에 이르기까지 모두 동일한 원칙에 따랐다. 이후 한 방향으로 디자인이 발전하면서 점차 세련된 모습으로 변했다.

반면에 아이리버는 돈을 벌기 위한 제품에만 전력했다. 소비자가 원하는 방향에 초점을 맞추어 제품을 만들고, 소비자의 기호가 바뀌면 완전히 다른 제품을 선보이기도 했다. 아이리버는 인터넷 기능이 들어간 제품을 개발하다가 중단하는가 하면, eBook이나 내비게이션으로 영역을 넓히려고 시도했다. 아이리버는 제품이나 디자인에서 모두 자신만의 독특한 아이덴티티 부각에 실패한 것이다.

아이리버는 고급형 MP3라는 이미지를 지속시키기 위해 여러 가지 신기술을 선보이면서 돌파구를 찾으려 했다. 그러나 이러한 노력은 역설적으로 다양한 기능을 제공하는 대신 소비자들이 사용함에 있어 복잡해지고, 기존 제품과의 차별성도 부각되지 않으면서 점차로 소비자들로부터 외면을 받는다. 아이리버는 시장의 리더라는 자만심으로 위기를 제대로 인식하지 못하는 우를 범한다.

소니의 아성을 무너뜨린 아이리버가 아이러니하게도 소니의 워크맨이 취했던 전략을 답습하는 모습을 보였다. 많은 기술 기반 기업들이 흔히 범하게 되는 전략적인 실수를 되풀이한 것이다. 최신 기술을 적용하고, 최대한 많은 기능을 제공해야 소비자가 최신 제품으로 인식할 것이라고 판단한 것이다. 그러나 소비자는 자신이 원하는 기능에 충실하고 쉽고 편하게 쓸 수 있는 제품을 선호한다.

애플의 아이팟이 MP3 플레이어 시장에서 큰 성공을 거두자 아이리버는 치명적인 실수를 한다. 아이리버는 2005년 H10이라는 하드디스크를 내장하고 터치 스크롤 인터페이스를 채용한 제품을 출시하면서 애플의 아이팟과 경쟁에 나서게 된다. 그러나 애플의 클릭휠 인터페이스를 모방한 터치 스크롤에서 감도 문제가 발생한다. 게다가 아이리버 플러스 프로그램이 아이튠즈에 비해 불편한 사용자 인터페이스를 제공하면서 여러 가지 문제가 발생했다. 결국 내장된 하드디스크에도 문제가 생기면서 반품되는 사태를 맞게 된다.

아이리버는 이러한 손해를 극복하기 위해서 PMP(Portable Media Player) 시장에 진출하지만, 제품의 크기가 너무 크고, 불편한 인터페이스, 그리고 선명하지 않은 LCD 화면 등으로 인해서 시장에서 주목을 끌지 못했다. 레인콤은 최신 플랫폼에 따라가지 못하고 회사명을 아이리버로 바꾼다.

아이리버 음원 웹사이트를 통해서 음원 사업에 뛰어들었지만 애플이 스마트폰을 출시하면서 더 이상 음원은 별개의 기기가 아닌 스마트폰으로 모든 것이 가능하게 된 시대가 막을 열게 된다.

경쟁에서 뒤진 아이리버는 점차로 설 곳을 잃는다. 2006년 매출은 4,000억 원에서 1,000억 원대로 급감했고, 435억 원까지 기록했던 영업이익도 적자로 돌아섰다. 2007년 애플이 아이팟을 기반으로 휴대전화를 결합한 스마트폰을 출시하면서 음악을 듣는 방식 자체를 바꿔버렸다.

2007년 1월 애플이 내놓은 **'아이폰 디 오리지널'**은 휴대폰으로 음악 감상은 물론 카메라, PDA, 내비게이션, TV에 랩톱의 기능마저도 들어있는 혁신적인 기기였다. 워크맨에서 아이리버의 시대로 옮겨갔듯 사람들은 별도의 기기 없이 핸드폰으로 음악까지 듣기 시작했다. 이후 그토록 인기를 끌었던 아이리버 모델들은 단종되기 시작하면서 더 이상 볼 수 없게 되었다.

아이리버를 보면서 느끼는 것은 우리나라 기업들이 공통적으로 가진 문제는 자신만의 아이덴티티를 가지고 제품을 만들어 내는 기업이 별로 없다는 점이다.

예를 들어 현대자동차는 이미 세계적인 굴지의 자동차기업으로 성장하였지만 **'왜 이런 차를 만들었느냐'**고 묻는다면 제대로 설명하지 못한다. 사람들에게 싸고 품질이 좋다는 이미지 외에는 달리 내세울 기업의 철학이 담겨져 있지 않기 때문이다.

우리나라가 개발도상국이던 시절, 싸고 좋은 제품을 만들어 판매한다는 전략은 옳았다. 그러나 이제는 세계 10위권의 경제 대국으로 위상에 걸맞게 기업 나름의 제품 철학이 있어야 한다.

무조건 열심히 일해 생산 단가를 낮춘다는 관점에서 벗어나 생각하면서 일하는 시대로 바뀌어야 한다.

허무하게 끝난 100년의 역사

회계 조작으로 시장의 신뢰를 잃고, 방향성 잃은 경영전략으로 야마이치증권은 파산절차를 밟게 된다.

1997년 11월 24일, 야마이치증권의 노자와 쇼헤이 사장이 침통한 모습으로 기자들 앞에 섰다. 100년 역사를 가지고 있는 일본 4대 증권 회사 중 하나인 야마이치증권이 자진폐업 신고를 하고 기자회견을 하는 순간이었다. 쇼헤이 사장은 감정이 북받치는 듯 눈물을 가누지 못한 채 경영진의 잘못으로 오늘과 같은 상황에 이르게 됐다고 사죄하며 7,500명에 달하는 직원들이 새로운 출발을 할 수 있도록 도와줄 것을 부탁했다. 경영진의 잘못이 그러한 말 한마디로 용서되는 것은 아니었다.

1997년 6월 미국 덴버에서 열린 G-7 정상 회담에서 하시모토 류타로 총리는 아시아 위기의 가능성과 심각성을 의제에 올릴 것을 제안했다. 그러나 미국을 비롯하여 대다수 유럽 국가들은 일본의 제안에 대해 반대했다. 결과적으로 이로부터 한 달 후 태국의 바트화가 절하되면서 아시아 위기가 확산됐다. 일본은 아시아 위기의 조기 진화를 위해 아시아 국가가 중심이 되어 1,000억 달러 상당의 아시아 통화기금을 조성할 것을 제의했으나 미국은 헤게모니를 일본에 빼앗기는 것을 두려워하며 일본의 제안을 묵살했다.

1997년 아시아 금융위기가 한창 진행될 당시, 미국은 일본 경제를 맹비난했다. 그리고 아시아 금융위기의 주범으로 일본을 지목하며 일본의 금융제도 개혁을 요구했다. 일본 대장성은 이에 대해 반발했다. 아시아 위기 해결 과정에서 일본은 430억 달러를 지원한 반면 미국은 고작 120억 달러를 냈고, 유럽은 70억 달러를 냈다. 그런데 정작 생색은 미국이 낸다는 것이 대장성 관료들의 사고였다.

세계 금융의 주도권을 쥐고 있는 것은 미국이었다. 일본은 결국 미국의 요구를 수용할 수밖에 없었다. 이에 따라 금융제도 개혁 추진이 현안으로 부각하면서 금융기관의 구조조정이 예상되었다.

이미 산요 증권의 도산과 홋카이도 다쿠쇼쿠은행이 도산하여 금융위기는 확산일로로 치닫고 있었다. 이런 가운데 일본 경제의 버블붕괴 이후 증권시장 침체로 경영난에 시달려온 야마이치증권은 일본판 빅뱅에 직면해야 했다. 증권회사 간의 경쟁력 격차가 확대되면서 야마이치증권은 4대 증권사 중 유일하게 적자를 기록했다. 설상가상으로 총회꾼에게 이익을 제공한 것이 밝혀져 미키 전 사장이 구속됐고, 회사는 행정처분을 받았다. 이로 인해 주가는 급락하고, 고객이 줄어들면서 자금인출이 확대되어 자금 사정이 악화됐다. 야마이치증권은 외국 금융기관에 자본 참여를 허용하는 방식으로 어려움을 극복하려고 다각적으로 알아보고 있었다.

이러는 동안 동경 금융시장에 메가톤급 폭탄이 투하됐다.

1997년 11월 21일, 야마이치증권이 폐업을 결정하기 3일 전, 국제금융시장의 심판관을 자처하는 무디스(Moody's)가 야마이치증권을 맹폭했다. 그들이 공격한 무기는 핵무기가 아닌 신용평가라는 무기였다. 무디스는 야마이치증권의 신용등급을 'Baa3'에서 'Ba3'로 3등급 떨어뜨린데 이어 몇 시간 만에 다시 'Caa1'으로 떨어뜨렸다. 야마이치증권의 신용등급은 국제사회에서 쓰레기로 취급하는 정크본드 수준으로 전락하고 만 것이다. 정크본드로 발행되는 채권은 부도의 가능성이 높기 때문에 높은 금리로 발행해야 할 뿐만 아니라 투자자를 모으는데 쉽지 않다. 하루아침에 정크본드 등급으로 신용등급이 떨어진 야마이치증권은 국제시장은 커녕 일본 국내시장에서도 채권발행을 통해 자금을 조달할 수 없게 되었다.

그로부터 3일 후 야마이치증권은 폐업을 신청했다. 국내외 금융기관, 투자자들이 야마이치증권에 대한 신용거래를 끊었기 때문에 야마이치증권으로서는 폐업 이외에는 다른 선택의 방법이 없었다. 자진 폐업 당시 회사의 부채 규모는 계열사 포함 6조 3천억엔, 고객 예탁금 규모는 24조 엔으로 역사상 최대 규모의 도산이었다. 야마이치증권의 도산은 가뜩이나 불안 조짐을 보이던 엔화 가치와 닛케이 주가를 동반 폭락세로 몰아넣었다.

일본 경제에서 오랜 역사를 통해 상당한 역할을 해왔던 야마이치증권의 몰락은 일본 버블경제의 붕괴가 원인이었지만, 똑같은 여건에서 다른 증권회사들은 위기를 극복했다는 점에서 야마이치증권 자체의 경영상의 과오를 지적하지 않을 수 없다. 그리고 이러한 과오는 어느 한순간에 발생한 것이 아니라 이미 오래전부터 이어져 축적된 문제가 한꺼번에 불거진 것으로 봐야 한다. 야마이치증권은 1980년대 호황기에 고객의 특성에 맞도록 일정 수의 고객이 투자처를 선정할 수 있는 특약을 걸어 조성한 펀드를 모집했다. 워낙 호황기인지라 투자자들은 큰 기대를 갖고 펀드에 투자했다. 그러나 1990년대 초의 급격한 경기 침체와 야마이치증권의 부실한 운영으로 2,000억 엔 이상의 손실을 초래했다. 야마이치증권은 이러한 사실을 투자자들에게 공표하는 대신 회사의 평판을 우려하여 고객들의 손실분을 회사가 떠안고 재무제표에는 반영시키지 않았다.

1992년 1월, 야마이치증권의 경영진은 야마이치 엔터프라이즈라는 별도의 회사를 설립하여 스위스에 본사를 둔 슈리히의 도쿄 지사에 계좌를 개설하였다. 2,000억 엔을 빌려 일본 국채에 예치한 야마이치 엔터프라이즈는 1,583억 엔의 손실을 흡수하는 한편, 손실분을 만회하기 위한 이익을 창출하기 위해 더미 회사를 이용했다.

외화 채권을 이용한 별도의 투자는 오히려 야마이치 호주 자회사에 1,065억 엔의 손실을 입혔다.주간지인 위클리 도요게이자이는 1997년 4월 이러한 사기 사건을 폭로했다. 당시 대표였던 츠지오 유키히라 회장은 일본 의회 청문회 앞에서 이 같은 행위가 불법임을 인정했다. 그러나 그는 연루된 10개 회사의 이름을 밝히기를 거부했다. 야마이치증권에 대한 금융거래 등 감시위원회의 조사 결과 대차대조표에 올라있지 않은 장부 외 부채가 2,000억엔 이상 있는 것으로 밝혀졌다. 노자와 사장은 장기간의 경제 불황과 주가 하락으로 인한 손실을 이중장부로 속여 왔던 것이다. 장차 경제 여건이 좋아지면 이러한 손실분은 충분히 보전될 수 있다고 판단하여 경영진들은 이러한 불법을 지속적으로 자행했다. 결과적으로 그들의 안이한 판단은 오랜 전통의 회사를 역사 속으로 사라지게 한 치명적인 과오였다.

두 번째로 지적되는 것은 방향성을 잃은 전략의 변화를 꼽을 수 있다. 사실 기업에 있어서 변화는 피할 수 없는 과제이기도 하다. 정상적인 변화란 자신이 가지고 있는 강한 역량을 기반으로 사업의 영역을 확대해 나가거나 새로운 영역으로 진입하는 것이다.

그러나 이러한 원칙이 지켜지지 않는다면 변화가 아니라 혼란을 가져오는 후퇴일 뿐이다. 야마이치증권의 창립자인 고이케 구니조는 어머니와의 약속을 지키기 위해 회사를 양도했다. 그가 사업을 시작하는 것을 반대한 그의 어머니는 상당한 재력을 축적하면 반드시 다른 직업으로 바꾼다는 약속을 받고 그가 사업하는 것을 허락했다고 한다. 그의 뒤를 이는 2대 사장인 스기노 키세가 회사를 인수할 때는 이전의 사업관계를 고이케 구니조가 완전히 청산했기 때문에 완전히 새로운 거래를 시작해야 했다. 그런데 스기노 밑에서 상무로 재직하던 오오타와 회사의 본질적인 전략을 두고 갈등이 증폭됐다. 스키노는 공사채 영업으로 견실한 경영을 주장했지만 오오타는 주식 영업을 적극적으로 주장했다.

오오타가 제3대 사장으로 취임하면서 회사의 전략적 방향이 급선회한다. 뚜렷한 목적성이 없이 방향을 선회한 것이다. 그는 주식을 적극적으로 매입하면서 큰 수익을 냈지만 중일전쟁의 발발로 인해 회사에 엄청난 손해를 끼쳤고 결국 자살로 생을 마감했다.

이러한 일련의 과정을 통해 야마이치증권은 투자자들에게 투기성이 강하다는 이미지를 남기게 되었다. 이후 다시 법인 영업에 주력하지만, 전략 자체를 다변화하지 못한 채 불황에 취약한 기업으로 전락하고 말았다. 결국 일본의 불황이 장기화되면서 야마이치증권은 끝내 몰락의 길로 들어서게 된다.

마지막으로 영업을 배제한 기획 중시의 경영과 엘리트주의를 지적하지 않을 수 없다. 야마이치증권은 1980년대에 접어들어 최악의 인선으로 불리는 경영자를 잇달아 영입하게 된다. 이들의 공통적인 특색은 세 사람 모두 기획실장을 역임했다는 점이다. 실질적으로 영업에는 문외한이었다. 기획실 출신의 사장은 개인영업에 대해 경험이 전무했다. 그들은 해당 사안에 대한 분석과 결론의 도출에는 유능하지만, 시시각각 직면하게 되는 사건의 위험을 막는다거나 현장에 대한 예민한 감각은 떨어질 수밖에 없었다.영업직보다 기획실의 기능을 중시하다 보니 이른바 좋은 대학 출신의 인재들이 모였다. 자연히 야마이치증권은 도쿄대 출신이라는 엘리트주의에 빠졌다. 자신이 하는 일 외에는 관심도 없고 도전을 하겠다는 용기도 없는 인물이 주를 이루었다는 평가를 받게 된다. 이로 인해 야마이치증권 직원들은 정체되어 있었고 그에 따라 조직도 침체된 상태에 있었다. 야마이치증권은 창립자가 회사를 넘긴 이래 태생적인 한계를 가졌다는 점이 줄곧 입에 올랐다.

야마이치증권의 몰락을 보면서 리더십이 무엇인지, 그리고 회사에서 전략의 중요성이 어느 정도인지, 그리고 결정적으로 사내 문화가 어때야 하는지를 보여준다. 강하면서도 지혜로운 리더십은 회사의 전략적 판단에 큰 영향을 미치게 되고, 또 리더십과 전략적 판단이 합쳐져서 결국에는 사내 문화를 형성하고 직원들의 열정을 끌어낼 수 있기 때문이다. 파산한 야마이치증권의 유키히라 쓰기오 전 회장과 미키 아쓰오 전 사장에게 책임을 물어 징역 2년 6월에 집행유예 5년 등의 실형을 내렸다. 두 사람은 회사에 거액 손실을 숨긴 채 회계 결산을 하면서 2,700억 엔을 분식한 다음 주주들에게 거액을 배당했다. 재판관은 이 같은 행위는 경영자로서 지각없는 범행이며 분식 규모가 너무 크고 위법 배당액도 거액으로 악질적인 사건이라고 판결문에 판시했다.

미국 산업화 상징의 퇴장

베들레헴 스틸은 외국산 철강과 미국 내 중소 철강업체와의 가격 경쟁력에서 뒤지면 결국 문을 닫는다.

베들레헴 스틸의 뿌리는 1857년 펜실베이니아주 베들레헴에서 설립된 제철회사로부터 시작된다.

이후 1899년 Bethelehem Steel Company를 걸쳐 1904년 Bethelehem Steel Corporation을 모회사로 새로이 출범했다. 베들레헴 스틸은 1860년대 후반부터 빠르게 확장되는 철도용 레일 수요를 바탕으로 급성장했다. 이러한 성장 추세는 1880년대 초반까지 이어졌으나, 이후 카네기 스틸과 레카와나 스틸 등 경쟁회사의 출현으로 철도 시장 점유율이 점차 감소하기 시작했다.

그러나 증기 구동의 강철 선체 전함으로 미 해군을 재건하기로 함에 따라 베들레헴 스틸은 큰 기회를 맞았다. 당시 미국 해군 함대는 열악한 상황에 처해 있어 미국의 국력을 신장하기 위해 재건해야 할 필요성이 시급한 과제로 대두되었다. 1886년 미국 의회는 2척의 장갑 2급 전함, 1척의 방호 순양함, 1척의 1급 어뢰정의 건조 및 남북전쟁 시대의 감시 장치 2대의 재건 및 현대화를 승인하는 예산을 통과시켰다. 2척의 2급 전함은 대구경 함포와 중장갑을 갖추고 있었다. 베들레헴 스틸은 1887년 6월 단조 및 갑옷 계약을 모두 확보하여 새로운 시장을 개척했다.

1893년 시카고 만국 박람회 동안에는 세계를 놀래킨 구조물을 선보였다. 세계 최초의 관람차에는 140피트 높이의 타워를 조립하여 전체 강철 휠을 지지하고, 264피트 구조를 만들기에 충분한 강철이 필요했다. 베들레헴 스틸의 용광로에서 만들어진 철은 그 당시 세계에서 가장 큰 단일 주철이었다. 베들레헴 스틸은 제1차 세계대전과 제2차 세계대전 동안 해군용 장갑판과 대구경 포를 포함하여 미군에 장갑판과 병기를 공급했다. 1930년대에 회사는 금문교의 강철 섹션과 부품을 만들고 세계에서 10번째로 큰 정유 공장인 YPF(Yacimientos Petroliferos Fiscales)를 아르헨티나의 라플라타시에 건설했다. 특히 제2차 세계대전 중 항공기 실린더 단조품의 70%, 군함 장갑판의 25%, 미군용 대형 대포 단조품의 30%가 베들레헴 스틸에서 생산됐다. 베들레헴 스틸은 전시 생산 계약 가치에서 미국 기업 중 7위를 차지했다. 베들레헴 스틸의 산하 15개 조선소는 총 1,121척의 군함을 생산했는데, 이는 전쟁 중 다른 어느 건조업체보다도 많았고, 미 해군의 2대양 함대의 거의 10%에 해당했다. 이들 섹터에 베들레헴 스틸은 전체 고용인 300,000명의 대부분인 180,000명을 고용했다. 많은 군사 전문가들은 두 차례의 세계 대전에서 미국이 승리한 결정적인 요인으로 베들레헴 스틸이 군함과 기타 군사 장비를 신속하게 제조한 것을 지적하기도 했다.

미국의 철강 산업은 제2차 세계대전 중은 물론 그 이후에도 번영했지만 독일과 일본의 철강 산업은 연합군의 폭격으로 파괴되었다. 베들레헴 스틸의 전성기는 1950년대에 회사가 연간 2,300만 톤을 생산하기 시작할 무렵이었다. 1958년 회사의 대표였던 아서 호머(Arther B. Homer)는 가장 많은 급여를 받는 미국 기업 임원이었다. 1955년에는 경제전문 잡지인 포춘지가 선정한 500대 기업 가운데 8위에 올랐다. 철강의 힘이 곧 국력이라는 유행어를 창출했던 베들레헴 스틸은 미국 최고의 인재들이 입사하고 싶어 했던 기업이었다. 베들레헴 스틸은 1962년에서 1964년 사이에 인디애나 주 번즈하버에 가장 큰 공장을 건설했다. 베들레헴 스틸에서 생산하는 강철은 미국의 가장 크고 유명한 건설 공사의 구조물로 사용되었다. 주요 건물 중에는 뉴욕의 28 리버티 스트리트, 크라이슬러 빌딩, 엠파이어 스테이트 빌딩, 메디스 스퀘어 가든, 록펠러 센터, 뉴욕의 월도프 아스토리아 호텔과 시카고의 머천다이즈 마트를 들 수 있다. 베들레헴 스틸은 뉴욕의 조지 워싱턴 브리지와 베라자로-내로우즈 브리지, 샌프란시스코의 골든 게이트 브리지 등 주요 교량의 철골 구조물을 제작하는 등 자존심이 강한 회사였다.

1950년부터 1970년까지 약 20년간 미국의 철강 산업은 경쟁력을 유지하고 있었다. 이 기간 동안 미국 철강 산업은 외국과의 경쟁에 노출되지 않고 수익을 낼 수 있었다. 그러나 결국 외국 기업은 연속 주조와 같은 현대 기술로 재건되었고 수익성이 높은 미국 기업은 현대화의 필요성을 공감하지 못하고 있었다. 베들레헴 스틸도 연속 주조를 실험했지만 그러한 추세를 완전히 채택하지는 못했다.

1970년대 이후로 수입된 외국 철강은 일반적으로 미국 내 생산 철강보다 저렴했다. 또한 철강을 더 저렴한 가격에 판매할 수 있는 소규모 공장인 미니 제철소와의 경쟁에도 직면했다.

1982년 베들레헴 스틸은 15억 달러의 손실을 기록하면서 기존의 많은 사업을 중단하는 조치를 취했다. 1988년 일시적으로 수익성이 회복되기도 했지만 구조 조정과 사업장 폐쇄는 1990년대까지 계속되었다. 1991년 베들레헴 스틸은 석탄 채굴을 중단했고, 1993년도에는 철도 레일 사업을 접었다.

1995년 말에 베들레헴 스틸은 지속적인 수익성 악화를 극복하지 못하고 주요 사업장에서 제철소를 폐쇄했다. 베들레헴에서 140년간 금속을 생산해 왔던 베들레헴 스틸은 베들레헴 공장 운영을 중단했다. 1997년에는 조선 활동을 중단하고 결국 2001년 파산 신청을 했다. 150년 역사의 베들레헴 스틸은 2003년 해산되고 만다.

베들레헴 스틸이 파산하게 된 직접적인 원인은 한국, 일본, 유럽연합, 남미 등에서 수입되는 외국산 철강과 미국 내 중소 철강 업체와의 가격 경쟁력을 감당하지 못했기 때문이다. 미 철강 산업은 아시아를 비롯한 개발도상국에서 수입되는 저가 제품 공세에 밀려 1998년 이후에만 26개의 철강사가 도산하는 등 미국 철강 산업은 존폐의 위기에 빠졌다. 실제로 미국의 철강 수입은 1998년에만 전년에 비해 28%나 증가한 4,000만 톤에 이르렀다. 1999년에는 3,570만 톤으로 잠시 감소했으나 이후 다시 증가추세로 반전했다.

미국 연합철강노조(USAW)는 수입 철강에 대해 40%의 관세 부과를 요구해 온 것으로만 알려져 있다. 하지만 이들이 내세우는 주장의 핵심은 전 세계에 미국 정부가 강요해 온 **'자유무역'** 체제가 철강 가격 침체를 낳고 있으며, **'강한'** 달러가 이를 부채질하고 있다는 것이다. 고평가된 달러가 미국 철강 산업 침체의 근본 원인이라는 것이며, 미국 정부가 국제통화기금(IMF)과 세계은행 등을 통해 강요하는 긴축정책과 금융자본 중심의 투자 자유화가 세계 경제 침체와 이에 따른 철강 수요 감소 및 가격 하락을 낳고 있다는 것이다.

실제로 미국의 진보적 싱크탱크인 경제정책연구센터(CEPR) 공동 소장으로 있는 딘 베이커는 **"20~30% 고평가된 달러는 국내에서 생산된 철강에 비해 수입 철강에 20~30%의 보조금을 주는 것과 같다"** 고 설명했다. 과학의 발전으로 알루미늄 등 철강을 대신할 대체물질의 개발 등 환경변화에 적응하지 못하고 경쟁에서 점차로 밀린 것도 지적하지 않을 수 없다. 특히 설비의 노후화로 생산성과 품질에서 신생 제철소에 뒤처졌다. 그리고 생산설비 구성이 수요자가 원하는 제품과 일치하지 못했는데, 압연 가공 부분에서 두드러졌다. 더욱이 재투자할 만큼의 수익성이 없고 장기투자 전망이 불투명했다.

이와 같이 경쟁력을 떨어뜨리는 요인들이 누적되면서 베들레헴 스틸은 실적이나 수익성 면에서 점차로 늪에 빠지고 만다.

근로자들이 과도하게 자기들의 이익을 챙기려 했다는 점도 무시할 수 없다. 베들레헴 스틸의 노동자 복지혜택은 미국의 최고 수준이었고, 임금은 물론 퇴직연금과 건강보험 등을 최상의 조건으로 마음껏 누렸다. 이는 고스란히 회사의 재정적 압박을 부채질했다. 개별 기업 단위의 고용에 기반한 의료보험은 미국 철강 산업의 경쟁력을 가로막고 있는 직접적 원인이었다. 미국 철강업계는 퇴직 철강 노동자와 그 부인에게 의료 보험비 등 상속비용(**상식적으로 우리가 이해하기 어려운 이 비용의 역사적 배경은 1980~1990년대 구조조정 과정에서 철강업체를 떠난 노동자를 위한 사회보장이다**)을 지급하고 있었다. 상속비용의 사회화는 미국 연합철강노조의 또 다른 핵심 요구로 130억 달러에 이르는 이 상속비용은 미국 철강업계 재편과 구조 조정을 어렵게 하는 걸림돌이 되었다. 폴 크루그먼 프린스턴 대학교수

등 미국 경제학자들도 철강회사들의 상속비용 부담의 문제점을 인정했다. 하지만 무엇보다도 중요한 이유는 경영층의 방만하고 오만한 경영 자세와 이를 견제할 수 있는 수단과 방법이 전혀 없었다는 점이다. 회사가 오랜 기간 수익을 내며 잘 운영되다 보니 경영자들이 오만해졌다. 경영자가 오만해지는 것을 방지하기 위해서는 사외이사제도와 같은 견제 장치가 있어야 하는데 베들레헴 스틸에는 이러한 장치가 없었다. 존 스트로 메이어는 그의 저서 **'베들레헴의 위기'**에서 베들레헴 스틸의 풍토를 구체적으로 묘사했다.

회사 소유 비행기들이 임원들의 자녀를 학교에 태워다 주거나, 주말에 은밀한 곳으로 여행하는 데 쓰였다. 또 세계적인 수준의 임원용 18홀 골프 코스, 회사 돈으로 수리한 임원용 컨트리클럽, 클럽에서 임원 서열에 따라 샤워 순위가 결정되는 것까지 언급했다. 그는 경영진이 자신들을 엘리트 신분으로 끌어올린 계급 체제의 영속화를 자신들의 활동 목적으로 본 것 같다고 꼬집었다. 1970년대와 1980년대에 베들레헴 스틸이 쇠락한 이유는 수입제품이나 기술에 있지 않았다고 말했다. 몰락의 원인은 고객, 경쟁자, 외부 세계의 변화에 있는 것이 아니라 복잡한 사회계층의 미묘한 차이를 유지하며 조정하는 일에 노력을 집중했던 베들레헴 스틸의 기업풍토 때문이라고 주장했다. 기업이 오래 살아남기 위해서 경영자는 최고의 상품과 서비스를 만들기 위한 사명감과 미래를 내다보는 통찰 예지력, 끊임없는 변화를 추구하는 결단력이 있어야 한다. 근로자 그룹도 지나친 이기주의를 버리고 큰 안목과 자기 희생정신이 뒷받침돼야 한다. 노동생산성을 초과하는 임금인상은 기업의 수명을 단축시킬 수 있는 아주 위험한 신호이다. 100년간 미국 철강업계를 주도했던 베들레헴 스틸의 파산이 주는 교훈이다.

셰일업계 선구자의 종말

창업주인 매클렌던의 자만과 과욕은 개인적 손실은 물론 회사에 악영향을 끼쳤다.

1989년 29세의 오브리 매클렌던(Aubrey McClendon)이 친구인 톰 워드(Tom L. Ward)와 함께 에너지 벤처 기업인 **체서피크 에너지(Chesapeake Energy)**를 설립했다. 자본금은 5만 달러였고 직원은 10명뿐이었다. 체서피크라는 사명은 버지니아주 연안의 체서피크만(Chesapeake Bay)에서 따온 것이었다. 듀크대에서 역사학을 전공하고 회계학을 부전공한 매클렌던은 지질학이나 엔지니어링에는 문외한이었지만 뛰어난 영업 능력과 설득력을 가졌다. 그는 석유 · 가스가 매장됐다고 알려진 곳이면 어디든 찾아가 땅 소유주와 개발 회사를 연결해 주는 중개인으로 뛰어난 역량을 발휘했다.

매클렌던의 영업력에 힘입어 체서피크가 관할하는 지역은 한때 뉴욕주 면적의 절반에 육박했다.

셰일 가스와 오일은 미국이 에너지 수입국에서 수출국으로 탈바꿈하는 데 결정적인 역할을 했다. 텍사스주와 오클라호마주 등에 매장된 미국의 셰일 가스 매장량은 개발 초기인 2004년에 파악한 것만 해도 24조㎥에 달했다.

그러나 시추하는 게 어려워 채산성이 낮은 게 문제였다. 퇴적암층인 셰일이 넓고 얇게 분포한 탓에 기존의 시추법으로는 어려움이 많았다. 이를 해결하고자 나선 기업이 체서피크였다.

셰일 암석을 수압으로 깨트려 석유와 천연가스를 추출하는 공법인 프래킹 기술을 도입해 미국의 셰일 혁명을 이끌었다. 수압파쇄법에 수평시추법을 접목한 것은 절묘한 신의 한 수였다. 수평시추법은 1970년대 개발되었고 수압파쇄법은 1940년 이미 존재하던 공법이었지만 이 두 공법을 결합한 것은 1990년대 후반이었다. 체서피크는 수평 드릴링 과 수압 파쇄 기술의 접목을 통해 회사의 빠른 초기 성장을 가속화한 것이다. 이러한 새롭고 색다른 기술로 셰일 업계의 선구자로 칭송받으며 체서피크는 성장 가도를 달렸다.

체서피크는 1993년 기업공개를 했고, 한때 직원 1만여 명을 거느린 대기업으로 성장했다. 전국에 소유한 유정만 4만 5,000개가 넘었다. 로이터통신은 **"체서피크가 미국에서 가장 활발하게 신규 유정을 개발하는 업체"**라고 평가하기도 했다. 매클렌던은 신규 유정을 개발하는 데 그치지 않고 기존 유정을 팔아 이익도 남겼다. 2008년에는 17억 5,000만 달러를 받고 오클라호마의 유전과 생산가스정을 BP에 팔았고, BHP빌리턴엔 아칸소주에 있는 셰일 가스전 자산을 47억 5,000만 달러에 매각했다. 2005년 포브스는 매클렌던을 미국 최고의 경영자로 선정했다. 2008년에는 체서피크 기업 가치를 350억 달러로 키우며 에너지 제국을 이루게 되었다.

체서피크는 가스 생산량을 2009 년부터 2013년까지 매일 5백만에서 25억 입방피트로 계속 늘렸다. 체서피크가 막대한 양의 천연가스 매장량을 발견한 것은 미국 소비자의 천연가스 가격을 낮추는데 도움이 된 것으로 평가되기도 했다. 21세기의 첫 10년 동안 미국 국내 석유 및 천연가스 산업의 발전에 대해 논의한 2012년 의견서에서 미국 에너지 장관은 매클렌던이야말로 미국 천연가스 산업 분야에서 **"영웅들의 최전선"**이라고 칭송했다.

카리스마가 넘친 매클렌던의 경영체제 아래 체서피크는 셰일 유전 지대를 지속적으로 매입하며 체서피크를 미국 2위의 천연가스 기업으로 오르게 했다. 그는 미국 내 최고 급여를 받는 CEO로 등극하기도 했고, 고향인 오클라호마에 대한 애착이 커 프로농구팀을 유치하는가 하면 부동산 재개발에도 나서 오클라호마시티의 번영에 큰 기여를 했다. 그러나 2011년, 포브스는 매클렌던을 가리켜 **"미국에서 가장 무모한 억만장자"**라고 칭했다. 매클렌던의 공격적인 경영 사례를 언급하며 2008년 그의 주식 매각을 가장 무모한 사례로 꼽았다. 그럼에도 같은 해 매클렌던은 20~20클럽에 가입했다. 20년 동안 20% 이상의 연간 수익률을 제공한 기업의 CEO 8명 중 한 사람이 된 것이다. 정작 매클렌던은 그를 위험을 사랑하는 야생 사냥꾼으로 묘사 한 사람들의 견해를 일축했다. 2012년에 그는 **"가장 인기 있는 일을 하고 싶다면 나는 언제나 추종자가 될 것"**이라고 말했다. **"재미있는 점은 내가 자신을 도박꾼이라고 생각하지 않는다는 것이다. 도박꾼은 막 사는 사람이다. 그들의 눈과 주사위를 굴리지만, 나는 그렇게 하지 않는다."** 매클렌던은 자신이 설립한 체서피크를 미국의 2위 천연가스 회사로 성장시켰음에도, CEO로서의 본분을 잊고 회사의 이익과 상충되는 행동들을 하면서 자주 구설수에 올랐다.

자신이 갖고 있는 유정 지분을 담보로 회사에서 11억 달러를 대출받아 펀드를 운용하면서 미국 증권거래위원회의 조사를 받기도 했고, 주가 하락에도 불구하고 대규모 성과 보너스를 챙기고, 개인적인 용도로 회사 제트기를 자주 사용하는 등 회사보다는 개인의 이익을 앞세웠다는 비난을 받았다. 미국 다트머스대 경영대학 시드니 핑클 스타인 교수는 매년 12월 말에 **'최악의 CEO'**를 선정하는데 2012년도의 최악의 CEO 2위로 매클렌던을 지목했다.

매클렌던은 체서피크의 미래에 대한 강한 자신감에 도취되어 빚을 내어 자사주를 매수했다. 그러나 때마침 불어닥친 2008년의 금융위기로 주가가 하락하는 바람에 마진콜을 당하면서 큰 손실을 입는다. 무리한 레버리지 위험에 노출되어 전혀 헷징 장치가 없는 무모한 결정에 대한 대가는 너무 컸다. 어떤 투자든 원웨이 방식의 투자는 예상과 다른 상황이 발생하는 경우 큰 손실을 보게 된다. 2008년 금융위기라는 특이한 상황을 탓할 수밖에 없지만, 이는 블랙스완에 대한 안전장치를 하지 않은 벌이라고 할 수 있다. 정상적인 상황에서는 부릴만한 욕심을 냈지만 결과는 끔찍했다. 즉 더 많은 수익을 얻기 위해 동원하는 레버리지는 올바른 판단을 했더라도 위험에 처할 수 있다. 특히 잘못된 판단을 했다면 집안을 거덜 내는 위험에 빠질 수 있기 때문이다. 그러한 주식 매입 결정을 하지 않더라도 이미 충분한 부를 축적한 상황이었기 때문에 더 큰 부를 창출하기 위한 개인적인 욕심은 매클렌던을 나락으로 떨어트리고 만다.

매클렌던의 과욕은 개인적 손실은 물론 회사에 악영향을 끼쳤다. 체사피크는 매클렌던의 주도로 사업 확장을 위한 토지와 장비 확보에 전력했다. 이로 인해 코로나19 사태 이전부터 이미 막대한 채무에 시달리게 된다. 여러 가지 스캔들과 실책이 잇따르자 2013

년 매클렌던은 CEO직을 사임하게 된다.

2016년에는 2007년과 2012년 사이에 별개의 회사를 내세워 석유 및 천연가스 광구 개발권 입찰 과정에서 가격 담합을 주도했다는 혐의로 기소되었으나 그다음 날 의문의 교통사고로 사망했다.

2000년대 미국 셰일 혁명을 이끌었다는 평가를 받은 체서피크는 코로나19 확산으로 경영난이 심화되자 파산 보호를 신청한다.

채권단과 수개월 동안 협상을 한 체서피크가 2020년 6월 28일 휴스턴 파산 법원에 파산 보호 신청을 했다. 체서피크는 과도한 부채와 코로나19로 인한 석유와 가스 가격 하락의 충격을 극복하지 못했고 2020년 1분기에 83억 달러의 적자를 기록했다.

체서피크가 파산 보호를 신청한 것은 코로나19 전염병에 따른 수익 감소와 부채 증가에 따른 극심한 자금난 때문이었다. 체서피크의 채무는 500억 달러로 채권자의 수만도 10만 명에 이르는 것으로 알려졌다. 셰일 붐 기간에 공격적인 셰일 가스 유전 지대 확보 전략으로 발생한 막대한 부채의 벽을 넘지 못한 것이다.

코로나19로 원유의 수요가 급격히 줄어드는 데 반해 감산은 더디게 진행되면서 과잉공급 현상이 이어졌다. 이 때문에 미국 서부 텍사스산 원유가 사상 최초로 마이너스 가격에 거래되는 등 유가가 급락했다. 또한 셰일 혁명으로 미국 내 원유 생산량이 늘어난 것 역시 구조적으로 국제 원유 수급에 부담이 됐다. 셰일 혁명을 통하여 전 세계적으로 과잉공급 현상이 발생하여 유가 하락을 부추겼다.

미국 유가가 2020년 4월 바닥을 찍은 뒤 오르기는 했지만 일부 셰일 석유 업체들이 생존할 수 있는 마지노선인 배럴당 45달러 이상에는 크게 못 미치기 때문에 파산보호신청을 면하지 못했다.

체서피크는 이윤이 적은 가스 대신 석유 생산으로 무게 중심을 이동하기 위해 텍사스주 셰일석유업체들을 인수하고, 와이오밍주에서 대규모 시추에 나섰지만 시기가 좋지 않았다. 유가 하락으로 가는 붕괴를 겪으며 2008년 전성기 당시 350억 달러를 넘긴 시가총액은 2020년 1억 1,600만 달러로 급락했다.

무디스 인베스트먼트의 선임 애널리스트인 존 티로프는 셰일 붐 기간에 쌓은 막대한 부채로 인해 셰일업체들의 줄도산이 이어질 것으로 예상했다. 유가 붕괴가 이미 취약한 셰일업체들에 심각한 손상을 주었고 앞으로 상환해야 할 부채가 산적해 있기 때문이다.

체서피크의 몰락은 창립자이자 CEO였던 매클렌던의 독단적인 전횡과 과욕, 그리고 회사와 개인의 이해관계에 대한 부적절한 처신으로 대내외적으로 신뢰를 상실한 탓이 크다. 그러나 에너지 사업의 특성은 시장가격의 부침에 따라 수익이 크게 변동된다는 점이다. 2020년 당시의 에너지 가격의 폭락은 회사의 수익 악화를 초래하여 과다한 부채와 맞물려 체서피크는 파산 보호 신청 이외의 방법이 없었다. 그러나 2021년부터 다시 에너지 소비가 늘어나고 국제적 긴장을 이유로 가스 및 오일 가격이 상승함에 따라 체서피크는 기적적으로 회생했다. 에너지 가격의 급등으로 투자금이 몰리면서 2022년 1분기 잉여 현금 흐름은 5.3억 달러로 역대 최고를 기록하기도 했다. 파산 보호를 종료한 이후 체서피크 에너지는 천연가스 회사의 기본인 충분한 천연가스를 시추하는 것에 집중하고 있다. 체서피크는 바인 에너지(Vine Energy)를 1,500만 달러에 인수한데 이어 치프오일 앤 가스(Chief Oil & Gas)를 인수했다. 이 회사는 펜실베이니아 북동부의 셰일층에서 시추하는 가스 기업으로 약 60만 에이커(약 2,428㎢) 넓이의 순 에이커를 보유하고 있고 하루에 283만 1,684㎥ 이상의 천연가스를 생산하고 있다.

JAL이 남긴 교훈

JAL의 붕괴는 경영자의 모럴해저드, 사원의 연령구조와 기득권, 무리한 빚더미 경영 등 전형적인 일본 기업의 문제점을 보여준다.

일본항공(JAL)은 1951년 DC-3 여객기 1대와 직원 39명으로 출발했다. 이후 JAL은 일본 경제의 성장과 함께 궤를 같이 했다. 일본 사람들에게 JAL은 신혼여행의 추억이자 해외 진출의 상징과 같은 기업이었다. 일본 경제의 급성장과 엔화 가치의 지속적 상승과 함께 국제노선의 저렴한 운임과 일본인의 해외여행 붐까지 더해지며 승승장구했다. 한때 일본 하늘을 나는 여객기 10대 중 7대가 JAL이라고들 했다. 정부 출자에 따라 국적항공사로서 반관반민의 특수법인으로 도약하여, 1983년엔 노선 확대에 힘입어 국제선 운송실적 세계 1위를 차지하기도 했다. 2008년에는 여객기 279대에 연간 이용 승객이 4,600만 명에 달해 세계 14위 항공사로 우뚝 섰다. 일본의 대학 졸업자들이 취업하고 싶은 직장 상위에 랭크 되었으며, 승무원의 서비스나 안전 면에서 세계 최고 수준임을 자랑했다. 1986년 국제선 운항에 뛰어든 ANA(전일본공수)는 JAL의 경쟁상대가 아니었다. 1978년 미국의 규제 완화법으로 민영화가 세계적 조류를 형성하자 일본 정부가 JAL에 대한 정부 출자분을 정리하면서 1987년 완전 민영화가 단행됐다. 외형상 민영화일 뿐 경영진이나 경영 방식은 **'국토교통성의 하부 기관'** 체질을 벗어나지 못했다.

그러한 지배구조가 문제였다. 일본 정부는 JAL에 대해 1% 이상의 대주주를 허용하지 않는 완전한 국민 기업으로 만든 것이다.

이로 인해 관료들의 간섭과 영향력을 벗어날 수 없게 하여 실제적으로는 운수성 출신 관료들이 경영을 맡게 되었다. 금융기관도 정부가 뒤에 버티고 있는 JAL에 대해 전혀 위험성을 감지하지 못하고 있었다. 그 결과 JAL의 부채는 2조 3,200억 엔까지 늘어났고 이는 이미 자산을 8,700억 엔 초과한 상태였다. 이러는 가운데 2008년 하반기 미국의 리먼브라더스의 파산과 함께 세계를 강타한 금융위기에 따른 경기 침체로 항공 수요가 급감했다. 이즈음 유행한 신종플루가 널리 퍼지면서 승객은 더욱 급감했다. JAL은 금융기관 부채에 대한 이자와 원금을 감당하기 어려운 상황에 처했다.

결국 JAL은 2010년 1월 법정관리를 신청하고, 2월에는 일본 주식시장에서 상장 폐지된다. JAL이 법정관리 들어갈 당시의 부채 규모는 23조 6천억 원이었다. 일본이 자랑하던 간판 기업의 추락에 따른 충격과 허탈감은 상당히 컸다. 사상 최대의 부도라는 점에서 JAL의 법정관리의 여파가 상당히 클 것으로 전망했다. JAL의 규모가 큰 데다 회사와 연관된 산업 연관효과도 매우 컸기 때문이다. 직접적인 사업 파트너만 2,900개 사가 넘고, 하청기업도 1만 개가 웃돌았다.

일본의 자존심이었던 JAL이 법정관리를 신청한 것은 수십 년간 이어진 국영기업의 체질을 벗어나지 못한 탓이 크다. 3%도 안되는 정부 지분이지만, 사실상 주인이 없는 회사였던 탓에 정부의 영향력은 절대적이었다. 선거 때마다 반복된 지방 공황 유치 공약으로 채산성에 대한 분석도 없이 난립된 공항에 운행 편수 절반을 JAL에 떠넘겼다. 당시 일본에는 대규모 공사로 예산을 나눠 먹는 토건 쪽과 외형만 중시하는 지방자치단체 전시행정이 빚은 합작품으로 전국에 100여 개의 공항이 난립했다. 이들 공항은 대부분 적자운영이 불가피했고 JAL은 채산이 맞지 않는 노선 운영은 물론, 공항을 건설하는데 들어간 자본비용까지도 이용료 형태로 납부해야 했다. 이는 결국 수익성 악화를 초래해 자금난이 가중되었다. JAL이 자금난에 빠지면 정부가 자동으로 융자를 해주는 악순환이 반복되었다.

경영진에는 관료 출신 낙하산 인사가 대부분 차지했다. 국토교통성 관료 출신이 부사장이 되는 관행이 있었고, 국토교통성 항공국이 JAL 이사회를 주물렀다. 이들은 경영 혁신보다는 노조와의 우호적 관계 형성을 우선시했다. 현장과 경영진과의 의사소통이 부족했고, 조직원들은 위기의식조차 느끼지 못한 것으로 알려졌다. 이는 방만 경영으로 이어져 교육 사업과 IT 사업, 레스토랑 사업까지 확대해 자금난을 가중시키는 결과를 초래했다.

노조의 행태도 경영 악화를 부채질했다. 회사의 경영 실적과 관계없이 자신들의 이익만을 고집하는 노조가 7개나 존재하는 비정상적인 구조는 JAL을 서서히 추락시켰다. 회사의 만성 적자의 원인이 인건비 때문이 아니라고 주장하며 구조조정을 위해 이를 삭감하려는 회사의 방침에 부정적이었던 노조의 태도가 사태를 악화시키는 원인이 되었다. JAL은 일본 기업 중 가장 높은 급여 체계를 유지해야 했으며, 이로 인해 만성 적자는 벗어나기 어려운 실정이었다. 더욱이 퇴직자들은 연금만으로 연간 6백만 엔 정도를 받아 젊은 샐러리맨들의 평균 근로 소득보다 많았다.

민영화 시기에 일본 항공운수업계는 글로벌화하면서 기업 간에 합병 · 매수가 이루어져 JAL과 전일본공수(ANA)의 양대 체제로 자리를 굳혔다. 이 과정에서 2002년 JAL은 일본 에어 시스템(JAS)과 합병했다. 국내선에 강점을 가지고 있던 일본 에어 시스템과 합병해 세계 최대의 항공 기업을 만들려는 전략이었다. 합병 당시 JAL, ANA, JAS의 3대 항공사 체제에서 JAL과 JAS의 통합은 경쟁을 약화시킨다는 판단으로 공정거래위원회의 반대가 있었다.

그러나 만성적인 적자에 시달리며 부채가 자기자본의 20배 이상 되는 상황에다 9.11 테러로 인해 경영상태가 더욱 악화되자 일본 항공산업의 위기를 우려한 국토교통성의 적극적인 지지와 가장 수익성이 높은 하네다공항의 일부 슬롯을 반납시키는 등의 노력으로 결국 공정거래위원회의 허가를 받아 양사는 합병에 이르게 된다.

하지만 일본 에어 시스템의 강성 노조 탓에 원활하게 경영을 통합하지 못했다. 통합에 의한 규모의 경제나 효율성 향상의 효과는 거의 얻지 못한 반면 두 회사의 복지제도는 그대로 유지됐고, 양사의 금융부채는 그대로 계승되어 오히려 역효과만 가중되었다. 그뿐만 아니라 일본 에어 시스템이 무리하게 국제선을 확장하면서 발생한 3천억 엔의 부채로 인해 경영만 악화되었다. 게다가 정부 주도로 항공 산업을 재편하는 과정에서 경영진이 일관성을 보이지 못하고 항공 연료의 선물 거래, 호텔 사업 확대 등 방만한 경영을 하면서 각각의 사업이 적자를 면치 못한 채 엄청난 손실을 발생시켰다. 위기를 극복하기 위해서는 임직원 모두의 일체감 형성이 중요하다.

그러나 JAL 경영진은 직원들을 단합시키고 고통을 부담하여 적자 탈출을 위한 위기경영을 선도해야 함에도 그 역할을 제대로 하지 못했다. 오랜 관료적 회사 경영에 길들여진 경영진과 중간 관리자들은 위기를 헤쳐 나갈 아이디어나 추진력이 결여되어 있었다.

일본 정부의 교통정책에도 문제가 많았다. 정부의 잘못된 정책으로 인하여 경제적 위기를 자초하거나 그로 인해 대기업들이 몰락한 사례를 흔히 볼 수 있다. JAL의 경우에는 특히 국토교통국의 정책이 JAL의 파산과 더불어 많은 사람들에게 회자되었다. 항공 정책에서 1986년까지 JAL, ANA, JAS의 역할 분담제를 시행했다. 이에 따라 항공사의 자유로운 설립과 노선개설에 규제가 많아 항공운수 산업의 자유로운 경쟁을 제한했다.

또한 수도권 공항 정책에 있어서 나리타, 하네다의 시설제약과 역할 분담으로 항공사들이 국내선과 국제선 환승을 비롯한 수도권 항공 수요를 활용할 수 없었던 반면에, 수요가 부족한 지방공항은 무분별하게 시설을 늘려 채산성 없는 노선을 항공사들이 운항하도록 했다. 여기에 주요 간선에 고속전철이 들어서면서 수익 노선의 시장잠식이 심각하게 발생했다.

외국 항공사와의 경쟁력에서 밀린 것도 지적되지 않을 수 없다. 한국을 비롯한 주변 국가들의 항공사들이 JAL의 강력한 경쟁자로 대두하게 된 반면 일본의 항공사들, 특히 국제선에 치중했던 JAL은 일본의 고질적인 고비용 구조와 회사의 비효율이 어우러져 경쟁력이 현저히 저하되었다.

블룸버그 통신의 아시아 담당 칼럼니스트 윌리엄 페섹은 이전부터 JAL에 대해 **"좀비기업이라고 부르기 힘들 정도로 망가진 기업"**이라고 파산을 예견하는 통찰력을 보여줬다. 게다가 페섹은 **"JAL은 일**

본 경제의 축소판"이라면서 일본 경제 역시 **'좀비 경제'**로 낙인찍은 바 있다. 실제로 JAL의 몰락 과정에서 그동안 감춰진 일본 경제와 기업의 본질적인 문제를 적잖이 확인할 수 있다. JAL의 붕괴 원인을 국가 경제와 개별 기업에 끼워 맞춰보면 정확히 폐해가 일치하기 때문이다. 경영자의 모럴해저드, 사원의 연령구조와 기득권, 무리한 빚더미 경영 등이 대표적이다. 1990년부터 과감한 구조조정과 개혁이 필요하단 걸 알면서도 근본적인 개혁을 시도하지 않았던 JAL과 일본 정부는 질병의 원인과 증상이 비슷하다며 JAL의 오늘이 일본의 내일일 수 있다는 경고를 무시했던 것이다.

또한 강력한 존재감을 부각시키며 개혁의 걸림돌로 작용했던 중년층 이상의 조직적인 집단 대응과 국가 의존적인 성향 역시 고령화 차원에서 보면 국가 문제와 정확히 일치한다. 연금 지급액 절감이 불가피한데도 중년층의 반발이 두려워 개혁을 미뤘다. 노조의 모럴해저드도 심각했다. 노조가 앞다퉈 이권 경쟁에 뒤엉키다 보니 결국엔 임금 · 복지만 늘어나고 생산성은 나날이 떨어졌다. 문제는 알았지만 해결할 주체가 없었다는 것이 JAL의 비극이었다.

최대 항공사의 몰락을 두고 볼 수 없었던 일본 정부는 교세라 그룹 창업주인 이나모리 가즈오 명예회장에게 도움을 청했다. 이나모리 회장은 JAL에 대해 **"경영 철학도 전략도 없는 부실 덩어리 자체"**라고 혹평했다. 그는 대표로 취임하자마자 혹독한 구조조정에 나섰다. 직원 4만 8,000명 중 1만 6,000명이 떠났고, 8개에 달하던 사내 노조도 정리됐다. 회사는 2년 만에 흑자로 돌아섰고 2012년 9월 증시에 다시 상장했다. 오니시 마사루 당시 JAL 사장은 **"망해보니 무엇이 중요한지 가슴으로 깨달았다"**는 소회를 밝혔다.

승자의 저주

금호아시아나는 대한통운을 인수한지 3년 만에 CJ에 매수한 가격에 못 미친 가격으로 매각하면서 쇄락의 길을 걷는다. 승자의 저주였다.

박인천 금호그룹 창업주는 끈질긴 사람으로 익히 알려진 인물이었다. 전남 나주 출신인 그는 잡화상 등으로 이른 나이에 사업에 뛰어들었지만 실패를 맛보고 28세의 나이로 보통 문관 시험과 고등 문관 예시에 합격했다. 이후 미제 택시 2대로 광주택시라는 회사를 설립해 운영하다 1946년 광주여객(현 금호고속)을 설립해 버스 사업에 진출했다. 그가 벌린 사업은 승승장구하여 1959년 죽호학원, 1960년 삼양 타이야 공업(현 금호타이어)를 설립하여 새로운 사업으로 진출했다. 1970년대 경제개발 붐 속에서 박인천 회장은 회사의 규모를 키워 나갔다. 1971년 한국 합성 고무공업(현 금호석유화학), 1972년 금호실업, 1977년 금호 문화재단을 설립하기에 이른다. 이렇다 할 호남기업이 없던 시절이라 금호그룹은 대표적인 호남

기업으로 입지를 다졌다. 금호그룹은 정부에서 추진한 제2의 민간 정기 항공 운송사업자로 선정되면서 그룹의 도약기를 맞게 된다. 이에 따라 1988년 2월 17일에 서울 항공을 설립하였으며, 1988년 8월 11일 아시아나항공으로 사명을 변경하였다.

아시아나항공은 1988년 12월 B737-400 항공기를 처음으로 도입한 뒤 서울~부산, 서울~광주 노선을 시작으로 점차 국내선 운항을 확대했다. 1990년에는 서울~도쿄 노선을 취항하며 본격적인 국제선 운항 항공사로 발돋움했고, 1991년 박삼구 당시 금호기업 사장의 아시아나항공 사장 취임과 함께 서울~미국 로스앤젤레스 노선까지 취항했다. 2003년에는 세계 최대 규모 항공 동맹체인 **'스타얼라이언스'**에 가입하며 글로벌 항공사로서의 위상을 강화했다. 2010년에는 영국 컨설팅업체 스카이트랙스가 승객 투표로 선정하는 올해의 항공사 1위로 선정됐다. 2009년부터 2012년까지 세계적 여행 전문 잡지로부터 **'올해의 항공사'** 상을 받으며 차별화된 서비스로 주목을 받기도 했다.

제2 민항으로 출발한 아시아나의 대표이사를 맡아서 세계적인 항공사로 키운 것은 창업자의 3남인 박삼구 회장이었다. 그러나 대외 인지도는 높아진 반면 아시아나항공의 속사정은 그리 밝지 않았다. 특히 경제 위기를 겪으면서 회사의 사정은 급속히 악화됐다. 1999년 1,096억 원 이익을 실현한 것을 제외하고 2001년까지 적자가 누적되고 있었다. 이러한 위기 상황에서 2002년 박삼구 회장이 그룹 4대 회장으로 취임했다. 그는 회사를 새로이 재편하면서 그룹 명칭을 금호그룹에서 금호아시아나그룹으로 바꿨다. 항공, 고속버스 등 운수 분야와 석유화학 및 콘도 등의 기존 사업에서 생명공학, 신소재, 물류사업 등 21세기 고부가가치 창출형 신규 사업에 적극적으로 진출한다고 발표했다. 그러나 박 회장은 잇따른 악수를 범한다. 2005년 대우건설을 인수한 것은 그룹의 해체로 이어지는 결정적인 패착이었다. 당 초 대우건설이 그룹의 수익원이 될 것으로 기대했지만, 세계 경기가 불안해지면서 국내 건설업계도 불황을 비켜갈 수 없었다. 대우건설을 6조 4,255억 원에 인수할 당시 계열사 자금은 물론 금융기관 대출까지 동원해야 했다. 뿐만 아니라 함께 참여한 투자자들에게 주식 손실의 차액을 보전해 주는 풋백옵션까지 걸었다. 회사채 만기가 다가오자 금호아시아나는 2009년 6월에 대우건설을 시장에 내놓게 되었다. 이로 인해 1조 5,000억 원의 손실을 감수해야 했다.

2008년 금호아시아나는 대한통운을 4조 1,040억 원에 인수했다. 그룹의 기존 사업과 특별한 시너지가 있는 것도 아니었지만 박 회장은 기업 인수를 통하여 새로운 수익원을 찾는 것을 경영방침으로 내세워 불도저처럼 추진했다. 때문에 다각적인 면에서의 세밀한 검토가 부족했다는 지적을 받았다. 결국 인수한지 3년 만에 CJ에 매수한 가격에 못 미친 가격으로 팔았다. 승자의 저주였다. 돌려막기 하다가 결국 몰락을 자초한 것이다. 부실 경영으로 그룹 전체가 휘청거리자 평소 우애가 좋기로 소문난 형제들 사이에도 틈이 생겼다. 경영난을 자초한 대우건설 및 대한통운 인수에 대한 책임과 후계 구도가 맞물려 박삼구 회장과 동생인 박찬구 회장 간의 분쟁으로 결국 그룹은 분리되고 말았다. 박삼구 회장은 항공과 건설, 박찬구 회장은 석유화학 부문을 맡아 경영이 분리되었다.

박찬구 회장은 금호산업과 금호타이어를 금호그룹에서 제외해 줄 것을 요청하여 적자 경영을 자초하는 박삼구 회장과 거리를 두려고 했다. 그러나 박찬구 회장이 비자금 조성 의혹 등으로 형사 처벌

받게 되면서 두 형제 사이는 돌아올 수 없는 길로 들어섰다.

금호아시아나가 적극적인 M&A로 확장에 눈을 돌리고 있을 무렵, 정작 내부 관리는 소홀했다. 대우건설과 대한통운 인수의 여파로 유동성 위기에 몰리자 2009년 6월 재무구조 약정을 체결하고 11월 금호생명을 매각했다. 2010년 1월에는 금호산업과 금호타이어가 워크아웃에 들어갔다. 주채권자인 산업은행은 박 회장에게 이 두 회사의 주식 우선매수권을 부여하여 경영권을 가져올 수 있는 기회를 주었다. 박 회장은 사재와 외부자금 조달을 통해 2015년 금호산업의 경영권을 가져왔다. 그러나 더 이상의 자금조달을 하지 못해 금호타이어를 가져오는 데는 실패했다. 그룹 위상을 정상화시키고, 꾸준한 매출을 기대할 수 있고 수익원이 될 수 있는 회사가 바로 금호타이어였기 때문에 박 회장에게는 무척 뼈아픈 결과였다.

어려운 상황에서 금호아시아나를 지탱해 준 것은 아시아나항공이었다. 2018년 들어서 아시아나항공의 실적이 호전되어 그룹 내부적으로는 무척 고무되어 있었다. 2018년 1분기에는 창사 이래 최대의 매출을 올렸다. 연결 기준으로 매출이 1조 5,887억 원, 영업이익이 643억 원으로 매출은 전년 동기 대비 9%, 영업이익은 144% 늘었다. 금융비용 때문에 순이익은 내지 못했지만 점차 실적이 좋아질 것으로 기대했다. 2018년 7월 1일, 아시아나 항공기 국제선 중 무려 51편이 예정 시각보다 늦게 이륙했다. 비행기 내에 기내식을 싣지 못해서였다. 그리고 다음날 아시아나항공에 기내식을 납품하는 재하청업체 대표가 **'기내식 노 밀(No meal)'** 사태에 압박을 받아 스스로 목숨을 끊었다. 처음 **'아시아나 노 밀 사태'**가 발생했을 때 회사에서 책임을 지는 사람이 없었지만, 하청업체 대표의 자살로 이어지자 사태의 심각성을 느낀 경영진이 서둘러 사과를 했다.

기내식 노 밀 사태는 단순히 기내식이 늦어져 발생한 사건이 아니라, 금호아시아나의 비정상적인 경영 행태가 적나라하게 표출된 사건이었다. 아시아나항공은 2003년부터 **'LSG'**라는 독일 회사로부터 기내식을 납품받았다. 아시아나항공은 뛰어난 기내식 서비스를 인정받아 여러 차례 상을 받기도 했다. 그러나 아시아나항공은 2016년 돌연 LSG와의 계약을 해지하고 중국 하이난 그룹의 계열사인 **'게이트 고메 스위스'**라는 회사와 **'게이트 고메 코리아'**를 설립해 기내식을 납품하는 계약을 체결했다. 아시아나항공은 신규법인의 지분 40%을 보유하는 조건이었다.

2018년 3월, 게이트 고메 코리아에 화재가 발생한다. 기내식 공급에 차질이 생기자 **'샤프도 앤 코리아'**라는 회사에 일정 기간 기내식을 공급하도록 했지만, 아시아나항공에 하루 필요한 기내식 분량은 25,000명분인데 반해 샤프도 앤 코리아가 납품할 수 있는 분량은 3,000인분 정도였다. 이 사건을 계기로 기내식 공급업체를 바꾼 배경이 드러났다. LSF 측은 아시아나항공에 기내식을 납품하면서 별문제가 없었다고 밝혔다. 아시아나와의 계약조건을 준수해 왔는데 아시아나항공이 갑자기 1,600억 원 규모의 투자를 요구해 이를 거절하자 기내식 공급을 중지했다고 밝혔다.

반면 아시아나항공과 계약을 맺은 게이트 고메 스위스의 모기업인 하이난 그룹은 2017년 3월에 아시아나항공의 지주회사인 금호홀딩스에 1,600억 원을 투자했다. 때문에 금호아시아나그룹이 투자 유치를 위해 알짜 사업인 기내식 업체를 일방적으로 바꿨다는 의혹을 받게 되었다. 기내식 노 밀 사태는 금호아시아나의 자금 사정이 얼마나 나빴는지를 단편적으로 보여주는 사건이었다.

여기에 박 회장은 사회 경험이 전혀 없는 딸을 금호리조트의 상무로 발령시켜 낙하산 인사라는 논란을 가져왔다. 회사 직원들이 마스크를 쓰고 촛불 집회장으로 갈 정도로 경영진에 대한 신뢰가 붕괴되고 있었다. 직원들은 기내식 노 밀 사건 이후 두 차례에 걸쳐 경영진 규탄제를 개최하며 경영진의 각성을 요구했다.

아시아나항공의 자금 상황은 계속 악화됐다. 2018년 말 기준 아시아나항공의 총부채는 3조 4,400억 원이고 2019년 말까지 갚아야 할 단기차입금이 1조 3,200억 원에 달했다. 회계감사를 맡은 삼일회계법인이 아시아나항공의 감사 보고서에 한정 의견을 냈다. 기업의 존속 여부에 대한 불확실성을 반증한 결과였다. 비록 나흘만에 다시 적정 의견을 받아 냈지만 2018년 순손실이 1,959억 원으로 늘어났고 부채비율은 800%에 육박했다.

금호아시아나그룹은 더 이상 버틸 수 있는 상황이 아니었다. 박삼구 회장의 퇴진과 아시아나항공의 매각이 발표되기에 이른다. 그만큼 시장에서는 박 회장의 경영 부실을 이번 사태의 원인으로 지목한 것이다. 당장 부채와 이자를 갚을 자금이 필요했지만 더 이상 자금을 조달할 방법이 없었다. 이러한 상태가 지속되면 파산할 수밖에 없는 상황이었고, 산업은행 등 채권단의 압박이 계속되자 박삼구 회장으로서는 달리 방법이 없었던 것이다. 보유한 자산을 담보로 내놓겠다고 했지만 받아들여지지 않았다.

핵심 계열사이자 선대 회장들이 피땀으로 일으킨 아시아나항공마저 매각했지만 금호고속과 금호산업 역시 대부분의 주식이 은행에 담보로 들어가 있어 빚을 갚는데만 적지 않은 시간이 필요한 상황이다. 금호아시아나그룹이 해체되는 과정을 돌이켜 보면 어떤 경영자를 만나느냐에 따라 그룹과 소속원의 운명이 크게 달라진다는 것을 새삼 깨닫게 된다.

쓰이타이 효과

오포가 문을 닫기에 이른 것은 130여개에 달하는 공유 자전거 업체들의 무분별한 난립을 가장 큰 원인으로 꼽을 수 있다.

2015년 6월, 베이징대 학생인 다이웨이는 친구 4명과 함께 자전거 한 대를 앞에 놓고 열띤 논쟁을 했다. 캠퍼스가 워낙 넓어 강의실을 오가는데 불편을 겪는 학생들이 자전거를 공유하면 좋겠다는데 그들 모두의 의견이 일치했다. 자전거를 이용해 생활하던 다이웨이는 네 차례나 자전거를 잃어버린 경험도 있고 해서 인증 절차를 밟아 **'캠퍼스 자전거'**를 운영하자는 제안을 했다. 자전거 바퀴 모양을 딴 **'오포(ofo)'**라는 로고가 박힌 노란 자전거는 이런 과정을 통해 탄생했다.

자전거 거치대 없이 사용하는 세계 최초의 공유 자전거인 오포는 **'공유경제와 스마트 하드웨어'**를 캐치프레이즈로 하여 출발했다.

창업 초기에는 사업성에 대한 주위의 냉엄한 평가로 심각한 자금난에 처하기도 했지만, 유명한 엔젤 투자사인 진사장벤처스가 오포에 투자함으로써 자금난으로부터 벗어나 성장의 교두보를 구축할 수 있게 되었다. 창업 4개월 만에 하루 평균 주문량이 4,000건을 넘었다. 오포는 **'대중 창업 만중 창신'**이라는 정부의 창업 슬로건에 부합했다. 또한 중국 정부의 당면 과제인 교통 체증과 환경 오염 문제를 **'공유 자전거 플랫폼'**으로 해결할 수 있다는 명분이 있었다.

중국 정부는 자전거 공유 플랫폼이 활성화되도록 자전거 주행에 호의적인 법규를 마련하고 인프라 구축에 적극적으로 협조했다. 공유 자전거 업체 관계자들은 이러한 정부의 지원이 없었다면 공유 자전거 플랫폼은 불가능한 일이었다고 말했다.

오포의 비즈니스 모델은 베이징대에서는 검증되었지만 불특정 다수의 고객을 대상으로 어떻게 운영될지는 미지수였으나 중국 정부가 대중의 인식을 바꿨다. 2017년 정부 기관과 베이징대는 공유 자전거를 통해 절약한 휘발유가 141만 톤에 달한다는 조사 결과를 발표했다. 또한 휘발유 절약이 이산화탄소 배출 감소로 이어져 중국 정부가 대기오염 때문에 지출해야 할 금액 중 16억 위안을 절감할 수 있다는 사실도 함께 공표했다.

이를 근거로 베이징시는 2015년 11월부터 2018년 11월까지 자전거 구매자에게 10%의 보조금을 지급한다고 공표하여 대중들에게 자전거 활용을 권장했다. 국영 언론들은 공유 자전거를 **'중국 현대의 4대 발명품'**으로 선정하는 등 공유 자전거를 띄워 나갔다. 이 덕에 공유 자전거는 예상보다 빨리 더 많은 잠재적인 고객을 확보하여 성장의 교두보를 마련했다.

노란색 공유 자전거인 **'샤오황처'**로 오포는 창업 2년 만에 기업 가치 40억 달러를 달성하여 공유경제 업계의 슈퍼스타로 등극했다. 대학 내에서 시작한 작은 벤처기업은 2년 만에 알리바바, 디디추싱,

그리고 샤오미 등으로부터 150억 위안을 투자받았다. 풍부한 자금을 바탕으로 오포는 중국을 넘어 세계 21개국으로 사업을 확장했다. 글로벌시장에서 운용하는 자전거는 2,300만 대를 넘었고, 사용자도 2억 명을 돌파했다.

그러나 승승장구하던 오포는 2018년부터 문제점을 하나씩 드러내기 시작했다. 오포는 모바이크 등 경쟁사를 따돌리기 위해 할인 정책을 폈다. 오포 자전거 이용료는 1시간에 1위안이었으나, 이를 거의 무료에 가깝게 사용하게 한 것이다. 막대한 투자금을 믿고 경쟁사를 구축하기 위해 가격 경쟁으로 맞선 것이다. 자전거가 조금만 고장이 나도 수리하는 대신 폐기하는 등 방만한 경영으로 2개월 만에 투자금을 6억 달러나 탕진했다.

오포가 수익성에 문제가 있다는 사실을 알게 된 투자자들은 잇따라 발을 뺐다. 결국 자금이 궁해지자 오포는 자전거 이용자가 처음 가입할 때 내는 보증금에 손을 댔다. 그마저 2018년 말에는 보유 현금이 바닥나고, 15억 위안이나 되는 고객 보증금과 5억 위안의 자전거 제작 대금을 주지 못해 소송에 휘말렸다.

다이웨이 대표는 사업을 다시 일으켜 돈을 돌려주겠다고 공언했으나 이미 신뢰를 잃었다. 새로운 투자에도 번번이 실패하는 등 재기하지 못하고 야반도주하여 오포는 사실상 폐업 상태에 직면했다. 오포가 문을 닫기에 이른 것은 공유 자전거 업체들의 무분별한 난립을 가장 큰 원인으로 꼽을 수 있다. 2017년 130여 개의 공유 자전거 업체들이 우후죽순 격으로 난립하여 공급 과잉과 출혈 경쟁을 초래, 수익성 저하로 많은 업체들이 도산하게 되었다. 특히 시장이 포화상태에 있음에도 불구하고, 대부분의 업체들은 회원 수 늘리기에만 몰두하는 공격적인 전략을 지속했다. 이 때문에 대규모 적자 행진을 피할 수 없었고, 경영난이 심화됐다. 게다가 해당 사업 년수가 3~4년이 지나면서 공유 자전거에 대한 대대적인 교체 시기가 돌아왔다. 자전거 한 대당 최소 900위안이라 이를 감당할 자금을 조달할 방법이 없었다.

그럼에도 오포는 전형적인 플랫폼 장악 전략을 썼다. 압도적인 투자로 시장을 선점하는 데 집중한 것이다. 중국 장강경영대학원(CKGSB)은 **"자전거 공유 스타트 업 오포의 몰락이 보낸 중국 스타드업 생태계의 적신호"**라는 보고서에서 오포는 경쟁사보다 과도한 지출을 하는 것이 회사가 성공할 수 있는 길이라 믿었다고 발표했다.

'2VC(to VC) 모델'이라고 불리는 이 성장 모델은 전통적인 수익 창출보다는 벤처캐피털 투자를 유치하고 사업을 매각하는 데 초점을 맞추고 있었다. 소프트뱅크가 우버의 최대주주로 올라섰듯 오포도 알리바바 등으로부터 대규모 투자를 이끌어 냈다.

베이징 등 주요 도시들은 이미 2016~2017년에 공급 과잉에 들어서고 있었다. 적정 공유 자전거 수가 110만대로 추정되었으나 2017년 9월 공급량이 이미 235만 대에 이르렀다. 58만 대가 적정 공급량으로 추산되는 우한시에는 100만 대의 공유 자전거가 배치되어 있었다. 특히 베이징시 교통위원회 집계에 따르면 2019년 상반기 시 정부에 등록된 공유 자전거 수는 191만 대에 이르는 것으로 나타났으며 이들 중 1차례 이상 이용된 공유 자전거는 단 120만 대에 불과, 나머지는 1차례도 이용되지 않은 것으로 밝혀졌다.

다음으로 지적되는 것은 부실한 수익구조를 꼽을 수 있다. 공유 자전거의 수익 모델은 자전거 대여 요금 수익과 보증금 운용을 통한 자본 이익으로 구분된다. 그러나 대여 요금이 저렴한 것에 비해 관리 비용이 급증하였고, 현재의 자본 수익률로는 이익 창출이 거의 불가능한 수준이었다. 게다가 시장 포화로 보증금 면제 정책까지 등장하는 등 수익 창출 여건이 더욱 악화되는 실정이었다. 정부의 우호적인 정책이 점차 과도한 간섭으로 바뀌었다.

2017년 8월부터 베이징시 정부는 교통운수부, 중앙선전부, 국가개발위원회, 산업정보화부, 공안부, 주택도시건설부, 인민은행, 질검총국, 여유국 등 무려 10여 곳에 달하는 정부 부문으로부터 허가를 받아야만 해당 공유 업체가 사업 실행 및 자본 확보 등을 수행할 수 있도록 하는 새로운 규정을 만들었다. 이와 같은 정부의 지나친 시장 간섭은 공유 자전거 업체들의 유동적인 사업 운영을 저해하는 결과를 가져왔다.

공유 문화 의식이 낮은 점도 지적하지 않을 수 없다. 공유 자전거 시장이 폭발적으로 성장했지만, 사람들의 사용 문화와 의식에는 많은 문제가 있었다. 공유 자전거를 부주의하게 사용하여 파손시키거나, 개인 소유화하는 경우가 늘면서 관리 비용이 급증했다. 더욱이 고장 난 자전거가 증가하면서 건전한 이용자들도 자전거를 소홀히 여기거나 점차로 이용하지 않는 경우가 늘어났다. 자전거 보수인력을 배치했지만 늘어나는 사용자의 이용경로를 따라다닐 수 없는 상황이었다.

여기에 오포에 치명상을 입힌 건 11세 아이의 사망 사고였다. 2017년 상하이에서 오포의 공유 자전거를 타던 11세의 남자아이가 사망하는 사건이 발생했다. 원래 오포의 공유 자전거는 QR 코드로 스캔한 뒤에 나타나는 비밀번호를 입력하면 자물쇠가 열리는 구조였다. 그러나 이를 악용해 QR 코드를 훼손시켜 몰래 자전거를 타는 사람들이 점차로 늘어났다. 사망한 남자아이 역시 불법으로 비밀번호를 해제해 자전거를 탔다. 중국은 도로교통안전 법을 통해 12세 이상만 자전거를 조종해야 한다고 규정하고 있었다. 그러나 오포가 안전 수칙을 사업에 적절히 적용했는지를 정부는 관리하지 않았다.

가령 자전거 어디에도 이용자는 반드시 12세 이상이어야 한다는 안내표를 부착하지 않았던 것이다. 안전 확보를 위해 정부가 개입해야 하는 점을 간과했다.

이 사건이 전국적으로 퍼지면서 오포의 직접적인 책임 여부를 떠나 브랜드 이미지가 무너지기 시작했다. 사람들은 정부나 오포 어느 곳도 안전에 대한 대비책과 규제를 마련하지 않았다는 것을 알고 서서히 공유 자전거를 멀리하기 시작했다. 고객이 이렇게 등을 돌리는 데 살아날 기업은 없었다.

'쓰이타이 효과'라는 중국말이 있다. 우리말로 번역하면 **'넷째 첩 효과'**인데 넷째 첩이 남편의 관심을 끌려고 마치 임신한 것처럼 거짓말을 꾸며내 환심을 산다는 것이다. 실력이 부족한 신생기업이 광고와 마케팅으로 여론의 관심을 이끌어내 외부자금을 유치하고 이후 안정적으로 성장하는 사례를 일컫는 말이다.

다이웨이는 무릎을 꿇더라도 살아 나가야 한다고 결연한 입장을 밝혔지만, 오포는 백척간두에 서 있다. 한때 혁신의 아이콘으로 불리던 오포의 생사 여부는 결국 시간이 말해줄 것이다.

수익성에서 한계를 드러냈지만 이용자층과 이로 인해 확보하는 데이터는 매력적인 매물이 될 수 있다.

전후방 모빌리티 업체들이 경영난에 처한 공유 자전거 업체를 흡수해 기존 이용자와 데이터를 확보하면 큰 시너지를 내며 새로운 시장 주도자가 될 수 있기 때문에 공유 자전거 업체들에 대한 M&A가 늘어나고 있는 추세이다.

엔로니스트 기업

월드컴이 파산 위기에 처하게 된 가장 큰 이유는 1990년대 당시 인터넷 관련 사업이 급성장할 것이라는 그릇된 믿음이었다.

1941년 캐나다의 에드민턴에서 태어난 버나드 에버스(Benard J. Ebbers)는 우유배달과 술집 경비 등 막일을 하다 1960년대 초 농구 특기생으로 미시시피대학교에 입학, 체육교육학을 전공했다. 이후 그는 잠시 고등학교 교사 생활을 했지만 사업가로 변신, 1974년 미시시피 호텔을 사들이고 호텔업을 영위하면서 기반을 다졌다.

1983년 미시시피에 LDDS(Long Distance Discount Services)라는 이름의 회사가 설립됐다.

이 회사는 미시시피 내의 일부 고객들에게 전용망을 제공하여 자리를 잡았지만, 지역 기반의 보수적인 경영으로 1985년 매출액은 100만 달러 정도였다. 1985년, LDDS의 이사회는 버나드 에버스를 LDDS의 CEO로 선출한다.

버나드 에버스는 당시 지역에서 저가 호텔을 몇 개 소유하여 운영하고 있었기 때문에 LDDS를 안정적으로 성장시킬 수 있는 사람으로 평가되었다.

에버스는 사업을 확장하는 전략을 취했다. 그러나 새로운 인프라를 구축하는 것은 오랜 시간이 소요되므로 단기간 내에 확장하기에는 커다란 제약이었다. 때문에 그는 M&A를 통해 몸집을 키우기로 결정했다. 에버스는 다가올 미래에는 정보통신사업이 미국의 핵심적인 사업이 될 것이라고 확신했다. 에버스의 시야와 전략으로 월드컴은 인터넷 사업, 기업용 시내전화, 국제전화 등 통신 관련 사업 포트폴리오를 확장해 나갔다.

당시에는 정크 본드를 이용한 차입 매수(LBO) 기법이 널리 활용되던 시기였고, 기업을 인수하겠다는 의향만 밝히면 자금을 조달하는 것은 어렵지 않았다. 버나드 에버스는 그러한 점을 잘 활용했다. 실제로 LDDS는 에버스가 전권을 잡은 1985년부터 2000년까지 총 60개의 회사를 인수했고, 이중 상당수는 자사보다 훨씬 큰 회사였다. 지난 1997년 에버즈는 브리티시 텔레콤을 따돌리고 미국 2위의 장거리 전화회사인 MCI를 인수했다. 당시의 870억 달러 합병으로 월드컴은 세계 통신업계의 큰 손이 됐다.

90년대 이후 미국은 유례가 없는 대호황을 누리고 있었고, 시중에 너무 많이 풀린 돈이 적당한 투자처를 찾아 헤매고 있었다. 금융기관들은 월드컴의 왕성한 현금 수요를 기업 활동이 호조를 띠고 있어 투자가 활발한 것이라고 평가했으며, 남아도는 것이 돈이라 월드컴에 아낌없이 퍼부었던 것이다.

1989년, LDDS는 Advantage Companies Inc.라는 상장기업을 인수하면서 우회상장에 성공했다. 당시 LDDS의 매출액은

4억 달러가량으로 불과 4년 만에 400배 성장한 것이다. LDDS의 놀라운 성장으로 인해 에버스는 점차 유명세를 얻기 시작했다.

지속적인 합병으로 무섭게 성장하던 LDDS는 1995년에 국제 통신 사업에 진출하면서 사명을 **'월드컴'**으로 변경했다.

그 이후에도 인수합병은 계속되었는데, 1998년에 **'MCI 커뮤니케이션즈'**를 인수하기에 이른다. MCI를 인수하면서 월드컴은 미국 내 통신망과 국제통신망을 모두 갖추게 되었고, 연 매출은 100억 달러에서 400억 달러로 급증했다. 외형적으로는 전혀 문제가 없는 듯 보였지만, 속을 들여다보면 이미 월드컴은 한계에 달하고 있었다.

1998년부터 인터넷망 초과공급 문제가 대두되었다. 게다가 2000년 3월에 일제히 붕괴된 닷컴 버블의 여파를 피할 수 없었다. 수많은 닷컴 기업들이 문을 닫았고 사람들은 인터넷의 미래에 회의적으로 돌아섰다. 수천 개의 사이트들이 사라지면서 이들이 사용하던 엄청난 양의 통신 트래픽도 함께 증발했고, 유선통신 시장은 사상 최악의 초과공급 상태로 빠져들었다. 막대한 자금을 들여 구축한 통신망은 통신량의 증가 속도가 느려지면서 가동하지 못하는 상황에 처했다.

월드컴이 파산 위기에 처하게 된 가장 큰 이유는 1990년대 당시 인터넷 관련 사업이 급성장할 것이라는 그릇된 믿음이었다. 투자자들은 마땅한 투자처를 찾기에 분주했고 이에 첨단기술 및 통신업체들은 이들의 돈을 확보하기 위해 치열한 경쟁을 벌인 것이다. 시장 점유율을 높이는 것은 이익을 내는 것보다 더 중요하다는 인식이 지배적이었기 때문이다.

관련 업체들은 폭발적으로 수요가 늘어날 것에 대처하기 위해서 해저 케이블을 설치하는 등 신규 투자에 적극적이었다.

규모가 클수록 더 좋고 세계적인 거대 기업이 되어 각종 서비스를 제공해야만 한다는 믿음이 기업 인수 합병 붐을 일으킨 것이다. 그러나 이들의 예상은 빗나갔다. 공급 과잉 시장에서 생존경쟁의 혈투가 벌어지는 결과를 초래했다.

유선통신 사업자들 간의 파격적인 가격 경쟁은 불가피했다. 월드컴 엔지니어들이 한쪽에서 통신망을 부설하는 동안 대도시의 번화가에서는 세일즈맨들이 마진조차 거의 남지 않는 가격을 제시하며 고객을 끌어모으기 위해 사력을 다했다. 매출과 이익의 급격한 감소에 당황한 월드컴 경영진은 사정이 비슷한 편이었던 글로벌 크로싱, Qwest, 엔론 등과 공모하여 회선 임대 교환거래로 편법적인 방식을 실행했다. 각 회사들이 서로 회선을 임대해 줘서 실적을 부풀리는 방식이었다. 이른바 네트워크 스왑이라고 불리는 방식으로 실제 현금의 출입은 이뤄지지 않은 회계 상 숫자 거래에 불과하지만, 이것이 실제 수익을 낸 것처럼 집계가 되었다. 이 네트워크 스왑에 가담한 기업 중 하나였던 월드컴 역시 엔론의 뒤를 이은 엔로니티스 기업(**엔론과 같다는 뜻으로 엔론사태 이후 회계 조작으로 파산한 기업들을 일컫는 신조어**)으로 이름을 올렸다.

이들은 이렇게 올린 거짓 매출과 이익을 발표하면서 시장의 신뢰를 다시금 재확인했고, 한숨 돌릴 수 있게 되었다. 그러나 부채는 이미 감당하기 어려울 정도로 늘어나 있었다. 당황한 월드컴 경영진은 그 사실을 분식회계를 통해 외부에 숨기고 있었지만, 이미 월드컴은 현금 결제 능력을 상실하고 있었다. 회사 내에 현금이 하나도 없었기 때문에 월드컴은 계속 돈을 빌릴 수밖에 없었다. 하지만 은행은 월드컴에 계속 돈을 빌려줬고, 증권사들은 월드컴의 채권을 매입하지 못해 안달이 나 있었다.

사업이 부진하자 에버스는 또다시 인수합병으로 승부를 건다. 글로벌 마케팅에 강점을 가진 통신업체인 **'스프린트'**를 인수, **'규모의 경제'**로 승부하겠다는 복안이었다. 1999년 10월, 월드컴은 미국 4대 이동통신사 중 하나인 스프린트에 대한 합병의사를 밝혔다. 에버스는 이를 위해 1,290억 달러의 자금을 마련했지만, 에버스의 의지와 달리 2000년 미국 법무성은 위 두 기업이 합병되면 점유율이 규정 이상으로 높아진다는 이유로 합병을 불허했다.

그럼에도 월드컴의 경영진은 상황을 낙관하고 있었다. 비록 닷컴 버블은 붕괴되었지만 아직 통신산업은 비교적 연원이 길어 전체 경제 흐름과 궤를 같이한다는 평을 받고 있었다. 닷컴 기업이 사라져 투자처를 잃은 유동자금은 월드컴을 필두로 한 일부 신흥 통신회사들에 몰리고 있었고, 그래서 2001년 초까지 월드컴은 현상 유지를 할 수 있었다. 만약 이 현상이 지속되었다면 실적 개선될 때까지 버텨볼 수도 있었다. 그러나 2001년 9월 11일에 일어난 9.11 테러는 모든 흐름을 뒤엎었다. 9.11 테러로 순식간에 미국 경제는 냉각됐고, 월드컴에도 돈줄이 끊겼다. 미국의 경제와 증시가 침체되면서 은행 등 채권기관들은 월드컴의 막대한 부채에 관심을 기울이기 시작했다. 2000년 말에 텍사스의 에너지 거대 기업 엔론사가 파산한 뒤 분석가들은 월드컴과 같은 고속 성장 기업들을 예의주시하고 있었다. 월드컴은 버틸 여력조차 잃었다.

에버스 개인적으로도 문제가 있었다. 그는 신용매수로 돈을 빌려 자신이 경영하는 월드컴 주식을 매매하고 있었다. 문제는 이 주식 가치가 하락하면서 에버스도 개인적인 어려움을 겪게 된다. 게다가 에버스는 이렇게 매수한 주식을 담보로 해서 10억 달러의 금액을 조달해 개인적인 사업 등에 사용해 왔다.

이러다 보니 만약 에버스가 개인적으로 자금이 부족하면 주식을 팔 수 있어, 주주들은 주가 하락위험에도 노출돼 있었다.

에버스의 개인적 재정 상태가 문제가 되자 월드컴 이사회는 에버스의 퇴진을 요구했다. 그가 회사의 창업과 확장에 기여한 공로를 감안하여, 2002년 에버스에게 무려 4억 1천 5백만 달러를 저리(2.32%)로 회사 자금에서 빼내 대출해 줬다. 그리고 에버스가 생존할 때까지 매년 150만 달러의 연금을 지급하고, 제한적으로 회사 전용기를 이용할 수 있게 하는 등 혜택을 제공했다.

하지만 에버스와 몇몇만 알고 숨겨왔던 것이 있었다. 에버스는 회사 재무담당자(CFO)인 스콧 설리번과 함께 매 분기마다 영업경비를 자본계정으로 옮기는 방식으로 회사의 수익이 높아진 것처럼 처리하는 분식회계를 하고 있었다. 이 작업은 2001년과 2002년에 걸쳐 이뤄진 것으로 무려 38억 5천만 달러에 달했다. 엔론의 회계조작 비용이 5억 9천만 달러였던 것을 감안하면 무려 6배 이상의 분식회계를 해온 것이다. 때맞춰서 신시아 쿠퍼가 이사회에 38.5억 달러에 달하는 회계 부정을 폭로했다. 이사회도 이미 회계 부정을 알고 있었지만, 규모가 그렇게까지 클 줄은 예상하지 못했다.

에버스는 사임했고, 이사회도 싹 물갈이된 다음 회사의 장부를 정리하고 청산을 준비하게 되었다. 2002년 7월 21일, 월드컴은 파산보호를 신청하면서 그 파란만장한 역사에 종지부를 찍었다. 월드컴의 파산 규모는 보유 자산 기준 1,070억 달러로 단시까지는 미국 역사상 최대 규모였다. 파산 후 월드컴은 MCI로 변경됐고, 2005년 버라이즌에 인수되면서 역사에서 사라졌다. 월드컴 흥망성쇠의 중심 인물이었던 에버스는 현재 25년 형기 중 13년을 복역하고 석방되었으나 2020년 2월 사망했다.

히노마루 반도체의 침몰

NEC와 히다치가 생존을 위해 합작하여 엘피다를 출범시켰지만 양사 기술진 간의 주도권 다툼으로 실패하고 만다.

1999년 12월 일본의 NEC와 히다치는 **'NEC 히타치 메모리 주식회사'**를 합작하여 설립했다. 이듬해인 2000년 4월엔 회사명을 그리스어로 희망을 뜻하는 **'엘피다'**로 변경한다. 이후 기존 공장 외에 2005년 히로시마 공장을 증설하고, 웨이퍼 프로브 테스트 전문회사인 테라프로브(주), D램용 백엔드 프로세스 업체인 아키타 엘피다메모리, 르론트 앤드 프로세스 합작사인 렉스칩을 설립하여 본격적인 반도체 경쟁에 나섰다. 세계 5위의 반도체업체인 NEC와 7위의 히타치가 힘을 합쳐 세웠고, 도시바 등 다른 회사들이 반도체 사업에서 손을 떼면서 일본에서는 유일한 메모리 반도체 기업으로 남았다. 엘피다가 출범하자 일본 내 언론들은 과거 일본의 영광을 재현하는 **'히노마루(일장기)'** 반도체의 부활이라며 큰 기대감을 보였다.

미국의 벨연구소가 1947년 트랜지스터를 세계 최초로 개발한 이후 반도체 산업에서는 수차례 지각 변동이 있었다. 1970년대에는 인텔, 텍사스인스트루먼트, 모토로라 등 미국 기업의 독무대였다. 그러나 1980년대 들어 D램 시장은 도시바, NEC, 후지쓰, 미쓰비시, 히타치 등 일본 기업들이 시장을 평정했다. 이제까지 D램 시장의 1위였던 인텔은 일본 기업들에게 경쟁력을 잃고 1984년 D램 사업을 접는다. 이들 일본 기업들은 세계 반도체 기업 10위 이내에 오르면서 일본 기업들의 세계 D램 시장 점유율은 80%에 달했다.

그러나 1990년대 중반 이후 반도체 산업의 주도권은 한국으로 넘어온다. 삼성전자가 세계 시장 1위에 오르고, 1999년 정부의 빅딜 정책의 일환으로 LG반도체와 현대전자가 합병해 하이닉스가 탄생한다. 1차 D램 업계의 구조조정을 통해 28개에 달했던 글로벌 D램 업체들이 14개로 줄어들었다. 텍사스인스트루먼트는 1998년 메모리 사업에서 철수했다.

시장 판도를 바꾼 것은 삼성전자와 인텔이었다. D램 시장을 포기한 인텔은 PC용 중앙처리장치(CPU) 분야를 집중적으로 파고들어 독보적인 지위를 확보했다. 삼성전자는 과감한 투자로 D램 시장을 공략해 나갔다. 일본은 미국기업과 한국기업 사이에서 샌드위치 신세가 되어가고 있었다. 이를 극복하기 위한 방안으로 반도체업체 간 대통합 카드가 등장했던 것이다. 엘피다가 출범한 저간의 배경이다. 엘피다는 2003년 미쓰비시의 D램 사업을 인수하며 사세를 확장했다. 2004년에는 도쿄 증권거래소에 상장했다. 2006년에는 후공정 전문 자회사인 아키다 엘피다를 설립했다. 흑자가 계속되면서 경영 실적도 양호한 편이었다.

그러나 2007년~2009년까지 글로벌 반도체 산업의 불황이 시작되면서 엘피다는 적자로 반전된다. 이른바 반도체 치킨게임이 벌어진 것이다. 전 세계 주요 반도체 회사들은 경쟁적으로 생산라인을 증설했다. 이 과정에서 독일의 키몬다가 파산하여, 반도체 업계는 10개사로 줄어들었다. 더욱이 D램의 주 사용처인 PC가 스마트폰과 태블릿으로 대체되면서 D램 가격은 바닥을 벗어나지 못하고 있었다. 삼성전자와 하이닉스는 미세공정을 바탕으로 한 원가경쟁력으로 지탱할 수 있었지만 하위권 업체들에게는 치명적이었다.

2008년에는 리먼 브라더스 사태까지 겹치면서 엘피다는 1,779억 엔의 적자를 기록했다. 일본 정부는 2009년 공적 자금 300억 엔을 지원하고, 채권단에서도 1,000억 엔을 긴급 지원했다. 이러한 지원에 힘입어 엘피다는 2009년~2010년에 흑자를 기록하며 회생의 기미를 보였으나 2011년 다시 불어닥친 D램 가격 하락과 엔고로 인해 엘피다는 깊은 수렁에 빠지고 만다. 매출과 수익이 급감하면서 차입금 상환마저 어려운 상황에 이르렀다.

이렇듯 외적 환경의 악화로 엘피다의 경영이 악화되었지만, 근본적인 원인은 다른 곳에 있었다. 엘피다는 이미 제품의 경쟁력을 상실하고 있었다는 점이다. 엘피다는 2011년 25나노 D램 제품을 삼성전자보다 앞서 개발했다고 발표했지만 시장에 양산품을 내놓지 못했다. 반면 삼성전자는 D램 분야 미세공정을 빠르게 진척시키고 있었다. 20나노 공정을 이미 도입한 데다가 30나노 공정이 2011년 기준 40%에 달하면서 원가 경쟁력을 확보할 수 있었다.

2011년 4분기 삼성전자는 메모리 반도체 기업 중 유일하게 흑자를 기록했다. 반도체 시황이 바닥에서 헤어나지 못하고 있었지만 삼성전자는 영업이익률 25.2%를 기록했다. 2위 업체인 하이닉스는 영업이익률이 -6.5%였다. 반면 엘피다는 영업이익률이 -73%로 매우 심각한 상황이었다. 결국 일본 정부와 채권단은 엘피다가 요청한 만기가 도래한 채권에 대한 연장을 거부하기에 이른다.

2011년 말 엘피다의 부채가 자기자본의 1.3배인 2,900억 엔까지 늘어나자 회생 가능성이 없다고 판단했기 때문이다. 또 마이크론테크놀로지, 대만의 난야 등과 경영 통합을 추진했지만 아무런 성과를 거두지 못했다. 2012년 2월 27일 엘피다는 도쿄 지방법원에 법정관리 신청을 한다. 엘피다는 고품질과 극한 기술에 초점을 둔 반면 삼성전자나 하이닉스는 수율 및 비용에 중점을 두었다. 그 결과 1980년대 후반 PC 시대가 도래하며 수율과 생산성에 초점을 맞춘 한국업체들이 비상한다. 삼성전자는 3년 보증 PC용 D램을 값싸게 시장에 내놓은 반면 일본은 여전히 고품질에 집착해 1998년 시장 1위를 삼성전자에 내주고 만다. 대형 컴퓨터 시장에서는 일본 업체 점유율이 높았지만 PC 시장에서는 낮은 가격 경쟁력 때문에 시장의 선택을 받지 못했다. 특히 일본 업체들은 설비 확대를 통한 **'규모의 경제'**에 집착한 반면 한국은 기존 장치를 보다 길게 사용케 하는 요소기술, 적은 마스크 및 공정 수로 생산기간을 줄인 인티그레이션 기술, 높은 수율이 가능토록 한 생산기술에서 앞서 있었다.

엘피다는 고품질의 제품이 수요를 창출할 것이란 신념을 갖고 있었다. 또 개발 부서와 양산부서가 분리돼 있으며 개발 부서가 훨씬 우대받는 환경인 반면 삼성의 경우 개발과 양산 부서로의 이동이 자유로우며 수백여 명의 전임 마케터 등이 현지 시장에서 어떤 반도체를 무슨 용도로 만들면 좋을지에 대한 정보를 끊임없이 전략마케팅 팀에 보고했다. 특히 가장 우수한 인재는 연구보다는 마케터로 발령 내는 것으로 전해졌다. 시장에 맞춤한 제품을 값싸고 빠르게 내놓는 삼성전자를 엘피다가 따라가기에는 역부족이었다.

일본 업체들이 생존을 위해 합병 등의 공격적 경영 판단을 내려 엘피다를 출범시켰지만 조직 융합의 어려움으로 실패하고 만다.

NEC와 히타치의 결합으로 양쪽 엔지니어 간 기술 다툼이 극심했고, 이를 통합하고 시너지를 극대화할 수 있는 강력한 리더십이 부족한 게 엘피다의 미래를 결정지었다고 반도체 산업 관계자들은 분석했다. 이러한 여건에서 기술경쟁력을 제고하기 어려웠고, 엔화 강세로 가격 경쟁력마저 떨어지는 극한 상황에 처하자 미래 시장을 조망하고 책임지고 과감히 투자를 결정할 수 있는 오너십 부족이 엘피다가 파산에 이르게 된 배경이었다.

일본 언론들이 엘피다와 정반대 길을 걸은 사례로 주목하는 회사가 하이닉스다. 하이닉스는 오랜 D램 치킨게임 속에서도 한국 정부와 채권단의 지속적인 지원 덕분에 되살아났다. 1999년 현대전자와 LG반도체가 합병한 후 가장 큰 고민거리로 대두된 것은 기술력 향상 문제보다도 조직 문화의 융합이었다. 하이닉스 내 현대 쪽 노조와 LG 쪽 노조가 화합을 통해 경영진과 힘을 합쳐 회생에 노력을 기울인 점이 하이닉스 부활의 원동력이 된 것이다.

합병으로 인한 부채 증가와 현대 사태로 인해 하이닉스는 유동성 위기를 맞는다. 그리고 채권단 공동관리 체제를 받아들여야 했다. 정부와 채권단은 해외 매각 외에는 해결책이 없다고 판단, 미국의 마이크론, 독일의 인피니온에 적극적으로 제안했으나 성사되지 못하자 하이닉스는 스스로 자구책을 찾아야만 했다. 경영진의 임금 동결, 인력 감축과 같은 뼈아픈 구조조정이 시행되었다.

하이닉스와 엘피다의 운명은 2007년 반도체 불황을 기점으로 엇갈렸다. 엘피다는 분기 적자 전환을 시작으로 추락했다. 어려운 상황은 하이닉스도 피해 갈 수 없었다. 그러나 하이닉스에는 있고 엘피다에는 없는 것이 있었다. 하이닉스는 이미 아픈 경험을 겪고 극복한 경험이 있었다. 경영진을 축소하고 임금을 줄이는 상황에서도 미세공정 기술을 중심으로 연구개발에 대한 투자는 아끼지 않았다. 유동성 위기와 벼랑 끝 치킨 게임에서 하이닉스가 살아남은 것은 오로지 임직원의 생존의지가 있었기 때문에 가능한 일 이었다. 반면 엘피다에게는 그러한 의지가 없었다.

엘피다의 몰락이 일본항공과 같은 좀비 기업을 양산하는 일본의 전형적인 정경유착의 결과라고 지적하는 사람들도 있다. 일본이 고도성장을 구가하던 1980년대 은행들은 자금이 넘쳐나자 관치금융에 의해 특정 기업들에게 자금을 마구 대주었고, 기업들은 이런 현실에 안주하면서 점차 경쟁력을 잃고 있었다. 2007~2008년 2년간 막대한 적자를 기록하면서 파산 위기에 몰렸음에도 엘피다는 일본 정부와 채권단으로부터 지원을 받아 위기를 넘겼다. 그러나 당시 일부 전문가들은 엘피다가 회생하기 어렵다는 전망을 내놓았다.

엘피다가 법정관리를 신청한 2012년은 스마트폰 시대가 열린 해였다. D램 수요가 폭발하면서 삼성전자와 하이닉스는 비약적으로 성장했다.

일본 정부가 1년만 더 기다려 줬더라면 반도체 시장 판도가 바뀌었을 것이라고 사카모토 전 사장이 한탄하는 이유다. 와카바야시 히데키 도쿄 이과대 대학원 교수는 니혼게이자이신문에 **"보조금 문제로 1980년대 미 · 일 무역마찰의 빌미를 제공한 기억 때문에 일본 정부의 정책 지원은 계속해서 한 박자씩 늦었다"**고 지적했다. 기시다 후미오 총리가 지적했듯이 한국과 대만은 국가적으로 반도체 기업을 육성한 데 반해 일본은 반도체 기업에 대한 지원에 소극적이었다.

차별화를 혁신으로 착각한 결과

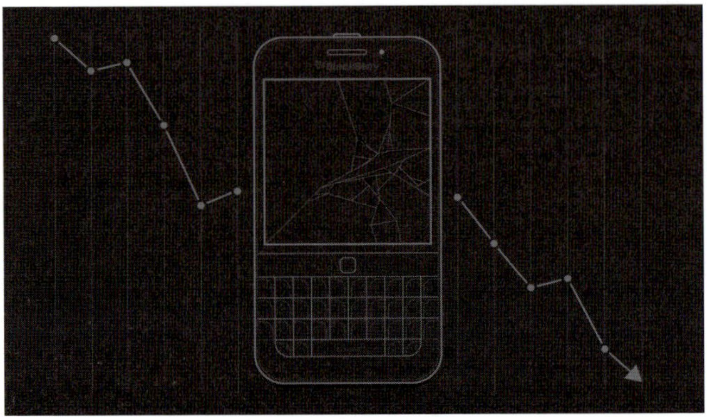

공동 창업자인 더글러스 프레긴와 마이크 라자리디스는 기업 시장을 장악한 것에 만족, 아이폰의 등장을 과소평가했다.

스마트폰은 이제 현대인의 필수품이다. 아이폰을 선보인 애플, 갤럭시로 경쟁하는 삼성전자, 뿐만 아니라 안드로이드 운영체제를 개발한 구글은 스마트폰 시장의 강자로 군림하고 있다. 그러나 애플이나 삼성전자보다 먼저 스마트폰을 시장에 출시한 기업이 있다. 캐나다의 IT 기업인 **'블랙베리(BlackBerry)'**이다. 블랙베리는 1984년, 캐나다 워털루 대학교 출신의 마이크 라자리디스(Mike Lazaridis)와 윈저 대학교 출신의 더글러스 프레긴(Douglas Fregin)에 의해 온타리오 워털루에서 설립되었다. 설립 당시의 회사명은 **'리서치 인 모션(Research In Motion, RIM)'**이었다. 1996년, RIM은 양방향 통신 기능을 갖춘 최초의 호출기인 **'인터랙티브 페이저(Inter@ctive Pager 900)'**을 출시했는데 쿼티(QWERTY) 자판 배열의 키보드로 일반 소비자들에게 어필했다. 1998년에는 한층 작은 사이즈에 세련된 디자인을 갖춘 '인터랙티브 페이저 950'을 출시하면서 경쟁업체들에 비해 차별적인 기술적 우위를 점할 수 있었다. 이어서 1999년, BES(BlackBerry Enterprise Server)를 통해 푸시 이메일 기능을 갖춘 'BlackBerry 850'을 출시하여 비즈니스 고객층에서 큰 반향을 일으켰다. 2000년대 들어 모바일 기기의 추세는 비퍼에서 휴대전화로 이동하고 있었고, RIM도 휴대전화 개발에 뛰어들어 2000년 4월 'BlackBerry 957' 스마트폰을 출시했다. 제품과 같은 이름의 운영체제인 'BlackBerry OS'는 최고의 보안 상태에서 안전하게 전달할 수 있도록 설계되어 정부나 기업 등에서의 수요가 급증했다. 캐나다 정부나 기업, 오바마 대통령을 비롯 펜타곤의 미국 정부 주요 기관도 블랙베리를 사용했다.

블랙베리는 편리한 인터페이스로 생산성 향상에 기여했다. 블랙베리 제품은 당시 출시됐던 주요 휴대전화와 달리 멀티태스킹 기능을 제공하는 한편, 스케줄러와 같은 업무 편의 기능을 제공했기에 가능한 일이었다. 이와 함께 BBM(BlackBerry Messenger)로 블랙베리 사용자 간 메시지 교환을 무료로 지원했다.

'BlackBerry 850' 출시 이후 블랙베리는 2007년 캐나다에서만 1,000만 명 이상의 사용자를 보유, 캐나다 1위의 휴대전화 브랜드로 입지를 구축했다. 해외에서도 판매 실적이 늘어난 2007년 1,176만 대에서 2010년에는 4,880만대로 급증했다. 그러나 스마트폰 시장을 이끌던 블랙베리 앞에 가장 강력한 경쟁자가 모습을 드러낸다. 2007년, 애플에서 풀 터치 스크린 기반의 스마트폰인 **'아이폰(iPhone)'**을 출시한 것이다. 아이폰은 미려한 디자인에 세련된 인터페이스, 그리고 다양한 엔터테인먼트 기능을 과시하며 큰 인기를 끌었다. 하지만 RIM 측은 기업 시장에서 블랙베리의 선호도가 압도적으로 높으므로 아이폰과의 경쟁에서 충분히 승산이 있다고 판단했다. RIM도 컬러 화면 및 카메라, 음악과 같은 멀티미디어 기능을 보강한 블랙베리 펄(BlackBerry Pearl) 시리즈를 2006년부터 출시한 상황이었다. 스마트폰 시장이 확대된다는 점에서 아이폰의 등장은 RIM에게도 나쁜 상황이 아니었다. 실제로 아이폰의 인기에도 불구하고 블랙베리는 그 이상으로 팔리고 있었다.

2010년 즈음까지 미국 시장에서 블랙베리 사용자는 2,300만 명에 달했는데, 이는 미국 전체 스마트폰 사용자의 40%에 달하는 수준이었다. 그러나 스마트폰 생태계가 변하고 있다는 사실을 블랙베리는 간과하고 있었다. 애플은 아이폰 사용자를 위한 **'앱 스토어'**를 열어 다양한 소프트웨어를 제공하는 등 콘텐츠를 확대해 나갔다. 오락용 콘텐츠에서 업무용 콘텐츠로 영역이 다양해지면서 점차 블랙베리를 위협했다. 이어서 구글이 모바일 운영체제인 안드로이드를 2007년 발표했다. 이를 채택한 삼성전자 등 여러 기업에서 스마트폰을 출시하면서 블랙베리는 치명타를 입게 된다. 아이폰이 제공하는 콘텐츠나 안드로이드가 제공하는 다양한 단말기 선택권에 비해 경쟁력에서 밀리며 블랙베리는 점차로 소비자들로부터 외면받기 시작한 것이다.

RIM도 디자인을 고급화한 **'블랙베리 볼드(BlackBerry Bold)'** 시리즈를 2009년에, 슬라이드형 쿼티 키보드를 탑재한 **'블랙베리 토치(BlackBerry Torch)'** 시리즈를 2010년에, 그리고 2011년에는 태블릿 컴퓨터인 **'블랙베리 플레이북(BlackBerry PlayBook)'**을 출시했다. 그러나 이들 제품은 소비자들로부터 인기를 끌지 못했다.

2010년, 모바일 콘텐츠 생태계는 이미 애플의 iOS와 구글의 안드로이드가 중심이 되어 있었다.

블랙베리는 한때 북미시장 점유율 51%를 기록하며 시장을 지배했지만 그 위세는 한순간이었다. 2010년과 2013년 사이에 RIM의 주가는 90% 가까이 폭락했다. 신제품들의 판매 저조로 적자가 급증하자, 2012년 1월에는 창업자이자 CEO인 마이크 라자리디스가 사임하며 회사는 구조조정에 들어갔다. 그러나 시장 점유율은 더욱 하락해 2016년 미국 스마트폰 시장에서 블랙베리는 불과 0.8%의 점유율을 기록했다. 결국, 2016년 9월, 블랙베리는 하드웨어 개발 중단을 선언하고 자사 제품의 개발 및 생산을 외부 업체에 위임한다고 발표했다. 그리고 2020년 2월, 블랙베리 브랜드로 스마트폰을 팔던 TCL은 같은 해 8월 31일을 마지막으로 블랙베리 스마트폰의 출시를 중단한다고 발표했다.

RIM이 쇠퇴하게 된 이유는 여러 관점으로 분석할 수 있다. 우선적으로 지적되는 것은 공동 창업자이자 CEO였던 짐 발실리와 마이크 라자리디스의 잇단 판단 실패였다. 경영진은 기업 시장을 장악한 것에 만족해 일반 소비자 시장 대응에 늦었고, 아이폰의 등장을 과소평가했다. 스마트폰 시장의 생태계가 소비자 위주의 마켓으로 변화하고 있는데 RIM은 비즈니스 시장만을 고집했던 것이다. 스프린트 같은 이동통신사도 카메라, 빅스크린, 뮤직 플레이어 등의 기능을 넣어줄 것을 건의했지만 공공시장에서의 고객층들이 싫어할 것이라며 거절했다. 창업자인 라자리디스는 2007년 여름, 처음 아이폰이 출시되었을 때 뉴욕타임스와의 인터뷰에서는 **"유리 위에 타이핑하기가 어렵다"**고 평했지만, 아이폰을 뜯어보고 나서 회사 내부적으로는 충격받았다고 전해진다. 스마트폰의 최대 강점은 앱을 내려받아 사용하는 것인데, 블랙베리는 그게 불가능했다.

앱도 없고, 앱을 구입할 수 있는 장터도 없었다. 블랙베리는 스마트폰의 개념 자체를 잘못 이해하고 있었다. 스마트폰의 힘은 운영체계(OS)에서 나온다. 애플은 자체 OS(iOS)를 갖고 있었고, 삼성전자는 구글의 안드로이드를 빌려 썼다. 하지만 블랙베리는 자체 OS, 앱도 부족한 OS를 고집했다. 제대로 된 자체 OS가 없으면 안드로이드 등 좋은 OS를 가져다 쓰면 되는데 블랙베리는 그러지 않았다. 이로 인해 스마트폰의 가장 중요한 요소인 애플리케이션 수에서 블랙베리는 애플과 안드로이드에 현저하게 뒤처졌다. 2012년 상반기 기준 애플은 65만 개, 안드로이드는 60만 개의 스마트폰 애플리케이션을 구축한 반면, 블랙베리의 애플리케이션 수는 6만으로 경쟁사에 비해 현저하게 낮았다. 이른바 자기 것만 고집하는 갈라파고스 증후군이야말로 블랙베리의 가장 큰 몰락 이유였다.

2007년 아이폰이 터치스크린을 갖추어 출시하면서 키보드 패드 디자인을 고수하던 블랙베리는 결국 2008년 키보드 패드를 없애고 전면부 전체에 터치스크린을 설치한 블랙베리 스탐(Blackberry Storm)를 신규 모델로 출시했다. 하지만 경쟁사 제품에 비해 특수성을 띤 블랙베리 특유의 이미지를 훼손하는 결과를 야기시켰다. 전면부 전체를 터치스크린으로 교체하면서 경쟁사 제품에 비해 해상도 품질이 낮은 LCD를 채택했는데 이로 인해 전반적인 하드웨어 기능이 아이폰에 뒤지면서 첫 대결에서 쓴 잔을 맛보게 된다. 아이폰의 부상과 함께 2009년 말 모토로라 안드로이드가 등장하면서 안드로이드도 급부상했다. RIM은 점점 유저 경험의 중요성을 깨닫고 외부 인재를 영입하는 한편, QNX 등 인수하여 변화를 시도하지만 이미 벌이진 기술적 갭을 극복하기엔 역부족이었다. 터치스크린 제품 등 여러 모델을 출시했지만 소비자들로부터 외면받았다. 특히 블랙베리 태블릿을 내놓으면서 타깃층을 비즈니스 유저로 할 것인지, 일반 대중으로 할 것인지로 갈팡질팡하면서 기회를 잃었다. 여기에다 이메일 애플리케이션 등 핵심 SW가 준비되지도 않은 상태에서 플레이북을 발표해 큰 화를 초래했다. 어수선한 상황에서 내부적인 갈등이 증폭되자 간부들이 회사를 떠났다.

결국 어정쩡한 제품이 탄생하면서 플레이북은 소비자로부터 철저히 외면받았다. 플레이북의 참패로 인해 RIM은 엄청난 재고를 떠안게 됐다. 5백 불에 발표한 모델을 결국 2백 불까지 디스카운트하여 판매했지만 이 마저도 사가는 소비자가 없었다. 결국 5천 5백억 원 정도의 손실이 발생했다. 그리고 아이폰이 등장할 무렵 RIM의 두 창업주는 금전적인 문제로 제기된 소송과 미국 아이스하키구단 인수 건 등으로 본업보다는 다른 일에 많은 시간을 할애하고 있었다. 그들은 선구자라는 이름에 안주한 채 시장의 변화에는 눈을 감았으며, 소비자들의 요구에 귀를 기울이지 않았다. 블랙베리의 전성기에서 퇴출에 이르기까지의 기간이 겨우 10여 년에 불과하다.

한때의 영광에 취해 혁신의 노력을 멈춘다면 이는 곧 몰락으로 이어진다는 시장의 진리를 보여준 사례라 할 수 있다.

블랙베리의 몰락을 크리스텐슨의 혁신기업의 딜레마로 보는 사람도 있다. 크리스텐슨의 질문은 **"결코 혁신에 게으르지도 않았는데 왜 시장 선두를 차지할 수 없는가?"**이다. 즉 경쟁적으로 고객에 민첩하게 반응하고, 새로운 기술에 대해 공격적으로 투자하지만 끝내 시장지배력을 상실하는 초우량기업의 역설을 크리스텐슨은 혁신기업의 딜레마에서 지적한 바 있다. 블랙베리도 소비자의 기호를 알고 그에 맞추고자 노력했다는 당시 경영진의 이야기에서 혁신은 의지뿐만 아니라 방향도 중요하다는 생각을 하게 된다.

튜울립에 지다

노구치 유키오 교수는 니콘의 패배는 자기 것만을 고집하는 성향과 비즈니스 모델 선택의 잘못 때문이라고 지적했다.

일본은 1차 세계대전을 통해 군사력을 증강하기 위해서는 광학 기술이 뒷받침되어야 한다는 것을 깨닫고, 군수 기업인 미쓰비시에 이와 관련된 기술 개발 및 제조를 요청하여 1917년 '일본 광학공업주식회사'를 출범시킨다. 초기에는 망원경이나 잠망경 등 군사 목적의 광학 기기를 생산하였으나 2차 세계대전 패전으로 인해 막대한 손실을 입게 되면서 위기에 처한다. 회사는 생존하기 위하여 대규모 구조조정을 단행하는 한편 민간 시장으로의 진출을 모색한다. 회사명도 '니콘'으로 변경하게 된다.

1948년 니콘은 최초의 카메라인 35mm 레인지파인더식 카메라(Range Finder, RF)인 'NIKON I'을 출시하였으나 별다른 호응을 얻지 못하자 개량형을 선보였다. 니콘 렌즈의 뛰어난 성능이 알려진 것은 미국의 사진작가 데이비드 던컨이 한국전쟁을 취재하면서 니콘 렌즈를 장착하여 찍은 사진들이 세계적으로 호평을 받게 되면서부터였다. 1950년 12월 10일, 뉴욕타임스에 니콘 카메라에 대한 극찬이 이어지면서 인지도가 급상승하게 되었다.

그러나 당시 RF 카메라는 '라이카(Leica)'가 최강자로 군림하던 시절이었다. 더구나 1953년 RF의 걸작으로 평가되는 'Leica M3'가 등장하면서 니콘은 기술력과 경쟁력에서 라이카와 맞설 수 없다는 사실을 받아들여야 했다.

니콘은 RF를 중단하고 찍힐 사진의 프레임을 미리 볼 수 있는 SLR에 전력하기로 결정했다. 1959년 니콘은 자사 최초의 SLR(Single Lens Reflex) 카메라인 'NIKON F'를 출시했다. 세계 최초의 SLR은 아니지만 기존의 SLR이 가지고 있던 문제점을 보완하여 많은 인기를 끌면서 니콘은 안정적 성장의 기반을 구축한다.

1980년대부터 자동초점(Auto Focus, AF)이 새로운 화두로 등장했다. 니콘은 단순히 마운트 결합이 맞는 것뿐만 아니라 렌즈-바디 작동의 상 하위 대응성을 갖는 AF 마운트를 개발하기로 한다. 비록 미놀타에 세계 최초의 출시 기회를 주었지만 1983년 F3AF를 걸쳐 F501로, 그리고 1988년 F4를 선보였다. 기존의 MF 렌즈군을 그대로 활용할 수 있는 니콘 카메라는 그야말로 대박을 치게 되고 이는 F5로 이어졌다.

1999년에는 최초의 실용적 디지털 SLR인 D1을 내놓으며 DSLR 시대로의 진입을 알렸다. 필름을 현상소로 보내는 것과 디지털로 보내는 것은 보도 속도 면에서 상대가 되지 않았다. 때문에 당시 사진기자들에게 큰 반향을 얻었다. 그러나 니콘이 후속 모델로 출시한 D2h는 캐논의 1D보다 성능이 크게 미치지 못해 시장을 캐논으로 넘기게 되었다. 2007년 니콘은 D3를 출시하여 반격에 나섰다. 센서는 35mm 풀사이즈이면서 화소 수를 대폭 낮추어 고속연사와 저 노이즈 고화질을 달성, 보도사진에 있어서는 가장 이상적인 밸런스를 구축한 것이다. 반면 캐논의 1D는 크롭화 각과 화질에서 떨어지고, 1Ds는 연사 속도에서 떨어져 성능에서 니콘에 밀렸다. 니콘은 다시 점유율을 상당 부분 탈환한다.

니콘의 수익원으로 또 다른 효자 노릇을 하던 것이 반도체 제조 장치 가운데 가장 가격이 비싼 노광장치였다. 대당 가격이 200억 원을 넘는 노광장치는 가장 정교한 머신으로 불릴 정도로 난해한 기술이 요구된다. 노광은 반도체 원재료인 웨이퍼에 사진을 찍듯 빛을 방사하여 원하는 모양의 회로 모양을 그리는 공정이다. 노광은 반도체 8대 공정 중 하나로 전체 생산시간과 비용에서 각각 60%, 35% 내외를 차지할 정도로 비중이 크다. 반도체는 회로 선폭을 얼마나 미세하게 만드느냐가 중요하다. 이는 당 초 미국이 지배하던 기술이었지만 반도체가 일본의 장래를 좌우한다고 생각한 일본 정부는 1976년 초 **'LSI 연구개발조합'**이란 연구개발 프로젝트를 출범시켜 독자적인 개발에 나섰다. 특허 기술 장벽으로 진입을 막은 IBM을 넘어서지 못하면 기술 자립을 이룰 수 없다는 참여기업들의 열정과 일본 정부의 전폭적인 지원에 힘입어 마침내 노광장치 국산화에 성공했다.

1978년 니콘은 반도체 노광장치 1호기를 생산했다. 당시 IBM이 세계 시장의 90%를 차지하고 있었지만, 끈질긴 노력 끝에 기술 자립화에 성공한 니콘은 1990년대 이르러는 세계 1위에 오른다. 노광장치에서 경쟁력을 잃은 IBM은 노광장치 사업 부문을 청산한다. 캐논도 뛰어들면서 두 회사의 세계 시장 점유율은 75%에 이르렀다.

그러나 2020년대 들어서며 니콘의 각 사업 부문은 큰 위기에 봉착한다. 카메라 사업 부문의 부진과 반도체 제조 장비 사업 부문의 실적 악화로 최대의 위기에 봉착했다.

2012년 1,620만 대이던 DSLR 출하량은 2021년 216만대로 1/7 줄었다. DSLR의 수요가 급감하면서 니콘은 2020년 D6를 선보인 후 신제품을 출시하지 않고 있고, 1위 업체인 캐논 역시 후속 제품을 개발할 계획이 없다고 발표했다. 이같이 전통 카메라 업체들이 고전하게 된 이유는 스마트폰 카메라 성능이 좋아지면서 디지털카메라 사용자가 줄었기 때문이다. 스마트폰에서는 카메라 기능이 강조되다 보니 촬영은 물론 보정과 편집, SNS 포스팅이 중요해져 디지털카메라의 입지는 점차 좁아질 수밖에 없었다. 스마트폰의 비약적인 발전으로 디지털카메라 시장은 급격히 무너지고 만 것이다.

더욱 큰 문제는 주수익원이었던 DSLR 시장은 쇠락하고 있는데 이를 이을 제품 개발 군이 없다는 점이다. 소니나 올림푸스처럼 기존 렌즈 라인업을 버리고 새로운 시스템으로 가기엔 시기적으로 이미 늦었고, 시그마나 캐논처럼 기존 렌즈 라인업을 활용한 미러리스를 만들기에 F 마운트는 너무 낡았고 기술적 난이도도 높았다.

이렇듯 뚜렷한 해법을 찾지 못한 채 니콘은 가야 할 길을 잃고 있었다. 삼성전자도 1970년대부터 광학 기술, 전자, 정밀기계의 집약체인 카메라 없이는 세계적인 전자 기업으로 성장하기 어렵다고 판단, 집중적으로 개발에 나섰다. 1980년대 들어서 독자기술로 컴팩 카메라를 개발했고, DSLR 부문에서는 업계 3위에 올랐다.

그러나 삼성전자는 2016년 카메라 사업에서 과감히 철수한다. DSLR 시장의 쇠락을 예견하고 스마트폰 카메라에 집중한다는 전략을 세웠다. 이에 따라 그간 닦은 이미지 센서와 광학 설계 노하우를 스마트폰 카메라 기술에 접합하여 갤럭시 성공의 초석이 되었다. 사실상 니콘의 주력사업이던 반도체 장비 사업의 침체로 인한 실적 악화는 니콘을 더욱 큰 어려움으로 내몰았다. 반도체 장비 시장에서 세계 1위를 달렸지만 2000년대 들어 네덜란드의 ASML에 1위 자리를 내준 후 줄곧 하향세를 보였다. 기술력에서 ASML에 밀린 까닭이다.

최근에는 빛을 쏴서 만드는 회로 폭을 나노비터(100억분의 1m) 수준으로 그리는 EUV(극자외선) 장비가 차세대 기술로 떠올랐지만, 니콘은 수지가 맞지 않는다는 이유로 이러한 장비의 개발을 포기했다. 현재 EUV 장비는 ASML만 상용화한 상황이다. 이는 반도체 장비 시장에서의 주도권이 니콘에서 ASML로 넘어간 것을 의미한다.

ASML은 1984년 필립스와 ASMI가 합작 설립한 법인이다. 니콘과 캐논이 노광장치 시장을 양분하던 때라 ASML의 존재감은 미미했다. 그러나 2000년대 들어 노광 기술이 불화크립톤(KrF)에서 불화아르곤(ArF)으로 전환하던 시점에서 이들 기업의 위상은 뒤바뀐다. 1990년대 말부터 등장한 EUV를 보는 시각이 엇갈렸다. EUV는 ArF 대비 13배 이상 얇은 파장으로 정밀 패턴 구현에 적합한 기술이었다. 또한 EUV는 X선, 감마선, 가시광선 등과 달리 지구상에 없는 파장이었다. 모든 물질을 흡수하며 공기 중에 노출되면 사라지는 특성이 있었다.

당시 EUV의 상용화에 대해서는 부정적인 의견이 많았다. 니콘과 캐논은 일찍부터 개발을 포기했다. EUV 상용화 가능성에 대한 회의적인 시각과 당시 반도체 시장은 침체된 상황인 반면 디스플레이 제품은 성장세였던 점도 영향을 미쳤다. 그러나 ASML은 장기적으로 EUV가 차세대 노광기술이 될 것으로 판단, 삼성전자와 같은 일부 고객사의 지원을 받아 연구 개발에 박차를 가했다.

2010년대 들어 반도체와 디스플레이 위상이 바뀌면서 ASML의 영향력은 확대된 반면 니콘의 입지는 점차로 위축되어 갔다.

ASML은 EUV 시스템 개발에 성공하여 2017년 삼성전자가 업계 최초로 도입했다. ASML은 EUV 광원 기술을 독점 보유한 사이머를 인수했고, 광학 렌즈 노하우를 갖춘 자이즈 지분을 사들였다. 장비 공급망까지 지배하게 된 것이다. 한동안 ASML의 독주를 막는 것은 불가능한 상황이다. 결과적으로 ASML은 반도체 노광 분야에서 점유율 80% 이상을 확보하고 있으며, 향후 니콘은 노광 장비 시장에서 철수할 것이라는 전망이 나오고 있다.

ASML은 핵심부품을 외주화했다. 제어 스테이지는 필립스에 발주했고, 투명 렌즈와 조명계는 칼자이스에 맡겼다. ASML이 담당하고 있는 것은 소프트웨어였다. 반도체 노광장치는 매우 복잡한 기계로 안정된 렌즈 수차와 고정밀 렌즈 제어가 중요하기 때문에 고도로 시스템화된 소프트웨어가 필수적이다.

이에 반해 니콘은 렌즈는 물론 제어 스테이지, 바디는 물론 소프트웨어까지 자사에서 생산했다. 외부에서 조달한 것은 광원뿐이었다. 이처럼 대부분을 자체적으로 만들었기 때문에 과거의 구조에 대한 고집이 있어 융통성을 발휘하기 어려운 구조였다.

노구치 유키오 교수(이치바시 대학)는 니콘의 패배는 자기 것만을 고집하는 성향과 비즈니스 모델 선택의 잘못 때문이라고 지적했다. 카메라라는 소비재에 주력한 것이다. 만약 2000년대 초, 니콘이 디지털카메라에 주력하는 것이 아니라 반도체 제조 장치에 주력했다면 세계는 아마도 크게 달라져 있을 것이라고 말했다.

성공의 함정

혁신의 상징이었던 GE는 과거의 성공 신화에 도취해 변화를 게을리하면서 평범한 기업으로 전락하고 말았다.

제너럴 일렉트릭(GE, General Electric)은 토마스 에디슨이 1878년 설립한 조명회사를 모체로 설립한 글로벌 인프라 기업이다.

전구 개발은 성공했으나 상업화할 자금이 부족했던 그에게 남북전쟁 당시 남부의 크리스토퍼 장군이 선뜻 투자를 하자, 감사의 표시로 회사명을 제너럴 크리스토퍼 일렉트릭(General Christopher's Electric)로 지었으나 정부가 이를 허락하지 않자 크리스토퍼라는 이름을 빼고 제너럴 일렉트릭이라고 명명했다.

직류를 고집한 에디슨은 교류를 들고나온 니콜라 테슬라와의 경쟁에서 자금이 필요하자 악덕 기업 자본가로 불린 모건과 손을 잡았다. 모건은 법인을 설립하여 전력 기업들에게 자금을 대여하고 에디슨으로부터 발전 장비를 사도록 하여 양쪽으로부터 자본이득을 봤다. GE와 금융의 고리는 이때부터 시작된 것이다.

두 차례 세계대전과 전후의 부흥기를 맞아 GE는 제조업체로 기반을 닦았다. 어두운 밤에도 빛을 전하는 아이디어를 산업화한 혁신적인 스타트업 기업으로 이후 GE는 가정의 편리와 산업의 발전에 중요한 역할을 한 미국의 상징적인 기업으로 성장했다. 20세기 들어 전기 토스터에서부터 전자공학의 문을 연 진공관 발명, 의료기기의 새로운 지평을 연 엑스레이기 발명 및 전기 기관차 시장을 선보이며 새로운 역사를 써 내려갔다.

1981년 잭 웰치(Jack Welch)가 CEO에 오르면서 GE는 제조업을 넘어 사업 다각화로 몸집을 불렸다.

경기 호황기에 편승해 2001년까지 금융, 헬스케어, 디지털, 미디어 등 무려 1,000개의 기업을 인수했다. 많은 전문가들은 GE를 **'프리미엄 복합기업'**이라고 평했다. GE는 GE캐피털을 통해 금융서비스업에 진출하고, NBC 방송을 인수하는 등 제조업에 편중된 포트폴리오를 재편하는 반면 소형가전과 반도체 부문은 매각했다. 이 기간 동안에 GE의 경영전략은 제조업을 탈피하는 것이었다.

2000년 GE의 매출은 총 1,298억 달러에 달했는데, 이 중 40% 이상이 금융과 방송 등 비제조 부문에서 달성했다. 또한 시가총액도 5,940억 달러까지 올라 20년 사이에 43배 증가하여 다우지수 1위 기업으로 등극했다. GE는 세계에서 가장 영향력이 큰 기업으로 우뚝 선 것이다. GE는 경영 교과서로 불렸고 웰치는 경영의 신이라는 찬사를 들었다. GE가 운영하는 크로톤빌 연수원에는 세계 각국의 정계 및 재계 인사들이 구름처럼 몰렸고, 웰치는 강연 초청 1순위로 꼽혔다. 그러나 그로부터 20년이 채 되지 않아 **'미국 제조업의 상징'**이던 GE는 쇠락의 길로 들어섰다. 2018년 GE는 다우존스 산업평균지수에서도 퇴출되는 수모를 겪었다. 1896년 출범한 다우지수의 원년 멤버로 1907년부터는 111년간 다우지수 터줏대감 노릇을 해왔었다. 그러나 이제 주력사업들을 차례로 매각하고 있다.

철도, 조명, 산업 엔진 등 10개가 넘는 사업을 정리하고 전력 부문에서 12,000명을 감원했다. 곧이어 헬스케어 부문 분사와 유전 서비스업체인 베이커 휴의 지분을 매각했다. 뿐만 아니라 유럽, 중동, 아프리카, 터키 등의 해외 전구 사업도 매각했다. 2017년 결산에서는 창사 125년 만에 처음으로 경영진에게 지급되던 보너스도 중단했다. GE의 2017년 4분기 손실이 98.3억 달러였는데 GE 캐피털이 62억 달러의 손실을 낸 것이 결정적이었다. 그리고 2021년, GE는 사실상 기업 해체를 선언하기에 이른다. GE를 항공, 헬스케어, 에너지 등 3개 부문으로 분할하기로 했다. 이에 따라 2023년 초까지 헬스케어 부문을, 2024년 초까지 에너지 부문을 각각 분리하며 항공 부문은 지금의 GE로 남긴다는 계획이다. 한때 세계 시가총액 1위의 기업이 끝내 뿔뿔이 흩어지게 된 것이다. 129년 역사의 기업이 쪼개지면서 겨우 이름만 유지하게 됐다. GE의 쇠락의 원인으로 지적되는 것은 문어발식 기업 확장이다.

잭 웰치 시절 제조업 본연의 미션을 망각하고 미디어, 부동산, 금융 등으로 다각화한 것이 화근이었다. 잭 웰치는 제조업 일변도에서 벗어나 금융과 미디어 산업에 뛰어들었다. GE캐피털과 NBC를 그룹의 캐시카우로 키워 서비스 부문의 비중이 47%까지 증가했다.

'선택과 집중', **'제조와 금융'**, **'선제적 구조조정'**이 시대적 화두로 등장했다. 파이낸셜 타임즈는 2001년 잭 웰치를 **'존경받는 경영인'**으로 선정했다.

금융의 비중이 높아지면서 혁신적 기술 개발을 위한 투자 비중은 줄고, 금융부문에 대한 투자를 늘렸다. 초기에는, 고객이 GE 가전제품이나 산업기기를 구입하는 자금을 대출해 주거나 리스하는 판매 금융으로 시작했지만, 점차 제조업으로 쌓은 신용을 발판으로 기업어음(CP) 시장의 큰 손으로 부상했다. 이어서 장비 대여, 차입 매수, 서브프라임 모기지 거래 등으로 사업영역을 확장했다.

잭 웰치 재임 시절 GE는 엄청난 실적으로 올렸지만, 실상은 GE 캐피털에서 나오는 수익이 60%를 차지했다. 잭 웰치는 핵심 제조업, 서비스업, 기술 등을 그룹의 핵심 경쟁력이라고 제시했으나 정작 이익은 비제조업 부문에서 나왔다. 경영진의 탁월한 전략과 혁신, 생산성 제고 등을 통한 경영 성과가 아니라 금융에 집중투자 한 덕택으로 발생한 착시효과였다.

금융업에서의 호황은 그리 오래 지속되지 않았다. 2008년 글로벌 금융위기를 맞으면서 많은 수익을 창출해 오던 GE캐피털이 직격탄을 맞으면서 GE는 큰 혼란에 빠지게 된다. 단기금융시장의 유동성이 고갈되면서 기업어음 상환에 어려움을 겪자 그룹 전체가 흔들리는 사태에 직면한 것이다. 긴급히 연방 예금보험공사가 1,390억 달러의 보증 대출을 해줘 겨우 위기를 넘기게 된다. 당시 워렌 버핏도 GE에 30억 달러 투자하면서 제조업으로 돌아갈 것을 조건으로 달았다.

글로벌 금융위기 전에 GE 캐피털은 미국 5대 금융기관으로 기업어음 대출에서 전체 시장의 4%를 점했다. GE는 시장에서 저렴한 이율의 자본을 얻어 더 위험한 모험사업에 투자할 수 있었다. 이는 자금을 GE에 대여해 주는 은행의 이익과 부합하는 것이었다. 위험회피 성향의 은행들이 최상의 신용등급인 AAA를 가진 GE에 자본을 대여하여 안정적으로 자산을 운용했다. 결과적으로 GE의 경영전략은 주주가치의 극대화가 아니라 채권자를 위한 가치가 우선시 되었다. 부채 주도의 성장이 더 이상 그 역할을 지속할 수 없게 된 것이다. 잭 웰치가 재임 시절부터 인수했던 사업들은 그룹 전체에 시너지 효과를 불러오는 것이 아니라 오히려 부담만 가중시켰다.

후임자인 제프리 이멜트(Jeffrey R. Immelt) 회장도 확장정책을 이어 나갔다. GE 캐피털에서 조달한 자금으로 해외사업을 확장해 나갔다. 그러나 글로벌 금융위기를 겪으면서 뒤늦게 위기를 의식한 제프리 이멜트 화장은 사업 재편에 나섰다. 2009년 NBC를 매각하고, 2015년 GE 캐피털 자산 90%를 매각하는 한편 핵심사업이었던 보험시장을 포기하는 등 한계에 다다른 금융업에 대한 구조조정을 실시했다. 그럼에도 그는 문제를 해결하기보다는 경영부실을 가리는 데 급급했다는 평가를 받는다. 그를 비롯한 주변의 임원들은 근거 없는 낙관론을 펼치며 무리한 목표 설정, 부적절한 투자, 막대한 현금 낭비를 되풀이했다. 그가 경질되기 전까지도 GE의 최대 사업부인 GE 파워가 얼마나 심각한 상황에 처해 있는지조차 몰랐다고 한다. GE가 2013년부터 추진해 온 디지털 혁신도 실패로 끝났다는 평가를 받고 있다. GE는 기계에서 나오는 빅데이터를 수집, 분석할 수 있는 산업 인터넷 플랫폼 **'프레딕스'**를 런칭했다.

프레딕스는 아마존 웹서비스와 마이크로소프트 애저 등 퍼블릭 클라우드 서비스 상에서 구동되어 공장 설비 등 다양한 분야에 적용됐다. GE 디지털에는 직원 1,500명 이상이 상주해 매출이 10억 달러에 달한다고 발표했다. 그러나 사실상 디지털 전환 보다는 기존 산업에 기술을 적용한 디지털화에 불과했고 수익의 대부분이 GE 내 사업부에서 발생한 것이었다. 이는 GE가 장기적인 관점에서 전략적 목표를 수립해야 하는데 단기적인 매출 성장에 초점을 맞추다 보니 디지털화가 제대로 이루어지지 않은 결과를 초래했다.

GE는 주력사업인 발전 부문에서조차 악수를 두어 더 큰 화를 초래했다. 2015년 95억 달러를 투자해 알스톰으로부터 발전 부문을 인수하는 등 석탄화력 발전에 집중했다. 하지만 신재생에너지의 부상으로 발전사업이 크게 위축되면서 12,000명 규모의 구조조정을 단행해야 했다. 주식시장에서의 주가 하락도 피할 수 없었다.

2001년 11월 잭 웰치 회장이 회장직에서 물러나면서 **"나의 성공은 앞으로 20년 동안 후임자들이 GE를 어떻게 경영하느냐에 달렸다"**고 말했다. 로버트 살로몬 뉴욕대 교수는 GE는 이미 지나간 시대의 유물이라고 했다. 잭 웰치를 추앙한 탓에 다른 기업들은 모두 실패했던 문어발식 확장을 멈추지 못했다는 것이다. 금융위기 이전에 그룹 전반의 사업 포트폴리오를 정비했다면 오늘날과 같은 사태를 피할 수 있었을지 모른다. 이익의 60%를 창출한 위대한 성취가 승자의 저주를 불러온 것이다.

과거 삼성의 이병철 회장은 **"기업은 잘 나갈 때 변신해야 한다"**고 강조했다. GE는 변신의 타이밍을 놓쳤다. 몇 번의 변곡점을 놓치면서 회생할 발판을 구축해야 했지만 스스로 혁신의 상징이었던 GE는 이제까지의 성공 신화에 도취해 변화를 게을리하면서 평범한 기업으로 전락하고 말았다. 끊임없는 혁신만이 경쟁력을 유지할 수 있는 비결이라는 것을 경영진은 무시하고 있었다.

블룸버그는 **"잭 웰치의 금융 우선 정책이 GE를 쇠락하게 한 요인으로 거론되지만, GE캐피털이 GE의 역사에서 일탈은 아니다. 미국의 가장 성공한 금융인 모건이 성장시킨 기업이라는 점을 고려할 때, 오히려 웰치 시대는 부채 주도의 마지막 전성기였다"**고 지적했다.

이카루스 에피소드 ***Icarus Episode***

발 행 2024년 7월 20일 초판발행
저 자 곽병선
발행인 석종환
교 정 박경선
발행처 도서출판 예 림
등록번호 제1-2685호

경기도 남양주시 다산순환로 20번길 현대지식산업센터 D동 2층 27호
Tel : 02) 921-6045~6
Fax: 02) 921-4524
E-mail: yaelim21c@hanmail.net
홈페이지: www.yelimbook.com
ISBN: 978-89-6475-196-1

정 가 16,000원

※ 잘못된 책은 바꾸어 드립니다.